教育的另一种可能

中国青年报冰点周刊教育特稿精选❷

中国青年报冰点周刊 主编

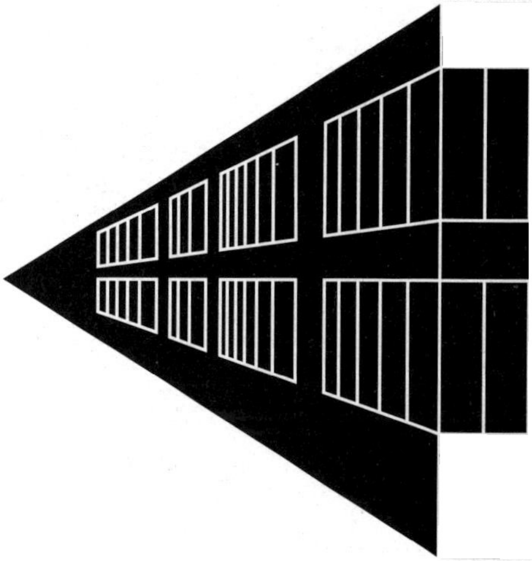

中国人民大学出版社
· 北京 ·

图书在版编目（CIP）数据

教育的另一种可能：中国青年报冰点周刊教育特稿精选②/中国青年报冰点周刊主编．—北京：中国人民大学出版社，2017.5

ISBN 978-7-300-24092-3

Ⅰ.①教… Ⅱ.①中… Ⅲ.①教育—文集 Ⅳ.①G4-53

中国版本图书馆CIP数据核字（2017）第022689号

教育的另一种可能：中国青年报冰点周刊教育特稿精选②

中国青年报冰点周刊 主编

Jiaoyu de Ling Yi Zhong Keneng: Zhongguo Qingnian Bao Bingdian Zhoukan Jiaoyu Tegao Jingxuan②

出版发行	中国人民大学出版社		
社　　址	北京中关村大街31号	**邮政编码**	100080
电　　话	010-62511242（总编室）		010-62511770（质管部）
	010-82501766（邮购部）		010-62514148（门市部）
	010-62515195（发行公司）		010-62515275（盗版举报）
网　　址	http://www.crup.com.cn		
	http://www.ttrnet.com（人大教研网）		
经　　销	新华书店		
印　　刷	北京东君印刷有限公司		
规　　格	168 mm×239 mm　16开本	**版　　次**	2017年5月第1版
印　　张	15.5　插页1	**印　　次**	2018年10月第3次印刷
字　　数	220 000	**定　　价**	45.00元

目 CONTENTS 录

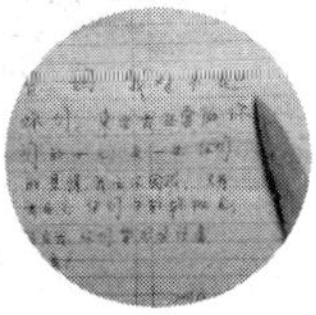

序 言

教育怎样，我们的时代就怎样

《中国青年报·冰点周刊》的编辑部不大，却藏着些许雄心。为此，我们追着时代奔跑，下农田，上庙堂，寻他山之石，听一家之言……我们始终在努力为这个时代画像。

快速变幻是这个时代的特质，样态各异甚至相互矛盾的时代画像将我们包裹，让我们无从分辨，但我们始终相信，我们生活在其中的这个时代底色究竟如何，存在一个明确且坚定的答案。因为，任何时代都是由一些可以被称为“基石”的东西构建而成的。

这样的“基石”，就散落在时代的各个角落。当我们来到学校和家庭之时，这些“基石”以各种“课”的形式呈现在我们面前。

很幸运，在江苏省扬州中学，我们找到了一堂历史课。王雄老师喜欢带领学生追问“什么是历史”，拒绝让学生背诵现成答案，注重培养学生的质疑精神和公民素质。在广东省的深圳中学，我们找到了一堂语文课。马小平老师发觉许多年轻人“有技术却没良知”，于是在病榻上开发了自己的人文素养课程，他很少讲教材，却把梁漱溟、哈维尔、王小波带进课堂。

在清华大学，法官何帆将“另一种知识”带进法学课堂，他抛开纯理论的知识讲授，讲现实中的司法状况，培养学生理解复杂社会的能力；在北京大学，郑也夫教授领着学生发现中国教育的种种怪现象，培养学生调查分析、独立思考的能力；在香港中文大学，陶国璋教授在“死亡与不朽”的课上，带学生去解剖室参观，邀请不同背景的人讲述各自视角下的死亡，让学生找到自我价值。

我们甚至回溯民国，在西南联大、春晖中学、耀华中学等过去的学校里“游走”，寻找曾经熠熠生辉的课堂，感受那个年代先生们的风范。

我们的视野进一步开阔，在千千万万的家庭里，还发现了数不清的“课”：“童话大王”郑渊洁因找不到理想中的学校，而选择在家给儿子开“课”，那里没有分数，没有文凭，束缚被减到最少；上海作家叶开用文学名著为女儿堆出了“语文课”，那里没有说教，没有死记硬背，不保守、不无聊；还有优秀留学生的妈妈刘曼辉开设的家长“课堂”，那里没有“虎妈”，也没有“羊爸”，却有通往教育的第三条道路。

…………

我们从粗糙的沙砾中，小心地捡拾这些珍珠并一一收藏，不是出于集邮式的癖好，而是希冀从这些“课堂”的碎片中，拼凑出一个关于中国教育的故事，甚至关于这个时代的故事。

在如今的中国教育故事中，我们总能看到，本应承担独立教育功能的中小学被笼罩在大学的阴影下，本应发挥巨大作用的家庭教育，在学校教育和应试教育的压力下日益萎缩。清华大学老校长梅贻琦有句名言：“所谓大学者，非谓有大楼之谓也，有大师之谓也。”而现今，学校正因不断加盖的大楼而变“大”，因不断扩张的校区而变“大”，因五花八门的技术而变“大”。在这样的环境下，教书育人的本质被压缩再压缩。知识在学生的头脑中呈几何级数增长，可独立的思考、批判的精神却被挤到边缘地带。秉性各异的孩子们只得挤在越来越狭小的空间里跳舞，在通向考试的路途中，逐渐变得面目模糊。

这些问题我们无法回避，亦无须掩饰。在宏大叙事里，问题和希望自然可以藏身其中、相安无事。但在每一个个体故事中，教育的任何瑕疵都有可能把人硌得生疼。

我们的记者采访过一位普通的小学老师，她对记者说，她曾看到过刚入学的小学生为了写拼音，手上磨出了老茧；看到过老师把塞满习题册的厚书包卡进孩子后背和椅背之间的有限空间里，只为强迫孩子坐直；看到过开学时孩子们向老师问好，脸上现出巴不得早点儿说再见的表情。

那一刻，她想到了台湾女作家张晓风的小短文《我交给你们一个孩子》:“学校啊，当我把我的孩子交给你，你保证给他怎样的教育？今天清晨，我交给你一个欢欣、诚实又颖悟的小男孩，多年以后，你将还我一个怎样的青年?”

是啊，中国的教育故事里到底包含着一个怎样的青年？我们像所有老师、家长以及所有教育亲历者一样，焦灼地关切这个问题，一刻不敢松懈，因为我们的教育交出一个怎样的青年，这个青年就会以怎样的姿态加入社会。

如果这个青年冰冷、机械，只懂成绩而不知其他，那么他参加建设的社会就会变得残酷、冷漠；如果这个青年博爱、温和、理性且兼具人文情怀，那么他参加建设的社会就会变得温暖、包容。

因此，我们出发，努力将中国教育故事的图景勾画得更完整、更精细，也试图在这幅纷繁复杂的图景中，找到一条突围之路。

也因此，我们才如此珍视这些努力搜集的“课堂”。这些“课堂”或许并不包含多么深刻的教育理论、多么惊世骇俗的思想建树。但是，我们认为，在这些最平凡的老师、学生、家长身上，在这些日复一日、年复一年的琐碎故事里,总是包含了一些可以上达于“道”的东西。这种“道”我们可以用很多名字来称呼,比如“爱”“理性”“独立”“平等”“自由”“人文关怀”……

我们不知道还有多少这种像珍珠一样珍贵的“课堂”，散落在时代各处。穿起这些珍珠，是一个耗时耗力甚至没有终点的工作，但我们坚信这项工作的价值。

感谢出版社编辑朋友们的鼓励和帮助，让我们捧出这串倾注了《冰点周刊》全体同人心血的珠子，希望它发出的光芒，能够闪烁在更多关心中国教育的人们前行的路上。

《冰点周刊》编辑部

2017年2月24日

PART ONE

第一辑

另类家长

郑渊洁教子

在中国，“郑渊洁”是一个响当当的名字，人们会很习惯地把他和“童话大王”联系起来。而且他似乎也从未有过什么谦虚的表示，他觉得自己就是“童话大王”。1985 年他创办了一本叫“童话大王”的月刊，只有他一个供稿人，发行至今，已有 17 年。

近一两年，不断听说有些学校的校长和老师不许学生看郑渊洁的童话，甚至还有家长写信给报社，说郑渊洁的童话“儿童不宜”。

我很好奇，于是仔细阅读了他的作品，发现他的大量童话实际上是“现世”的翻版，里面有对既存的教育弊端的辛辣嘲讽。怪不得。又听说他对现在的学校教育极度失望，不让儿子上学，自己施教……

费尽周折，郑渊洁终于同意接受记者采访。

不行还用你告诉？大人也不是什么都行不是？

鼓励能将白痴变成天才。

——《郑渊洁童话全集》第 32 卷

郑渊洁的童话，严格意义上说算不上童话。因为他的童话里真实的部分超过了不真实的。

他的童话里讲的不是小白兔啊，小鹿啊，王子与公主啊之类的故事。他童话里的主角是老鼠、老虎、蛇、大灰狼，是一些在人们印象里稀奇古怪、丑了吧唧，在哪儿都受歧视、挨欺负的主儿，最出名的要数有着奇怪名字的兄妹俩——皮皮鲁和鲁西西，这也是两个倒霉蛋儿，老摊不上好事儿。

而大多数童话故事的发生地点，就在我们身边，就是学校和家庭。

“呵呵，可能因为我从小就不是‘好孩子’，我就老挨批评，老被罚站，我觉得我小时候就像老鼠一样。”

郑渊洁人高马大，说起话来却很和气，语调平和，声音纯净清澈，乍一听根本不像个四十多岁的中年人，反而像十八九的大男孩。

“我上小学的时候，上课特别爱走神儿。比如，老师说这个字念‘天’，我就能一下子想到地，然后想到地上长了什么，然后又想到地底下有什么，然后可能又想到宇宙飞船……然后——可能就被老师发现了！”

“然后呢？”

“然后老师就把我叫起来，问我他刚才讲了什么，或者让我回答一个问题。我当然回答不出来。”

“然后呢？”

“然后老师就罚站，让我站在前面对全班同学说‘郑渊洁没有出息’，说一百遍。”

“你那时候那么听话吗？在你的童话里，如果发生这样的事情一定会有人反抗的。”

“那时候小哇，不愿意说也得说啊。”郑渊洁伸出右手的食指说，“我记得特别清楚，当时我就边说边抠着这个手指头，抠出个血泡，还得忍着疼一遍遍地说，真的就说了一百遍。当时心里特别恨。”

“可是，如果你是老师你会怎么办呢？难道表扬吗？鼓励孩子们都像你一样上课走神儿吗？”

“当然也不是。最好的办法就是别管。小孩子走神儿也不是坏事儿，那证明他有想象力——一个孩子没有想象力，多可怕啊！可是，如果老师为此惩罚他，或者为此就让他觉得自己以后‘不行’‘没出息’，那损失的就不是一点点想象力，而是他的自尊和自信了。我觉得我们的教育最缺的，就是培养孩子的自尊心和自信心。”

郑渊洁给我讲了一个故事：国外某著名科学家到一个学校去做讲座。学校的老师说："您是大科学家，也培养了不少人才，请您看看我们这里的学生谁将来最有出息。"大科学家就指了两个孩子。若干年后，这两个孩子果真在科学研究领域做出了贡献。当他们再遇到那位大科学家时，讲起当年的往事，大科学家吃惊地说："我是随便指的，真的是随便指的。"

"这说明什么？就说明自信对一个孩子的成长有多么重要。换了你，要是有个大科学家说你将来肯定有出息，你肯定也会觉得自己一下子就有希望了，做什么事情都更努力，也更有信心了。小孩子对自己的信心最初都是从大人那里得来的，尤其是老师和家长。"

我笑着说："那个大科学家当初要是多指几个就好了。"

郑渊洁也笑："是啊是啊。但我们的教育总是告诉孩子们，你哪儿不行，你得努力，如何如何；而不是告诉孩子你哪儿行，你哪方面比别人强，哪方面特棒！"

"不行还用你告诉吗？"郑渊洁的口气突然强硬起来，"谁没有不行的地方？大人也不是什么都行不是？"

郑渊洁回忆起自己最初走上写作道路的经历："复员回家后我就在工厂当工人，觉得自己没什么本事，但也想要过好日子啊，就想努力干点儿什么。想来想去，觉得就写作不用花什么钱，成本比较低，于是就开始写作。一开始是写诗，投稿。几乎是投一篇退一篇，投一百篇退一百篇。就在我几乎要放弃的时候，突然有一篇发表了。于是我就又有了信心，又写了好多，也没发，信心慢慢又没了。突然又发了一篇，信心又来了。然后就越写越好，发表得越来越多。

"后来我找出以前那些被退的诗看，发现以前的诗写得真是很臭。但怎么会慢慢变好呢？就是靠信心。我觉得，如果有信心，你有 50 分的能力也许能发挥到 80 分，或者更多；如果没有信心，你有 100 分的能力也许只能发挥到 20 分。"

在郑渊洁只有 4 年的小学经历中，有一段经历是他终生难忘的——"每当我盘点自己人生的时候，就会想起来这是我的第一次闪光。"

大概在小学二年级时，老师布置了一篇作文:《我长大了要……》。

郑渊洁写的作文题目是《我长大了要为人民服务》。

“具体内容记不清了，反正意思就是长大了我要去干那些最脏、最苦、最累、最革命的活儿，比如理发啊，扫垃圾啊。可是后来，我的语文老师说我写得好，推荐到校刊上去发表了，是油印的那种。当时我那个激动啊，感觉真是扬眉吐气啊，这对于一个小学生来说是多大的赞扬啊!”郑渊洁说着，不免有些得意，“这也算是我小学时代最光辉的事情了。现在回想起来，我之所以走上写作的道路，也许就和这次经历有关。”

“但我其他功课都不行，算术尤其不行，到现在也不是特别好。比如说，买六毛钱的东西，我给他一块钱，我知道应该找我四毛，可是买六毛七的东西，我就不知道该找多少。”

见我一个劲儿地笑，他很认真地补充:“真的，你别不信，我真是算不太明白，所以我一直离不开计算器。但是，你看，数学好的人发明制造的计算器帮助了我，而我靠自己擅长的能力生活，也过得不错。”

他还说:“传授知识当然重要，但自尊和自信更重要，重要到我觉得学校和家长应该联手共同打造孩子的自尊和自信。如果你实在做不到，可以不管，无为而治也是很高的教育境界。至于分数啊，成绩啊，守不守纪律啊，都不重要。我设想的好学校，应该把学生的成绩全部封存，不告诉家长，也不告诉其他同学，学生和老师自己知道就行了。小学那点儿知识，成绩能代表什么呢?”

4 岁正是孩子发展语言能力的时候，怎么能不让他说话呢？这不是摧残是什么？

“李小曼，抬起头，我看看怎么啦?”徐老师问。

李小曼慢慢抬起头，一只大兔子呈现在徐老师面前。

徐老师看见李小曼变成了可爱温顺的兔子，兴奋得脸上放出了异彩，她万万没想到只用了一个月时间就把新生培养成了兔子，这真是奇迹呀！过去，她起码得花一年以上的时间。

“祝贺你！李小曼同学！”徐老师激动地说。

“祝贺我？”李小曼愣了。

全班同学都愣了。怎么，变成兔子是好事？！

“祝贺你成为我们班第一个好学生！”徐老师拍拍李小曼的肩膀。

“可……可我这样子……”李小曼还是止不住抽泣。

“你这样子多可爱呀！温柔、顺从，不调皮捣蛋，不惹是生非，我们就是要把你们培养成这样子呀！”

——《驯兔记》第二章

“大家都很好奇，你为什么不让你儿子上学？”

“实际上了，幼儿园和小学都上了。”郑渊洁说，“但是都不太愉快，所以初中就没有上。”

郑亚旗上幼儿园的时候是4岁，老师没让说话的时候他说了，就被关在小黑屋里罚禁闭，一关就是几个小时。那天郑渊洁回家看出他不太高兴，就问他怎么回事。结果亚旗一说，郑渊洁就火了。

“4岁正是孩子发展语言能力的时候，怎么能不让他说话呢？这不是摧残是什么？就算说话违反了课堂纪律，也不能关禁闭呀。他那么小，也不知道怎么和老师争辩，也没法给家里打电话……”

一生气，郑渊洁就让亚旗退园了。

“我觉得这件事对他现在可能还有影响，”郑渊洁看了看在一旁专注地用便携影碟机看DVD的儿子，“比如怕黑啊什么的。”

小学里，又有这么一件事。

亚旗的老师是一个优秀班主任，可第一学年期末考试前，她给学生们发了一套试题让大家背。

亚旗回家问郑渊洁：“老师漏题给我们，这对吗？”

郑渊洁：“不对。”

亚旗："那你告诉我们校长去！"

郑渊洁："我不敢。"

"我是真不敢呀。"郑渊洁搔搔有些花白的头发，"一个老师告诉过我他是怎么治孩子的。他说：'我不用打他骂他批评他，我只要永远不理他就够了。全班同学看见老师不理他，肯定都不待见他，这孩子就完了。'我听完一身鸡皮疙瘩。我要是找了校长，校长就会找班主任，班主任就会知道是亚旗的家长去告了状，那后果可不堪设想。"

郑渊洁跟亚旗说："你就是绑匪手里的人质啊，我可不敢那么做。"

亚旗又说："那要是别的同学不知道这样做不对怎么办？"

郑渊洁笑："说起来也挺丢人的。别看我书里写得多么仗义，其实都是假招子，自己的孩子遇到这样的事情，还是得忍气吞声。我们当时就想，六年级毕业考试的试卷是区里出题，还能漏吗？

"仍然漏。绝了！——我们把这试卷都好好留着呢。

"我们就想，怎么能够报复她一下呢？——就是拉她的分。试卷不是背完了吗？我们就来分析，每一题能得多少分，按亚旗的记忆力，背完了题能得 99 分，那我们就得 65 分。"

"哈哈哈哈，"郑渊洁讲着讲着，自己开怀大笑，"后来好像就得了 61、62 分吧，哎，我们还及格了。这是我有生以来干的最惊天地泣鬼神的事，真是扬眉吐气啊！结果亚旗他们班的平均分全年级最低。那个老师一定气死了。

"然后，我让亚旗拉了一个名单，写上全班学习成绩最不好的学生，给每个人送了一本我的书，上面都写着：某某，你将来肯定有出息。

"从那以后，亚旗再没进过那所学校，连小学毕业照都没去照。"

"不知道别的家长都是怎么想的。这样的事情持续了 6 年，难道没有其他人找校方反映吗？"我不解。

郑渊洁想了一下说："如果有这样一种可能：保证可以买到准确的高考试题和答案，并且保证百分之百不会有风险，我判断，百分之百的中国家长都会主动去买，花多少钱都不会在乎。

“分数、升学就是中国家长的愿望，而不是他的孩子学到了什么。”

为不让他上中学这事儿，我想了三天三夜，我怎么能拿自己儿子做实验呢？

拥有大学文凭的真正含义是好找工作，而找工作的真正含义是给别人打工。因此，大学文凭实际上是加入打工族的特别通行证。没有大学文凭的真正含义是不好找工作，不好找工作的真正含义是逼迫自己创业当老板。因此，没有大学文凭实际上是进入老板序列的特别通行证。

——《郑渊洁童话全集》第26卷

郑渊洁终于下决心不让亚旗上学了。

“这事儿我想了三天三夜，我怎么能拿自己儿子做实验呢？”郑渊洁说，“其实不是不想上，而是找不到我理想中的学校。与其让亚旗去受摧残，还不如让他高高兴兴地做点儿喜欢的事儿。”

“上学是为了什么呢？”郑渊洁自言自语，“说白了，上个好中学就是为了考个好大学，考上了大学拿到文凭，就能找个好工作。这是第一个用处；第二个用处，就是爹妈脸上好看，有面子，让周围的亲戚朋友看到我的孩子比你的孩子有出息，无非就是这样。这两样，我觉得对于我来说都不重要：我不需要他为我争什么脸面，也相信他将来一定有能力自食其力。”

说到这儿，郑渊洁神秘地问我：“你知不知道，一般大公司里都哪些人没有文凭？”

我做思索状。“是大老板啊。”他哈哈地乐。

“对于不上学，听取亚旗自己的意见了吗？”我问。

“当然！”郑渊洁斩钉截铁地说，“亚旗的意见是第一位的。”

郑渊洁给亚旗请了三位老师，教授数理化。

“教室布置得和学校一模一样，有讲台、课桌、黑板，上课要起立问老师好。最逗的是，为了弄得逼真，我们还在暖气管子上绑了一面国旗。唯一不同的是，因为亚旗习惯睡懒觉，所以课程安排在每天下午，一天三节。

“我给亚旗的一个权利就是，可以随时随地炒老师，而且不需要任何理由，所以老师都对他特别好，也不敢多留作业。当然，我也会扒门缝偷听，看老师讲得到底怎么样。”

郑渊洁自己捉刀上阵，客串语文老师。

在他眼里，语文教育抑制孩子发挥创造力，而其中作文训练尤甚。“写作文最能发挥学生的想象力。可老师却不让他们在写作文时天马行空地想象，只能按照老师制定的框框行文。”

“人若不能通过文字随心所欲地想象和思想，还是人吗？老师为什么不遗余力地把我们往动物培养呢？”这是郑渊洁作品中的一句话。

郑渊洁曾有一篇“作文”就被儿子的老师“枪毙”了。

事情的经过是这样的：

郑亚旗不愿意写作文，出于对没完没了的家庭作业的深恶痛绝，郑渊洁答应帮儿子写篇能得高分的作文。

没想到，郑亚旗“审”完郑渊洁这篇自认为举世无双的“作文”后，只说了一句话：“你这作文不行。”

郑渊洁大吃一惊：“怎么不行？”

亚旗肯定地说：“你这东西在我们老师那儿百分之百通不过。”

郑渊洁说：“我不信，你们老师百分之百会说我的这篇作文好。”

于是父子两个打了赌：如果亚旗赢了，郑渊洁写假条协助儿子罢课一个星期；如果郑渊洁赢了，就获得一年不参加家长会的权利。

结果——郑渊洁惨败。

老师在郑渊洁的作文本上用红笔写了 11 个字：文章怎么可以这么写？重写！

说完，郑渊洁做了个鬼脸。我听得直拍桌子。

“所以，亚旗的语文教材都是我自己编的，古今中外的好东西，里面都有。不过，亚旗不能‘炒’我，听我的课也特别不专心，我只好把语文课的好多内容塞给其他老师，让他们帮我糅合到他们课里去讲。”他嘿嘿地乐，边乐边偷瞧一边看 DVD 的亚旗有没有注意他。

“你觉得自己编的教材效果好吗?”

“一开始还真不敢说。亚旗属于重理轻文类型的。他十几岁的时候，我觉得他可能连信都不会写，心里还真有些后悔不该帮他写作文。结果怎么着？人家后来自己也发表文章了。”说起儿子的成就，作为父亲的喜悦和兴奋油然而生，郑渊洁笑得跟朵花儿似的。

在郑渊洁的文章《第一次看儿子发表作品》中记述了这一场面：

> 1998 年 4 月 16 日晚上，我正在书房里。郑亚旗敲门进来，他将手中的一张报纸递到我面前，说:“给你看看这个。”我接过报纸一看，是 1998 年 4 月 15 日出版的《中国电脑教育报》。我很少看电脑报刊，就问儿子这上面有什么需要我看的内容。他指着第 29 版说:“这篇文章是我写的。”我一愣，看那占了一整版的文章的题目是“阿猫阿狗全攻略”。我现在已经无法形容我当时的惊讶度，我实在无法相信一篇作文也没写过又几乎没读过文学书籍的郑亚旗能鼓捣出这么一整版文章……我得承认，我看不懂这篇专业性比较强的文章。我问儿子，什么叫“阿猫阿狗”？什么叫“全攻略”？儿子给我扫盲说，“阿猫阿狗”是一款电脑游戏的名字，“攻略”是玩游戏的技巧，也就是指南，“全攻略”就是从头到尾玩这个游戏的技巧指南……那几天我终日处于兴奋之中，说实话我并不指望“子承父业”，我只是心中的一块石头落了地，我不用再为儿子不会“写字”而自责了。毕竟他第一次“写字”就把字写到报纸上去了……

三年时间，郑亚旗在自己家里学完了中学六年的课程。

O是什么?

> 独立性和创造性难道不是人身上更应该具备的美德吗?……服从和迁就是听话的必然产物，这两个素质的直接后果是千人一面，没有个性。父母和老师应该通过培养孩子的独立性和创造性将孩子之间的个性差异扩大。
>
> ——《舒克舌战贝塔》第6回合

“在对亚旗的教育上，你觉得最重要的是什么呢?”

“很简单，就是尊重他，同时将束缚降到最低。从小到大，我没批评过他一句——不要说批评，我和他说话，声音都没有超过30分贝的时候。

“他小时候，我给自己定的目标是：每天至少夸他三次。有事儿没事儿就跟他说：亚旗，你真棒！你真行！

“每次学校有考试，我都对他说：‘亚旗，无论考多少分，我都觉得你是世界上最好的孩子！’”

“分数对我来说，真的不重要。”郑渊洁这样总结，“我崇尚无为而治，尽量给他一个宽松的成长空间。”

最近，他听说了一个发生在美国的故事：

一位妈妈一天领着4岁的女儿上街。女儿看见墙上画了一个圆圈，便说：“这个念‘ou’。”

这位妈妈听了以后大吃一惊，急忙问孩子这是谁教的。

女儿说是幼儿园老师教的。

这位妈妈第二天就把幼儿园老师告上了法庭，理由是：一个圆圈对于4岁孩子来说，可以是个圈儿，也可以是太阳、月亮，也许还会是个蛋糕，是个气球，是块糖果……但绝对不应该是字母“O”。这个教师在女儿最需要发展形象思维和想象力的时候，却用一种答案固化了她的思维，从而可能影响这个孩子一生的成长。

法官的判决是：妈妈胜诉！那位幼儿园老师不称职，限期离职。

“这事儿要是发生在中国，没准儿那个妈妈会很高兴呢——我女儿认识字母了啊！”郑渊洁感慨。

让郑渊洁感触最深的是，全中国的小孩子都喜欢他的童话，可他自己的儿子却不喜欢。

有一次郑渊洁登高帮亚旗收拾玩具，让亚旗递给他一本没用的书垫一个玩具，郑亚旗就把郑渊洁的书递上去，说：“那就是你的书了。”

“你的书亚旗一本也没读过吗？”

郑渊洁不好意思地笑笑：“读过，那也是因为我采取了不光彩的做法。我告诉他：要是他不想写作文的话，就必须把我的书都看一遍。后来我仔细想了想，他之所以对我的书不感兴趣，实际上是因为很多我写的故事，在他小的时候我都给他讲过。”

这给了郑渊洁一个启示：不要在孩子不感兴趣、还没有能力理解的时候，让他做任何不感兴趣的事情。

“比如说我自己。我前些天偶尔读了一本低幼读物，突然发现了一首诗：‘去年今日此门中，人面桃花相映红。人面不知何处去，桃花依旧笑春风。’我一下子就呆了。我突然觉得这是一首那么美好的诗，那种情境，那种体会，真是太真实了，写得太棒了。”郑渊洁有些激动，声调高起来，手一直挥动着。

“可是，我只有几岁的时候就已经会摇头晃脑地背这首诗了，背得特别溜，但那时候，我一点儿感觉也没有，以至于在我重新看到这首诗之前，几乎从来没有想起过它来。”

郑亚旗从未满一岁开始，就对家里的电器产生了浓厚的兴趣，家里所有的电器都任他随意操作和拆卸。他一岁时，已经能够熟练地操作录音机。他没有背过唐诗，也没有上过书法、美术、音乐等各种学前班。

“但在计算机方面，亚旗已经很可以了。”郑渊洁慎重地选择了一个平和的词。“我觉得，只要他感兴趣，就让他玩，然后他几乎就能做到无师自通。这种学习才是最有效的。”

在亚旗的鼓动下，郑渊洁才放弃了传统的笔墨纸砚式写作方式，改用电脑。据他说，因为采用了这一先进的技术，他的写作兴趣“起死回生”。

还有一次，在亚旗十四五岁的时候，郑渊洁接到一个找“郑老师”的电话。郑渊洁很自然地回答说“我就是”，谁知对方不认账，说“不是找你，是找郑亚旗，要请教一些电脑方面的问题”。郑渊洁不得不诚惶诚恐地找“郑老师”接电话。

亚旗还曾和几个网友一起成立了一个专门为企业编辑网上主页的工作室，时不时还要和同事碰头开业务会议，搞得有模有样。

1998年，郑亚旗险些以计算机特长生的身份被保送进北京某名牌大学。后因郑亚旗觉得自己无法适应枯燥的大学课堂而作罢。

如今，19岁的亚旗在某网站任技术总监一职，同时负责郑渊洁个人网站的全部工作。

“应该说，如果没有计算机，没有互联网，我并不放心让他从此不再去学校，不再和同龄人接触。我们家应该算最早的一批网络用户。互联网解决了他因为不去学校而可能产生的人际交往方面的问题。他有很多网友，大家会上网聊天儿，也常常外出见面，一起出去玩。”

说到这儿，郑渊洁突然想起来一件很有趣的事。

一天，亚旗的一位女性网友问他：“你知道F4吗？”

亚旗来问郑渊洁。

曾在空军服过役的郑渊洁一听，很自豪地说：“这个我知道，我最在行了——F-4是美国战斗机啊！”

亚旗依言回答女网友。

那女孩一见回答，十分生气，撂下一句话：“你还不如我奶奶呢！我奶奶都知道！”

惹得亚旗对郑渊洁也很不满。

我大笑，忙问郑渊洁：“那你现在知道了吗？”

郑渊洁也笑：“知道了知道了，不就是什么‘流氓花园’嘛！”

下辈子还愿意给我们当孩子吗？

> 我觉得爸爸是什么并不重要，重要的是他是不是一个真正的男子汉……什么是男子汉？我觉得，他首先应该全身心地爱自己的孩子，和孩子平等相处。打骂孩子的爸爸都不是男子汉，是懦夫；他还应不嫌弃孩子，不管孩子是什么，他都爱孩子。孩子是你生的，如果你不满意，就打自己，打孩子算什么？又不是孩子非要让你把他生出来的。
>
> ——《父与子》

“你觉得对亚旗的教育是成功的吗？”

“当然。”郑渊洁给我举了一个例子。

一次，郑渊洁和亚旗一起去车市看汽车。两个人高兴地坐进一辆汽车体验。郑渊洁不小心碰了一下，车里有个物件就“啪”一声掉了。

“大多数人心里都清楚，这肯定是本来就不太结实，或者本来就是掉了的，不会有人当回事儿。”

郑渊洁下车准备走，却被亚旗拦住了：“郑渊洁，不能就这么走了吧，怎么也得跟人家说一声啊。”

“我当时感觉自己就像是被八路军抓住的汉奸。”郑渊洁摸了摸脑门儿，“我当时就觉得，不是我得对卖车的有个交代，而是我要是不站出来说一声，我这高大光辉的形象在亚旗心里就再也站不起来了。”

车主的条件是：要么买车，要么赔偿一万元。经过讨价还价，最后郑氏父子赔偿了 2000 元。

“我觉得，在现在的社会这样的孩子也许是不多见的。”

“可是这样不就白吃亏了吗？”我问。

“不吃亏呀。这样一来，我们就知道这种车的质量不好，再说，也给了亚旗一个教训，让他明白什么样的事是应该承担责任的，什么样的事是不用承担责任的。以后再遇见这样的情况，他就明白该怎么处理了！”

据说，在亚旗还小的时候，郑渊洁的书房墙壁上贴了好多写有诸如“爸爸饭后散步45分钟”“爸爸注意休息”之类的字画儿。观者无不动容。

直到现在，亚旗在外面看见了什么新鲜好玩的东西，立刻就会想到老爸，打电话回去问他是不是喜欢。

“无论什么时候，他总是想着我，哪怕是和他女朋友在一起。”说这句话时，郑渊洁的声音温柔而动情。

“你觉得自己对亚旗的教育方法可以推广吗？”

“当然不能。”郑渊洁回答得很干脆，“任何一个人的成功道路，对大多数人可能都是不合适的。”

“以前我的想法也许有些偏激。我现在觉得，现行的教育方式也不是完全不好，也有很多有用的地方。孩子们在学校里就经历了很多事情，比如艰苦的学习，考试、升学的压力，这让他们拥有更强的韧性和毅力，对未来的考虑也更多、更全面。

“学校培养出来的学生，也有很多进了北大、清华，出国留学，一样也做出了很大的成就。我当年的同学现在很多都成了大权在握的要员，只有我这个最没出息的当了作家！”他大笑。

“我只是觉得，教育里应该加进更多人性的东西。以前我说‘上大学不一定有出息’，我想，现在应该改成‘上大学不一定没出息’。高分高能和高分低能的概率应该是差不多的。”

与郑渊洁不同，郑亚旗在采访过程中一直保持沉默。

在随后的几次通话中，郑亚旗婉转地谢绝了采访，因为“不喜欢把自己的事登在报纸上被人评说”。

他觉得自己是个很普通的年轻人。不比别人更优秀，也不比别人更差。

说起与同龄人的差别，他觉得最大的差别就是自己不会“蒙人”。唯一“蒙”过的几次，是别人听到他的名字，跑过来问他“你爸爸是干吗的”，亚旗回答“我爸爸是挖煤的”，或者“我爸爸是工厂看大门的”。

亚旗说可能是受郑渊洁影响，从小到大每天都记日记。但那些都是隐私，他从没给任何人看过——包括郑渊洁。

他说很喜欢自己的爸爸。虽然他从来只称呼他为“郑渊洁”。

《蛇王淘金》结尾时，郑渊洁写了这样一段话：真想教给天下的父母一个测验自己是不是合格爸爸妈妈的方法——请你们问自己的孩子一个问题：“倘若人死后可以再生而且能够选择，你下辈子还愿意做我们的孩子吗？”父母从孩子的答案中就可以判断出自己是不是合格的爸爸妈妈。

也许，这个问题不只适用于父母，也适用于所有的老师，以及和孩子们打交道的人。

江菲 / 文

2003 年 2 月 26 日

拒绝当一个标准产品

7月7日清早，今年的高考刚放榜，我就收到了条短信："我女儿陶雨晴已被香港浸会大学录取，应该是写作特长起了作用。老陶。"

老陶也是个记者，大约3年前，为了女儿念书的事儿，他曾找不少朋友咨询过。那会儿，老陶的妻子刚病故，女儿正值青春期，酷爱写作，喜欢看课外书，却经常不交作业，老师也管不了。最后，学校逼着焦头烂额的老陶，要么带女儿去看心理医生，要么让女儿休学回家。

收到短信后，我回了一条，祝贺他们父女俩在激烈的高考大战中获胜。

老陶很快回复道："不能说胜利吧？只考了560分，在对付高考方面只能算及格。我觉得有个问题值得探讨：维护和发展孩子的天赋到底有多大价值？家长该如何处理这个问题和高考的矛盾？"

是啊，现在不知有多少孩子和家长被这个问题困住、难住。

一上学就完了，她再也没有快乐过

"我不是'好人'，别写我！"19岁的陶雨晴大声嚷嚷着。我一下愣住了，这样拒绝采访的人我还真没见过。

"你怎么会不是好人呢？"我小心地追问。

她的一通话又把我给噎住了："我不是报纸上宣传的好人，我没救过谁，也没捐过钱，采访我干吗？"

陶雨晴是个单眼皮的女孩，人长得挺瘦，胳膊细细的，头帘儿有些长，一低头，能盖住上眼皮。

老陶柔声相劝:“你是个好人。只不过不是老师心目中的好学生而已。”

采访是在陶雨晴的房间里进行的，屋里有一张单人床、一张长条大书桌和一个书柜。桌上堆放着《梭罗集》《史怀泽传》等书，书柜里没有一本关于高考的书，大部分是自然和生物方面的，像《生命之科学》《瓦尔登湖》《昆虫记》《感觉的自然史》等。在书桌前坐了一小会儿，陶雨晴就抱了本书，跑到客厅的沙发上看去了，撂下我和老陶。

谈话时，老陶时不时地要喊上一嗓子:“陶雨晴，这事儿我能说吗?”

“你说吧!”靠在沙发上看书的陶雨晴不情愿地回一声，老陶这才接着往下讲。

说起陶雨晴最大的特点，老陶认为是好奇心重，有点儿语言天赋。

“她小时候就爱看书，老是抱本书跟在大人身后嚷着给她念。认点儿字后就自己看。每天晚上都得给她念故事，不念不睡，我困得不行，睁不开眼，她就来扒我的眼睛。”

再后来，老陶也不知道她是怎么认得那么多字的。有一天，她抱了本《西游记》(简版)上幼儿园。幼儿园阿姨看到后很惊讶:“这个你也能念?”还行，念出来了。在幼儿园里，别的小孩表演唱歌跳舞，她表演认字。

“从小，她就喜欢动物，去农村的奶奶家，什么虫子都敢抓，连蛇也不怕。村里每次有人来卖小鸡，她都缠着大人买。结果，一共抓回来 59 只。”陶雨晴还饲养过一只大肉虫子，看动画片时，她就把虫子搁在沙发上，两个一起看。

“她读了不少生物方面的书，这方面的好多知识，我是跟她学的。”老陶给女儿看《小蝌蚪找妈妈》，陶雨晴说:“不科学，搞错了，妈妈找得不对。青蛙的卵是一团团的，癞蛤蟆的卵才是一条条的。”

有一天，女儿惊奇地告诉爸爸，蚂蚁长了翅膀，从洞里飞出来，这叫“婚飞”，一年只有一天，所有的雄蚂蚁和候补的蚂蚁女王都飞出来交配。

“一上学就完了，她再也没有快乐过。”老陶讲。

好奇心强是小孩的天性。很多孩子都有自己的天分或特长，但绝大部分被家长和学校抹杀了，小芽还没长大就给掐掉了。但有的小孩比较倔，顽强地生长着，老陶说自己的女儿就属于这种，不温顺。

到了小学，陶雨晴竟然成了“问题少年”。“和别的小孩玩不到一块，属于另类。脾气一上来，什么都不怕。我呢，从她上小学开始，就不断地被叫到学校。一听老师来电话，心就‘突突突’地跳，反正没啥好事。”老陶说。

有一回，校长把老陶给叫去了。那天早上，学校做广播体操，据说陶雨晴跑到前边的台子上，把领操的老师给推下去了。这还了得？校长问：“你为什么这么做？”没想到，小姑娘是这样回答的：“冬天早上这么冷，你们不让我们穿外套，可老师为什么就能穿着羽绒服在上边领操？”

最让老师头疼的，是陶雨晴不交作业，不听课。有一次，老师实在气得不行，又叫老陶：“你来，在窗外看看她！”“我站在窗外一看，确实是，别的同学都在听课，只有她在下边偷偷地看课外书。”老陶说。

老陶分析道，主要矛盾就是时间问题。学校希望学生啥也别干，一心一意学习，奔完中考奔高考。学生一天差不多12个小时全在上课、写作业，没时间干自己喜欢的事。

“陶雨晴喜欢生物，喜欢写作，她在这上头花费了太多时间。别的孩子背一个书包，她等于背俩。别的小孩放学后，该玩的玩去了，她把时间用来看课外书、写东西、上网。好多书都是她自己买的，有几书柜。我家光《昆虫记》就有好几个版本，有一套15本，她都看了。她的阅读量比我大。”

“应该说，老师没做错什么，他们也是按学校规定做的。”老陶始终这么认为。知道陶雨晴有点儿天分，老师甚至对她还有些照顾。“在小学，校长到后来也挺无奈地说：‘陶雨晴这孩子，只要她不影响别人，就不要管她！’”

学校下了最后通牒：要么领孩子去做心理咨询，要么让她休学走人！

上了初中，陶雨晴闹腾得更厉害，跟老师的矛盾更大，加上家离学校近，老陶被叫到学校的次数更多了。主要是作业问题，还有几次是打架。

“现在的老师有升学压力，没有办法管学生有没有特长，只管你守不守纪律。”老陶说。像初中，有几项指标——交没交作业、听不听课、迟没迟到、上课说不说话、打不打架等，每天由班干部填，陶雨晴就属于经常被填上的主儿。

“我就怕开家长会。”老陶每次硬着头皮去，常常有对不住老师的感觉。有一回期末开家长会，老师统计说，有一门课，全班除陶雨晴以外的人加起来一共少交 8 次作业，陶雨晴一人就少交 28 次。

老师都这么跟老陶说：“也就是你家这孩子吧，要是换了别人，早就被开除了。”

“嗨，其实也没太大的事。她跟学校、老师的主要矛盾，是她不能做她喜欢的事，于是就烦躁，发脾气，对着干。反过来说，要是没一股子倔劲儿，她写东西也坚持不下来。

“越是临近中考，她越是烦躁，压力也越大，跟班里同学动不动就闹矛盾，干架。”

听她爸说起打架的事，陶雨晴从客厅冲进屋里，一屁股坐在椅子上，大声说：“不对！是他把椅子朝我扔过来的，可老师却让我向他道歉，凭什么啊？”跟她打架的男孩长得又高又大，听说全班没一人敢惹。

说完打架的事，陶雨晴又气呼呼地说：“我们学校也分好班和差班，老师让已经毕业的学生回来讲学习经验，给好班请的，都是考上北大、清华的人；给我们找的，都是上语言学院之类学校的人。这就是把人分了等级，凭什么呀！”

“她老提这事，觉得不公道。”老陶坐在一旁讲，“大家交的学费是一样的，但学校把最好的老师、最好的资源都用在好学生身上了。”

提及最不喜欢学校的地方，陶雨晴一口气说道：“只看分数，不尊重人，不尊重人的欲望，不尊重人的个性。让所有的人都一致化，用严厉的标准把你卡在一个小盒子里，还说是为你好。”

提到陶雨晴在学校处处碰壁、较劲儿的原因，老陶分析道：“许多时候，学校的思想教育与实际行动不一致，这令她感到迷惑。她的痛苦在于，不想当面一套，背后一套，而是希望想什么就表现出什么。也许有的学生想的比她还严重，但人家不表现出来，表面上规规矩矩的。”

“别人都能顺从，你也就随大溜呗？”我问陶雨晴。

“可我心里不舒服。”陶雨晴说，“在我的价值观形成时，我觉得学校教我的许多东西是有问题的，我不能接受，但我又不知道什么是正确的。有时候，我也迎合学校教的那套，有时候又批判它。人变得很烦，很偏执。”

停了一会儿，陶雨晴面无表情地补充了一句：“我不喜欢过去的我。”

曾有老师让老陶保证，一定要让孩子这样那样，否则她就别来学校。“我可以保证我自己怎么样，不能保证别人，虽然她是我女儿，可也是别人啊。”老陶说。

直到现在，老陶也觉得：老师的话要听，但也不能全听。因为很多老师对待学生全是一样的，而家长知道自己孩子是啥个性。“像陶雨晴这种孩子，被逼急了，弄崩了，出了事怎么办？我可不想冒那个险。强迫孩子老老实实听话，考个高分，结果把孩子心理弄扭曲了，精神弄得不健康，划不来。”

折腾得最厉害的时候，学校把老陶叫去，下了最后通牒：要么领孩子去做心理咨询，要么让她休学走人！被逼无奈，老陶只好领着小陶四处找人咨询。爷俩跑了不少地方，可都说孩子没毛病，正常。

有一回，他们去北京的一家医院，特意找了一位有名的心理专家瞧病。忙活了半天，老专家也说孩子没事。“我说，学校说有病，他们还说了，要是医生说没病，就给开个证明。老专家一听就火了：‘这有病没病的，是我说了算，还是他们说了算？有病我开证明，没病我开哪门子证明？这是我的电话，叫他们直接打电话找我！’”老陶说。

“到底是谁疯了?”那段日子，老陶的心灵饱受煎熬，小陶心情也坏到了极点，她读了大量李贺的诗。

李贺是中唐的一位诗人，因为不能参加科举考试，也就断了仕途，做官顶多做到九品。前程黯淡、贫病交加的李贺只活到27岁，被后人称为“诗鬼”。陶雨晴说李贺的好多诗，写得够惨，够吓人。“南山何其悲，鬼雨洒空草。”“我当二十不得意，一心愁谢如枯兰。衣如飞鹑马如狗，临歧击剑生铜吼。”她对李贺的评价是：文字是癫狂的，是大气到恐怖的，甚至是一种病态的梦幻。他很擅长描写这种心理——悲凉、无奈、空虚，还有几分愤慨。

“那个时候，我的心情很坏，处处碰壁。”到底情绪糟到什么程度，会让一个花季少女跟一千多年前那个失意落魄、抑郁而终的短命诗人心境相通、惺惺相惜呢?

“唉，总算都结束了！自打上学后，她就没高兴过，我也是受尽折磨。陪她上一回学，赶上我读八回了!”老陶感叹道。

我就是个投降派!

“我总是抑制不住写作的冲动。”陶雨晴说。

女儿写的东西，有些给老陶看；有些不给，偷偷发在网上。她在一些科普类的网络论坛上小有名气，也花费了不少时间。对此，老陶表示理解和支持。“这多少让她心里平衡些，因为在学校，她很少能跟同学交流、讨论这些东西。”

中考完的那个暑假里，陶雨晴写了一篇文章，名字叫“永州之野”。老陶看了，觉得奇怪：“这是我的孩子写的吗?”拿给当记者的朋友们看，大家也都挺惊讶：这哪像个初中生写的?文字这么老道！大家都鼓励她参加全国“新概念作文大赛”，结果，她得了个一等奖。

获奖后，小陶挺高兴的，把荣誉证书拿到了学校。班上有个体育生看了后觉得稀奇："哎呀！这是全国的奖啊！"于是他带着小陶和一大帮同学浩浩荡荡来到老师办公室，问老师："这个高考能加分不？"老师瞅了一眼说："不能！这个东西不行。"一群人只好悻悻地回去了。

陶雨晴出过一本书——《窃蛋龙的千古奇冤》，里边收集了她写的42篇科普文章。这本书里的小标题都挺有趣的——"北京害虫排行榜""小孩子为什么喜欢恐龙""无毒不世界""写金丝猴的作家还吃野生动物吗"。书中有一段介绍文字："与许多作文写得好的孩子不同的是，陶雨晴是一个有着博物学家潜质的写作者，她对大自然特别是生物有痴迷般的兴趣和十分丰富的知识。"书印了1万册，老陶刚刚问过，现在还剩下1300本。

"出书了，没送给你们语文老师？"我问。

"送了，但她没时间看。每回上课，老师都说整天多忙啊！多累啊！光那些作业本，就够15个人看半个月了。"

说起上语文课，小陶来劲儿了。让她最不能容忍的是，有一些文章很好，老师却没有讲好。"像《滕王阁序》，'落霞与孤鹜齐飞，秋水共长天一色'，写得多好啊，文字多么光彩夺目，如果讲得很悲惨，那文章的美感就全给糟践了。"

老陶的解释是："现在的老师为了应付考试，不是教会学生欣赏，而是把文章剁碎了，从里边找分。"

还有一回，课上讲郦道元的《水经注》，文中有一句："至于夏水襄陵，沿溯阻绝。"老师的解释是，因为发大水，航道断了，所以船行受阻。但陶雨晴认为不是这样的，而是水越大，船越好走，因为江里头所有阻碍行船的东西都没有了，这样船才能"朝发白帝，暮到江陵"。课上，她就跟老师辩。

老陶对老师深表同情："一个班上，假如有几个像她这样的孩子，就乱套了，课就没法上了。为了高考，只能是老师说什么学生听什么，叫你背哪儿你就背哪儿。辩什么辩？谁有工夫跟你说这些？高考一完，学生走人，老师了事。"

“真没见过像你家孩子这样的，她提的一些问题都不是她这个年龄段该问的。”老师对陶雨晴感到头痛时这么说。

高二时换了班主任，新老师对陶雨晴挺重视，特意到老陶家做工作。

“想‘招安’她，答应让她当班干部，但人家就是不干，我也觉得不靠谱。”老陶笑着说。

“与其招她当班干部，不如多夸她几句呗。”我说。

“作业都不交，夸啥?”

“总有长处，比如她作文好。”

“作文好，但她不按要求写，跟高考没关系，就是没用。”平常还行，到了高考，老师得考虑分数，不再给她“创作自由”，因此产生了冲突。

老陶一度挺矛盾：凭这孩子的智力，如果拼命把她的特长、兴趣给压下去，把写作放一放，让她一门心思奔高考，死抠教科书，肯定也能考出高分来，“但是她不干，我也不忍心”。

“我就是个投降派!”老陶这么说自己。

老陶的想法是，大学还是要上的，上了大学就行了，哪怕二本也行。但陶雨晴不想上大学，高中最后一个学期的期末考试，她只考了 346 分。

老师劝她：“你的潜力大，只要听我的，好好学，我保证你考上二本。”但陶雨晴的倔劲儿又上来了，很愤怒：“二本坚决不上!”结果只考了 500 分，就是个二本，她要求复读。

我俩达成默契，就是一起应付高考

也许觉得吃饭时的聊天儿算不上采访，所以，吃晚饭时，陶雨晴变得放松而健谈，尤其是聊到她喜欢的话题时更是眉飞色舞，完全是一个爱说爱笑的小姑娘。

饭桌上，我俩面对面地坐着，随意聊。

“从小学到现在，哪段时间比较快活?”

她想了一下，很快地答道："复读。"

"为啥？"

"在家读呗！"老陶抢先说，自己又忍不住乐了。

陶雨晴复读了一年，上半年在学校，下半年在家学，老陶给她请了俩家教。时间安排得比较宽松，每天最多学 6 个小时，其余时间可以干别的。陶雨晴说比较喜欢家教老师，因为不老跟她提考试的事。

"我把从动画片里得到的思想和感悟，跟文综家教老师说。他也喜欢动画片，是首都师范大学的学生，正读大三。他有高考经验，我俩达成默契，就是一起应付高考。"

"今年高考作文《我有一双隐形的翅膀》，你是咋写的？"

"早忘了。"考试前，陶雨晴准备了一套东西，不管什么作文题都可以套进去，且能引申开来。

"这也是她为了应付高考而练出的本事，哈哈哈……"说起这个本事，老陶得意地大笑，"这次她又用了这个本事，得分还不低呢。语文一共考了 123 分，作文分肯定不低。"

一考完，爷俩就把有关高考的书全卖了，差不多有 100 公斤。陶雨晴说自己还举行了一个仪式，拿出其中一本，烧掉。

"哪本？"

"讲高考状元的那本。"

"你不跟高分同学玩？"

"他们无趣，没意思。"

"如果让你选，最想干啥？"

"当个专栏作家。"

"你读过郭敬明的小说吗？"

"不喜欢，超自恋，太小家子气了。我喜欢王小波的杂文，也读过韩寒的文章。"

"你追过星吗？有没有特崇拜的人？"

"没有。"

“利奥波德啊。”她爸提醒了一句。

奥尔多·利奥波德是个美国人，写过的最有名的书是《沙乡年鉴》，也有翻译成《沙乡日记》的。这本书被认为是“自然史文献中的经典”“环保主义者的圣经”。谈起利奥波德，老陶和小陶兴致勃勃。

“这个人很有学问。”女儿讲。

“这本书很好看，比《瓦尔登湖》好看。”当爹的补充道。

“不光是文笔好，他还提出了著名的土地伦理观，说环保不仅是财富问题，也是道德问题。”小陶如此概括。

跟陶雨晴聊天儿，天马行空。一会儿谈到拳王阿里的基因，一会儿扯到郭德纲的相声，再一会儿又蹦到网络新词上。

聊起动画片时，陶雨晴的兴致更大了，几乎都是她一人在说，老陶插不上话。她把胳膊支在饭桌上，脸跟我凑得更近了。我问她看不看国产动画片，陶雨晴头一甩，说道：“基本上不看。”

“为啥？”

“虚假、说教、不好玩。”

中国的童话中，陶雨晴评价最高的是张天翼的《大林和小林》。她还说自己的好多价值观是从动画片里得来的。我有了兴趣，赶紧问她都有啥价值观。

“就是人性解放，人与人要平等，我们都是一样的，而且人要理性。”

“什么是理性？”

“就是要讲道理，也要听别人说话。”

“我还是跟你说动画片吧，我最喜欢的是《海贼王》。它是日本最好的动漫之一，都连载12年了，很好玩的。一般人都知道日本人有武士道精神，但这部片子除了回忆外里边没死一个人，完全是人性化的。它说，人要活得快活，人要好好地活下去，不要轻易被谁、被什么东西束缚和禁锢。我觉得这就是人性的解放。”

她还为《海贼王》填过一首词，其中有这么几句：青锋在手欲称王，少年心，自轻狂。海阔万里任我航，砺风雨，浴雪霜，水天一色唯见鸟飞翔。

不知怎么扯到了《中国现代少年英雄传》，这是陶雨晴上小学时学校推荐读的一本书。“那里头有一大堆小孩，受伤最轻的被轧掉一只手、一只脚，其他差不多都死了。有救火的时候被烧死的，有不让别人偷辣椒给打死的，反正死的死，残的残，我看了心里不好受。”

接着，她又说道：“生命是最宝贵的，应该尊重生命，不能一味地鼓励和歌颂牺牲，这是不人道的。”

陶雨晴出的那本书的序，是她自己写的，叫《生命的韧度》，通篇讲的都是各种伤残动物顽强求生的故事。她在文中强调的是：“生命永远是神奇的，生命永远是顽强的，生命永远想活下去，生命要坚持到最后一刻。”

原来以为打不开的门，开了

“看看高考都把人逼成啥样了。”

老陶从网上下载了个帖子《“决战高考百日誓师”班级誓词大全》，看罢，他这么说。

老陶的朋友给他支招儿：你闺女不适合咱内地的教育，让她出去读。可是，陶雨晴喜欢的是中文写作，总不能跑美国学中文吧。“去香港啊！”朋友说，“人家的大学比咱的活泛，没准她的写作特长能管用，说不定还能被破格录取呢。”

去年，老陶父女也试着参加了北京一所大学的自主招生考试。“那也得考，得参加学校自己组织的面试、笔试，也是按分录取，分低还是进不去。”那所学校只招 60 多人，陶雨晴的考试成绩排到了 100 多名，没戏。

高考要填志愿，老陶上网查了半天，最后选中了香港浸会大学。据说这所大学在香港排名第五，而且重视文学创作。但去年，人家在北京的文科录取分数线是 628 分。

在网上报名时，老陶把陶雨晴出版过的书、得过的奖全填上了。陶雨晴今年考了 560 分，只超过一本线 28 分。北京的学校她只敢报中央民族大学。

没料到，香港浸会大学竟发来了面试通知。去面试时，爷俩也没敢抱多大希望，因为内地有3000多人报名，录取名额只有140个。

面试地点在北大。老陶说纯粹是去撞大运的，反正碰壁都碰习惯了，面试前也没做什么准备，挺放松的。别的孩子面试一会儿就出来了，陶雨晴一人在里头待了半个多钟头。出来后，老陶问：都面试些啥？小陶说是随便聊。问她为什么想上香港浸会大学，说是想换个环境。问是否读过《论语》，她老老实实地回答说没看过。问是哪篇文章获奖了，她就把书送给了面试官。聊得最多的，还是文学方面的话题。

面试一结束，爷俩就去逛万圣书园。没想到才隔了一天，香港浸会大学就来电话，说陶雨晴被录取了，是中国语言文学专业，问她是否愿意。

“能不愿意吗？这次拿到香港浸会大学通知书，是她自上学以来最高兴的事儿了。尤其是她的写作能够被人承认，这一点最让她感到愉快。”

毕竟，陶雨晴分数挺低，真上了香港浸会大学，学习上会不会有压力？小陶讲“不会”。“再枯燥的知识，只要它是知识，我就不怕，逻辑学也是很美的。真的知识有道理之美、简洁之美。”

“嘿，总算熬出头了！”老陶长长地舒了一口气，“我们爷俩从来没这么开心过，心里不再别扭了，痛快！”

几天后，我收到老陶发来的一封邮件，谈了他的“一点儿想法”。虽然只有几百字，但我反复读了好多遍，越读心里越酸。

“我觉得，当今的教育在一定程度上劫持了我们的孩子，把有良知的孩子培养成反对者，把没有良知的孩子培养成伪君子。

“我们家长改变不了大环境，就只能去适应。事实告诉我们，必须老老实实地跟着高考走，否则你的孩子就不能迈进大学的门。我们不能说朝另一个方向走，但是可以不那么使劲地往前冲，而是照顾一下孩子的实际情况。对于高考，我们把腰弯下90度，但是没有五体投地地膜拜。说白了，就是豁出去不上名牌大学，给孩子留一点儿做自己喜欢的事情的欢乐和个性。

“陶雨晴的经历，实际上就是在这么一条路上挣扎的过程。

“陶雨晴是一个普通的孩子，她有点儿倔，有点儿自己的爱好，并且在某种程度上保留下来了。这不是一个成功者的故事，更不是一个天分很高的精英的故事，而是高考压路机下面非常普通的小草的经历。在她的成长过程中，没有人有什么错，学校、老师都没有，他们对她甚至比对一般学生还要宽容一些。而值得重视的是，为什么在学校、老师都没有什么错误的情况下，学生这么不快乐。

“至于香港浸会大学的录取……可以视为一个相声中的包袱，原来以为打不开的门，开了。”

董月玲／文

2009 年 7 月 22 日

对抗语文

上海作家叶开在客厅里和客人聊着孩子的教育问题，女儿乔乔就坐在他旁边，时不时插上两句嘴，偶尔还发出咯咯的笑声。

但聊着聊着，叶开察觉到身边的女儿没了动静。10岁的乔乔不知道什么时候从背后摸出了《格列佛游记》，正咬着指头看得津津有味。

这是1979年版的《格列佛游记》，书页已经有些发黄，是叶开上大学中文系时的读物。女儿先前已经读过两遍了，如今又读到只剩下最后的二三十页。

“乔乔，快别看书了，这样不礼貌，要跟叔叔说话。”叶开叮嘱道。

乔乔很乖巧地“嗯”了一声，然后抬头做个鬼脸，一只眼睛看着客人，另一只眼睛依旧用余光扫着书上的字。

如何阻拦上小学五年级的女儿看书，现在成了让叶开头痛的一件事。为了能逮着机会看书，乔乔在家里的沙发、钢琴凳，甚至自己的枕头下面，都藏了她爱看的书。

她的卧室里，除了放着钢琴，还有两个书架，上面摆着瑞典儿童文学作家林格伦的《小飞人卡尔松》等9本著作、全套7本的“哈利·波特”系列小说、一整套43本的全球儿童文学名著丛书、《彩图本·中国四大名著》，还有《伊索寓言》、法布尔的《昆虫记》、圣埃克苏佩里的《小王子》、吉卜林的《丛林之书》等。

41岁的叶开是著名文学杂志《收获》的副编审，这些书都是他精心为乔乔挑选的，几乎挤满了两个书架。

除了刚买回来的大仲马的《三个火枪手》乔乔还没有翻过，其他的书她已经全部看过。其中《哈利 · 波特与魔法石》她已经记不清看了几遍，一本薄薄的书被翻得裂成了 5 瓣。

这个痴迷于看书的小学生对自己的语文课本却一点儿都不待见。“我不喜欢语文课本。”小女孩瞪大眼睛说道，仿佛做了一个郑重声明。

4 年多来，乔乔的 9 本语文课本，只有在她做作业时，才有机会进入她的卧室。在自己的书架上，乔乔没有为这些课本留下任何位置。

平时，它们都被放在客厅的一个公用书架上。当然，这也方便叶开随时拿这些课本，挑出其中的“荒唐之处”。

2009 年，在全国中文核心期刊《语文教学与研究》主编晓苏的邀请下，叶开在《语文教学与研究（教师版）》上，一口气写了 12 篇专栏文章，对语文教材和语文教育的现状进行批判。晓苏提议专栏取名“语文现状批判”，叶开认为这个名称“太泛”，建议改为“语文之痛”。

“他刚好目睹了女儿接受语文教育的过程，他有疼痛感、刺痛感和迫切感。”晓苏回忆说。晓苏还是华中师范大学文学院的教授，他觉得叶开的名称更贴切，立即接受了建议。

在小孩最需要汲取人类文明精华的时候，却给他们喂了垃圾

叶开的这种痛感，始于 2008 年秋天。那时，他在写小说之余，忙着研究现代文学中的一些作家和作品。

乔乔的学习基本上由妈妈王琦负责监督和辅导。王琦是华东师范大学对外汉语学院的副教授、中国古典文学专业博士，叶开认为由她来辅导女儿学习绰绰有余。

但叶开很快就发现，妻子根本无法对三年级的女儿进行有效辅导，尤其是无法辅导女儿的语文学习。前两年，乔乔的语文经常考 100 分，可这几次拿回来的成绩单上面，分数一次比一次低。妈妈辅导她做的语文作业，第二天拿回家，上面经常是红红的一大片叉，乔乔觉得挺委屈。

在学到第 7 单元 48 课《智烧敌舰》时，乔乔又遇到了一道难题。题目要求她回答三国时期最足智多谋的人是谁。因为刚看完《彩图本 · 三国演义》，乔乔欣喜而自信地写下了自己的答案："孔明和庞统"。这个答案也得到了妈妈的认可。

结果当天晚上，孩子伤心地回来了。语文老师的标准答案是"诸葛亮"。班里有几个男生也看过《彩图本 · 三国演义》，他们问老师："为什么不能是庞统？"老师回答，在小学阶段答案只能写"诸葛亮或周瑜"，写"孔明"也算错。

为了消解女儿的怨气，古典文学博士王琦和中国现当代文学博士叶开，不得不同时出面跟女儿解释，"庞统是不亚于诸葛亮的一个重要的谋士，刘备西征蜀国，主要靠庞统而不是诸葛亮，诸葛亮是靠《三国演义》演绎出来的，事实上庞统不比诸葛亮差"。

乔乔这才微笑起来。两位博士当时也笑了，不过是苦笑。这是叶开第一次被孩子的语文教育刺痛。

"你可能觉得很可笑，但这就是发生在我们身边的事情。"如今回忆起来，叶开摇头叹道。

两位博士实在没想到，他们会在小学三年级的语文题上马失前蹄。

看到乔乔成绩下滑明显，王琦很着急。她找到语文老师，认为不应该让孩子做这么多练习题。

老师告诉她："从三年级起课程加入了阅读理解，不再只是认字记词。乔乔的阅读能力有问题。""不会的，她看书没有障碍。"王琦急忙跟老师解释。因为就在上三年级前的这个暑假，叶开给女儿买了《哈利 · 波特与魔法石》，这是他们第一次给女儿买长篇读物。结果 8 岁的乔乔很快就看完了，并开始接着看《彩图本 · 中国文学四大名著》。

老师不相信王琦的解释，摇头表示怀疑。这让王琦很忧虑，她开始想，女儿不会真是有什么阅读问题吧。回到家后，她急忙跟叶开探讨起来。

叶开那时正研究现代文学中的乡土文学叙事，并得出结论："那一代的不少作家不说真话。”

听了妻子的担忧，他拿起乔乔的语文课本，试图弄清问题所在。结果一打开课本，他就发现一些不说真话的作家的作品不仅进了女儿的教材，“而且还要背诵”。更糟糕的是，一些原本是经典的作品，到了教材里被改得支离破碎、面目全非。

他正冒火，转身却发现乔乔抱着《哈利·波特与魔法石》目不转睛地读着。为了考验女儿，他刻意跟乔乔聊起“哈利·波特”系列小说和《彩图本·中国文学四大名著》，结果发现里面很多故事和细节，乔乔记得特别清楚。

“这说明她不是胡乱读，是真读懂了。”叶开强调道。他和王琦判断一致：大可宽心，女儿的阅读理解完全没问题。

他进而感叹道，小学是孩子学习的黄金时代，因为这个阶段孩子的记忆力非常好。“可是，”他话锋一转，气愤地说，“在小孩最需要汲取人类文明精华的时候，有人却给他们喂了垃圾。教材里面，有好多非常糟糕的东西！”

叶开把乔乔的几本语文教材全都仔细看了一遍。2008 年 11 月，他写了第一篇批判语文教材和语文教育的文章——《语文的物化》。在文章中他这样写道：“中小学的语文课本选入了很多与花草树木有关的文章。在这些文章里，作者不是欣赏鲜花自身的美丽，而是在鲜花这个符号上寻找道德寓意。”

这一年年底，叶开与晓苏见面，原本是要聊文学创作的问题，结果把主要的时间都用在了聊语文教育上。

“我们觉得，现在的语文教育中，非语文的因素太多，老师又教得太保守太落后，学生不喜欢。”晓苏回忆，他们在这一点上达成了共识。

看了叶开的批评文章后，晓苏认为“很深刻，很尖锐，点到了穴位”，随即邀请叶开在《语文教学与研究》上开专栏，批判“病态的教育带给语文的痛”，希望刺激中小学语文老师“已经麻木的神经”。

孩子学了半个学期的语文，肚子里装的都是“垃圾”，我们利用假期给她倒出来

叶开的专栏文章从2009年1月开始发表，第一篇便是《语文的物化》。考虑到文章的风格比较犀利，晓苏将专栏安排在了杂志第70多页的位置，避免“一上来就刺激到读者”。

结果，这些“火药味儿很浓”的文章发表了两期后，一位语文特级教师就打电话给晓苏，质问道：“哪儿来一个疯子在这儿胡说八道？”

当时9岁的乔乔看了爸爸的文章，咯咯直笑。“我们都不喜欢语文课本。他写得太好玩了。”她评价道。

其实对于自己的语文课本，乔乔在一年级的时候还是感觉“挺好玩的”。她记得，一年级的语文书上有好多图画，有小动物，还讲爱护环境，“看上去没有那么讨厌”。

一年级下学期，在学到第40课《三过家门而不入》时，乔乔当年用红笔在彩色书页下角，吃力地写下了“舍小家，顾大家”6个稚拙的字。她回忆说，语文老师告诉他们，“大家”里有很多“家”，就是“国家”的意思。当时刚刚7岁的小姑娘，始终没弄懂“大家”的具体意思，只是很固执地认为，“大禹就是一条鱼，所以他才治水”。

虽然很多东西搞不明白，但书本上的图案还是吸引了乔乔。“当时我觉得，哇，好奇妙哦！”她边说边做出夸张的表情。

当时在课堂上，老师写什么她就跟着一笔一画地模仿。回到家里，她则开心地看《小小建筑师巴布》《猫和老鼠》等动画片和《哈哈画报》上的漫画。

这种开心的笑声时常在叶开家里响起，前4个学期，乔乔经常拿回满分的语文成绩单。

但到了三年级，写作文成了语文课上的重头戏。同学的书包里，慢慢开始有了优秀作文选。看到有同学买“作文套餐”，乔乔出于好奇借过

来看了一眼，就再也不想看第二眼。她还是喜欢爸爸不久前给她买的《哈利·波特与魔法石》，其次是《林格伦作品集》。

可是她只有先写完作业，才能看这些书。她开始打自己的小算盘，养成了到处藏书的习惯。在写作业、弹钢琴时，甚至是在语文课堂上，她都会时不时偷偷地瞄上两眼。

她开始变得“一点儿都不喜欢”语文课本。她更不喜欢的是书包里的教辅书《一课一练》，这占据了她课后的很多时间。

比如，根据教辅材料，乔乔每天需要填很多反义词和近义词，这常常让她的博士父母为难。他们不愿像其他父母那样给女儿买近义词词典或反义词词典，于是就安慰女儿：“我们认识出这些教辅书的人，这东西他们自己的小学不用，自己的孩子也不用，你就随便应付一下算了吧。”

一次假期快结束时，乔乔的班主任来家访，问孩子这个假期都在做什么。叶开笑着回答：“忙着‘倒垃圾’。”

这让年轻的女英语老师一愣，没有反应过来。叶开马上解释说：“孩子学了半个学期的语文，肚子里装的都是‘垃圾’，我们利用假期给她倒出来。”

“倒垃圾”的方法，则是给孩子买经典作品阅读。在意识到孩子的语文教材中的问题后，叶开给女儿买了一个四层的书架，书架上多了《哈利·波特与密室》等“哈利·波特”系列小说，也有了《窗边的小豆豆》《唐诗三百首》等名著。

一些语文教育者时至今日还在表演和说谎

这些刚刚摆上书架的书，很快就被乔乔一本一本地“消灭”掉了。在咬着指头，发出一次次咯咯的笑声后，乔乔也把“哈利·波特”系列小说里的女主角赫敏奉为自己的偶像。

叶开因势利导，告诉乔乔，不仅小说和电影中的赫敏很聪明，现实中赫敏的扮演者艾玛·沃特森也很聪明，考上了美国很好的大学。于是，沃特森也被乔乔视为榜样。

在三年级以前，乔乔在课堂上很少说话，但看到小说里赫敏在上课时经常举手提问，她决定向偶像看齐。以后上课时，脑袋后晃动着两个马尾辫的乔乔经常把手举得很高，希望老师能叫自己起来回答问题。

可是，她很无奈地发现，自己的想法经常和老师的不一样，尤其是在做阅读理解的时候。乔乔撇着嘴，一本正经地说："我在语文课上喜欢发言，就是有时候没有办法说到点子上，就是老师的那个点子上。"

有一次，老师讲互联网会给人们带来什么好处时，强调它"可以查找信息，促进学习"。乔乔则认为互联网可以让自己玩更多的游戏，因为她从4岁上幼儿园小班起，就开始登录迪士尼网站，玩"小熊维尼吃蜂蜜字母"的网络游戏。乔乔的观点得到其他同学异口同声的支持。语文老师只是咧嘴一笑，什么都没说。

乔乔只爱看书，对穿着不在意，但很在意别人对自己的评价。因为她喜欢在课堂上举手，甚至偶尔会插老师的话，常常有人在课后说她爱出风头。有一次下课后，她走到一个这样评价她的男生面前，对着他的耳朵大吼大叫。

"他们对个人的尊严不是很看重。可是，如果你能维护自己的尊严，那别人就没办法破坏你的立场。"小姑娘义正词严地解释自己的行为，她认为当时自己必须表明立场。

但有时候，乔乔的坚定立场并不起作用。

2009年秋天，叶开的专栏已经写到了第10篇。他第一次参加了女儿的语文公开课。课上老师讲的是课文《带刺的朋友》。宽敞明亮的教室里，电视机、投影仪等设备齐全；学生6人一组，课桌面对面拼在一起，像圆桌会议一样便于分组讨论，颇有一种民主、平等、交融的气氛。

课堂上一让提问，叶开就看见乔乔把右手举得高高的，但老师就是不点她。后来老师说换个方式，找不举手的同学提问，乔乔故意把手放下，但依旧没被点到。叶开在后面看着，觉得一阵阵心酸。

后来乔乔好不容易得到一个提问的机会，老师却回答不出她的问题。“这个问题等我们深入了解之后再回答。”乔乔以朗诵的口气，模仿了老师一年多以前说的这句话。

回家后，叶开查阅资料，发现《带刺的朋友》改编自一位作家的文章，编者对这篇文章进行了删节和修改，导致课文前后逻辑接不上，所以老师根据课文确实回答不出乔乔的问题。

乔乔告诉爸爸，这种公开课事先已经演练好，一旦有提问机会，班里大多数学生都要举手，但老师只找举左手的人回答。

这让叶开想起了30年前自己上公开课的情景，也让他异常气愤：“30年了，一些语文教育者时至今日还在表演和说谎！”

“我们最应该反对的就是虚假！没有真的善是伪善，没有真的美是臭美。”11月底，叶开在应邀给上海一所知名小学的老师做讲座时，始终强调自己的这一观点。他给讲座取的题目是“教书还是教真”。

讲座开始前，一位小学语文老师向叶开诉说了自己的苦恼。这几年来，她只要让学生以“我的爸爸”为题写作文，就会发现班里的学生几乎全都病了或者是摔了跤，然后爸爸背着他们上医院。

这位老师忍不住感慨：“连教材都可以作假，那么其他的假，像这些作文模板，也就不足为奇了。”

叶开和王琦从来不让乔乔参加朗诵比赛。在他们看来，那种规定题目的朗诵充满了虚假情感。他们要求乔乔平时在班里朗诵的时候，要用正常语调，不要假天真。

在他们看来同样虚假无趣、没有真情实感的，还有乔乔每个学期都需要背的名言。在叶开看来，这些名言很多是编者自己编的，“背这些垃圾还不如背《老子》《论语》，或者是唐诗宋词”。所以每次老师要父母监督孩子的背诵作业时，叶开总是直接在乔乔的课本上签字了事。

“我们就是不参加无聊的事情！”王琦干脆利落地总结道。

乔乔把视线从《格列佛游记》里挣脱出来，抬头回应了一句：“我的父母很宽松，能有他们做父母太幸福了。”

孩子就是一个易碎品，语文课把他们弄得遍体鳞伤

背诵名言可以轻易应付，但像在文章中画好词好句这样的作业，常常难倒乔乔和他们家的两位文学博士。

老师说按“aabb”格式画好词好句，乔乔觉得课本里没什么好的，就随便画了画。班上有个男同学，把“爸爸妈妈”画出来，结果得了A-。

每次画好词好句时，叶开都很紧张。这位《收获》杂志的副编审不知道哪个词比另一个词更高级。“难道这个词是部长级，那个词是科长级?”他反问道。

他把画好词好句比作揪树叶，并形容说:“即便你揪下所有的树叶，也无法体会一棵大树的美。”

为此，他在专栏里写了《好词好句与陈词滥调》。但批判归批判，为了减轻女儿的痛苦，他和妻子还是得耐着性子帮乔乔画好词好句。

在杂志社编审稿件时，叶开给国内很多知名作家提过修改意见，但他对女儿的作文指导，大都以失败告终。

他经常告诉乔乔，心里怎么想就怎么写，把意思表达清楚就可以。然而几乎每次老师的批语都是——“再多用些好词好句”。

这时候，叶开会安慰女儿:“不是把所有色彩斑斓的颜料都泼到墙上，就会成为一幅画。做一个诚实真诚的孩子就好。”

在他眼里，中国传统的国文教育注重修辞和交流，以此形成个人道德观和社会人生观；而现在的语文教育则跟外语教育一样，光注重语法。语文课不仅违背了语言规律，而且“极其乏味，肢解了整个语文教学的整体性思考”；在肢解了语文的同时，也让孩子变得分裂。

“孩子就是一个易碎品，语文课把他们弄得遍体鳞伤，然后家长回家再把这些碎片，一片一片给粘起来。”叶开直言，自己和许多正上小学的孩子一样，都有这样的感受。

有一次，乔乔的考题是画掉括号里不正确的拼音，为“打量”的

“量”找出正确的读音。全家三口人都认为“量”应该念四声，但老师给的答案是念二声。后来大家分头查字典，发现答案也不一样。

“然后我爸爸妈妈说，在家里就念打量（四声），在学校就念打量（二声）好了。”乔乔比画着说。

最近，如何解释“矜持”这个词又难住了两位博士。他们查了《现代汉语规范词典》和《现代汉语词典》，发现解释并不相同。尽管叶开认为词典的释义也欠准确，但又必须选，最终他们在“拘谨”与“庄重、严肃”之间选择了后者。

结果，乔乔又得了一个红叉，因为教辅的标准答案是“拘谨、拘束”。

这一次，还没等父母叮嘱，乔乔自己已经明白，在学校就按“拘谨、拘束”，在家就按“庄重、严肃”。

“我感觉一半在学校里，一半在家里，从中间被切成了两半。”乔乔皱着眉叹口气，像个小大人。

叶开曾经拿女儿的这种感受跟北京师范大学一位文学教授交流。教授说，自己的儿子刚上初一，小学6年一直“分裂”得特别好，“在学校说一套，在家里说一套，从小就学会应付”。

“这是没办法的办法。如果我们的教育和实际同步，我们就不会把时间浪费在应付和对付上了。”教授感慨道。

叶开唯一庆幸的是，女儿乔乔从8岁起，便学会了用他推荐的经典儿童文学作品“排毒”。

三聚氰胺奶粉毒害孩子的身体，垃圾课文伤害他们的心灵

看到女儿在这些经典作品间流连忘返，叶开对真正的语文有了信心。晓苏邀他写专栏时，他有过犹豫。在和妻子商量了一个晚上后，他觉得还是要做些事情，来对抗现状。

开家长会的时候，叶开发现很多家长对语文教材根本不懂，不少孩

子平时由爷爷奶奶接送，父母偶尔来开一次会，光顾着围着老师问孩子的分数。

看到讲台上的老师已经麻木，而很多家长又浑然不知，叶开最终答应写专栏。“三聚氰胺奶粉毒害孩子的身体，垃圾课文伤害他们的心灵。”他决定为孩子们做一些“排毒”工作。

他批评小学三年级学的第一首诗歌《信》是虚伪的诗，质疑中学语文教材里的《大堰河——我的保姆》是在宣扬“恨的教育”。在看了老师给女儿列的书单后，他批评“乱读书不如不读书”。

他还批评教材编写者添加各种文字篡改朱自清的文章，“不仅厚诬前贤，且贻害后生，更败坏了求真求实、诚信的风气”。

为了写朱自清作品如何被篡改和肢解的文章，叶开花了3个月通读了《朱自清文集》。在女儿已经将这些教材的内容忘到九霄云外，沉浸于经典作品中时，他却要重新捡起那些教科书，以对比课文的原始出处。

结果是，他着实领教了所谓的“教材体”，即教材编写者根据教学大纲的需求，“生产”出的主题先行的课文。

在乔乔的语文课本上，叶开发现，编者将安徒生的作品《一个豆荚里的五粒豆》中的故事改编成了《一颗小豌豆》，但那却是一颗“做好人好事的雷锋版小豌豆”。乔乔看过4卷本《安徒生童话全集》，便在课堂上指出课文中不符常识之处，老师告诉她：“可能你看的那个版本不一样，入选课文时有所删改。”

这件事发生之前的半个多月，乔乔发现课文中的普罗米修斯盗火种跟原著有出入，向老师提出疑问，得到的也是同样的答复。

叶开认为，这不应该怪老师，而是由于“教材体”编写者“非常无趣乏味”，他们编出这种课文，对小孩子的美学和人文教育造成了极大的伤害。

叶开本来正在创作100万字的三部曲小说，到2008年年底已经写了60多万字，但他决定暂停下来，全力写这些专栏文章。

他把文章贴到自己的博客上以后，不少人给他留言或发私信。这些人来自四川、青海和浙江等地，有一线的语文老师，也有学生家长。

当然，还有人将材料递到了政府有关部门，声称教材编写是很专业的事情，叶开不懂却在那里“大放厥词”；编写这些“教材体”，是为了适合小学生阅读。

但在叶开看来，这是这些编写者在贬低孩子的智力。他以自己的女儿为例进行反驳：瑞典名著《骑鹅旅行记》50多万字，乔乔两天就看完了，而且记得很清楚；“哈利 · 波特”系列小说7本250多万字，乔乔每本都读了好几遍；4卷本《安徒生童话全集》，乔乔都看了，内容几乎都记住了。

在给别人推荐书目时，叶开总喜欢推荐女儿乔乔喜欢读的“哈利 · 波特”系列小说、《吹小号的天鹅》《昆虫记》《天上掉下大蛋糕》《小王子》《丛林之书》等外国儿童文学名著。

有人质问他：“中国就没有好的作品吗？”

“有，但适合孩子阅读的不多。”叶开直截了当地回应道。他的一个重要证据是，“哈利 · 波特”系列小说中文版拿到的版税是9800万元，比同期中国所有畅销书拿到的版税总和都多，这还没考虑数量可能比正版更多的盗版书——“孩子们用脚投票，他们是识货的”。

就在叶开因批评语文教育而饱受一些人的非议之时，乔乔的生日到了。叶开问她想要什么生日礼物，乔乔说想要一套英文原版“哈利 · 波特”系列小说。那是2009年春天，乔乔上小学三年级。叶开花了1300多元买了一套精装全集。乔乔还记得当时的情景，打开那个精致的匣子后，她“高兴到了难以形容的极点”。

教师要把孩子带向经典之路

现在，英文的《哈利 · 波特与魔法石》乔乔已经读了四分之三，但是拿起自己的语文课本，她依旧非常痛苦。

“尤其是这学期的课文，开始讲战争故事。我是女孩子，不喜欢打打杀杀，我特别讨厌动不动就死人。”乔乔晃着自己的马尾辫说。

让她更受不了的是，当老师讲到课文中有人牺牲时，男生们就说，那个人“挂了”。这让乔乔觉得，他们像在玩电子游戏一样，别人死了都无所谓。

“这个单元原本是要进行爱国主义教育，结果却让孩子们对生命形成了这样一种认识。”妈妈王琦遗憾地说。

与课本里的英雄故事和课堂上放的电影《闪闪的红星》相比，乔乔更喜欢自己书架上的那些书，它们带给她更多的快乐和欢笑。

这学期期中考试，乔乔的语文又没考好。有人说：“你看了那么多书有什么用，还不是才考 80 多分？”

乔乔当时有些伤心，但回家后王琦告诉女儿：“读书是一辈子的事情，不是为了期中考试。”

而叶开在那所小学的讲座结束时，有老师站起来说：“我们能怎么办呢？教材就是这个样子，考试就考这个教材，我们不能不用啊。”

叶开给出的建议是，语文课可以上得再简略一些，老师自己可以多看一些经典，然后把孩子带向经典之路。

关于这一点，他和不少人达成共识——现在不少老师在自信而勤奋地做着愚蠢的事情，如果大方向错了，老师越负责，对孩子的伤害就越大；把这个易碎品摔得越碎，家长要想粘起来，就越不可能。

在叶开看来，能把这些碎片重新粘成成品，便属万幸。他担心的是，这条语文教育流水线，会把一个个像乔乔这样原本爱读书的孩子，完整地教成废品。这才是语文教育的真正伤痛。

王波 / 文

2010 年 12 月 15 日

下乡养儿记

5 年之后，冯丽丽还能清楚地记得那个晚上。

那一天，丈夫出差，她到城里处理事情，8 岁的女儿生病，独自一人留在乡下的家中。冯丽丽从北京城里赶回家时，已是晚上 9 点半。她拍着紧闭的大门，喊着女儿的小名“天天”。

女儿开了门。走进屋里，冯丽丽发现，蚊帐已经放下，被子也铺好了，甚至连尿盆也“到位”了。“妈妈，我以为你明天才回来呢，我可伤心了。”女儿说，她已准备独自睡觉。

天天还告诉妈妈，这一天，她吃了三次药，放了两次羊，喂了兔子和狗，天黑前赶鸡鸭入窝，并给妈妈准备了馒头、小米粥和炒菜花。

冯丽丽的眼泪“唰”地流了下来，相反，女儿却很平静。

“发生在她身上的一切变化，都让我吃惊。”冯丽丽说。

而此前两个月，他们一家住在北京城里，女儿是一个“问题儿童”。那时，她胆小，晚上经常做噩梦，不敢上学。用尽一切办法后，冯丽丽夫妇决定下乡养儿。

小小的身体，大大的脑袋，这是很多城市孩子的形象

冯丽丽最早发现女儿的“问题”，是在 2007 年。

这一年秋天，天天该上小学了。开学的第一个早晨，夫妻俩将女儿送到教室门口。一路上，女儿都高高兴兴的，但放学后，她的情绪发生了很

大变化。

“天天一直说不敢上学。”如今冯丽丽坐在一家咖啡馆里回忆道。

夫妻二人费了半天工夫，才大概了解了事情的原委。原来，女儿不习惯小学“有规矩”的生活。比如，老师要求学生不能剩饭，上课不能东张西望等，否则就要被惩罚。天天接受不了。

好说歹说，冯丽丽鼓励女儿连续上了10多天学。但每天早晨起床后，女儿都重复同样的话:“我应该上学，我想上学，可我不敢上学。”

大约半个月后的一个早晨，当冯丽丽和女儿敲开教室的门时，正在讲话的任课老师将天天一把拽进教室，嘴里嘟囔着“打断了讲话”。冯丽丽急忙阻止，哭着对老师说:“你不要拽了，我们不上学了。”随即，她为女儿办理了退学手续，母女俩抱头痛哭。

“我没想到，女儿一下子成了‘问题儿童’。”冯丽丽抽泣道，“从那以后，女儿就经常对我说‘妈妈，我好失败’。”

为帮助女儿“恢复正常”，这对夫妇开始参加各种关于“问题儿童”的交流活动。走进这个圈子，他们才发现，像天天这样对上学有恐惧感的儿童并不少。他们还碰到过一些被定义为“多动症”“厌学症”“孤独症”儿童的家长，相互间打探各种“灵丹妙药”。

这些交流活动，加剧了冯丽丽夫妇的焦虑感。“孩子不会真有问题吧?”两人常产生这样的疑问。

冯丽丽发现，自退学后，女儿的“症状”加剧，晚上常常做噩梦。到了后来，女儿晚上都不敢睡觉，以至于“黑白颠倒”。这位母亲还留意到，原本爱说话的女儿变得敏感脆弱，无论让她做什么事，她总是退缩。

他们在打听到银川有一所儿童特色教育学校后，就双双辞职，带着女儿去上学。但3个月后，女儿仍然每天说“不敢上学”。银川求学失败后，一家三口商量，干脆边走边玩。就这样，他们白天走路游玩，傍晚拦车到附近大一点儿的地方住下，一个月后才回到北京。

回京后，他们继续陪着孩子出入博物馆、公园等地，想“培养孩子的胆量”，然而效果似乎并不好。如此一年多，女儿只要一看到上下学的同龄人，就会将“我好失败”的口头禅挂在嘴边，情绪随之低落。再后来，她甚至都不愿意出门。

“同龄的孩子都在上学，天天害怕别人问自己为什么不上学，就不愿意和伙伴们玩。”回忆起这一幕幕，冯丽丽忍不住掉眼泪。她甚至在讲述之前，就从包里掏出一包纸巾。聊完，她也用完了纸巾。

在一次关于儿童教育的交流活动中，天天的爸爸认识了从事儿童教育的老师乔艳坤。乔艳坤在听他讲述完女儿的“问题”后，给天天开出了“药方”：到乡下去生活。

“9 岁前，孩子的自我意识尚未形成，他们属于环境，改变成长环境可以很快使他们恢复生机。”乔艳坤对冯丽丽夫妇解释道。

这个提议打动了冯丽丽夫妇。

2009 年 3 月初，乔艳坤表示可以在乡下照顾天天一段时间。冯丽丽夫妇同意了。乔艳坤为此专程到天天家拜访了一次。

这个“问题儿童”的家在北京东大桥附近。这是一个非常繁华的地方，著名的秀水街和许多高档商场都在附近。在这寸土寸金的地方，乔艳坤感觉“就像站在深井里”，产生“无聊和烦躁”。她戏称，天天一家住在水泥建筑的一个小格子中。

虽说这是一个“很有品位的现代家庭”，电脑、电视、各种玩具和图书一应俱全，不过乔艳坤看到的却是“灰蒙蒙的一片”，找不到“任何活生生的东西”。

当一个黑黑瘦瘦、戴着厚厚镜片的小女孩出现在这名儿童教育老师面前时，她仿佛看到了“一只受惊吓的小鹿”，满是疑惑，随时准备逃走。父母跟女儿说话时，“谨慎而小心翼翼”，好像在告诉她，“她是一个易碎的花瓶，口气大一点，就把她吹破了”。

“我初步判断，天天就像一台电脑，虽然软件版本高，但硬件配置不足。”乔艳坤回忆说，“用一幅漫画表现，就是小小的身体，大大的脑袋，这是很多城市孩子的形象。”

孩子生活能力越强，自信心就会越强，将来驾驭环境的能力也就越强

接受乔艳坤的建议后，天天的爸爸专程跑了一趟乡下，就在首都机场第三航站楼附近。那里周边开阔，有成片的庄稼地和树林。当天他就在附近的村子里租了房。

2009 年 3 月初的一天，以写作和校对谋生的爸爸发动起家里的电动三轮车，载着妻子和女儿朝村子出发。一路上，尽管三轮车多次爆胎，但三个人却充满了期待。每当看到牛羊等动物，天天就会开心地笑起来。

“女儿小时候在农村的姥姥家生活过，对农村不陌生。可那一次还是非常开心。”回忆起女儿快乐的往事，平日眉头紧锁的妈妈也笑了。

到那个地方后，天已经黑了，整个村子很安静。他们匆匆收拾一下就躺下休息。平日的“夜猫子”天天，出乎意料地早早入睡。第二天一大早，天天就催促爸爸妈妈起床到外面看一看。冯丽丽看着在空地上奔跑的女儿，有种莫名的感慨。

连续几天上午，乔艳坤都出现在他们家里。一番观察后，她向冯丽丽夫妇提出了第一个方案：让天天做饭，培养其生活能力。

“能行吗？”冯丽丽不解。

“没问题！”乔艳坤回答。

这位长年从事儿童教育的老师说：“孩子生活能力越强，自信心就会越强，将来驾驭环境的能力也就越强。”而做饭，是培养生活能力最有效的方式之一。

除此之外，乔艳坤还有更具说服力的理由。那次乔艳坤到城里看望天天，午饭时间到了，冯丽丽让女儿决定吃饭的地方。最终天天选择了必胜客，但她点的那份餐，只被吃了一点点。

吃饭过程中，餐具掉到地上，她不主动去捡，而是指使妈妈帮忙，“说话语气很冲”。

自然，这个方案遭到了天天的反对。她每天都对妈妈说“不要帮助乔老师”。乔艳坤并不强硬坚持，但从一开始，她就有意识地设计，让天天参与到做饭的环节中。

一天中午，冯丽丽想吃鸡翅，大家分头行动。乔艳坤几次邀请天天帮忙，都被她拒绝。

食材准备好后，乔艳坤对大家说，她要用房东家烧柴的大灶做饭。这一提议引起了天天的兴趣。她守在乔艳坤边上，看她生火。“我想天天从来没有生过火，新奇的事物也许能吸引她。”乔艳坤回忆道。

小女孩看着乔艳坤将柴掰成一段一段，分成粗细两堆。火生起来后，天天主动要求：“我来加柴吧。”

那天吃到自己烧火做的饭，天天开心了好一阵。她对大家说：“我喜欢生火，火旁边好暖和。”

其后一连几天，乔艳坤中午帮着冯丽丽做饭时，都会叫天天帮忙。天天不答应，她也不坚持，就做一些能引起天天兴趣的事情。有时天天帮忙后，她也适当夸奖几句。

一次做鸡蛋西红柿面，乔艳坤直接问天天：“你要洗西红柿还是要打鸡蛋？”天天毫不犹豫地选择了打鸡蛋。

此后几天，乔艳坤又引导天天独自去菜市场买菜。她还鼓励天天动手包包子。当房东大妈对天天包的包子赞不绝口时，天天做饭的兴趣更浓了。而此时的乔艳坤由主力变为帮忙者。做饭的时候，天天甚至会说：“乔老师，你帮我的忙吧。”

“那时候，天天经常说，妈妈我会做这个了，我会做那个了。我觉得她的自信心回来了。”冯丽丽回忆。

乔艳坤告诉冯丽丽：“孩子的自信不是夸出来的，而是‘做’出来的。孩子根据自己的感受来思考，做出决定，去行动，最后得到结果。多经历几次这样的过程，自信就会慢慢生长出来。”

有一天中午，乔艳坤没有出现在天天家。而冯丽丽当时正忙，天天就主动提出：“妈妈，中午我来做饭。”

这个 8 岁的女孩给妈妈做了米饭，炒了菠菜。那一天，距离全家下乡不到一个月。

动物是活生生的，能让孩子认识生命，尊重生命

房东大妈家有一条黑狗，平时就养在天天家的院子里。起初，大家都没注意到这个生命的存在。当有人来的时候，黑狗就躲在角落里不出声。即使给它扔下一块骨头，它也不敢出来吃。

这条瘦小、无精打采的黑狗当时的状态，颇像下乡之前的天天——她就躲在高楼大厦之间，不愿意和人打交道。

天天想和黑狗玩，但黑狗不理她。乔艳坤告诉她："天天，动物是有灵性的，它们什么都懂。从现在起，你每天和它说'我喜欢你'，喂它好吃的，它就会好起来。"

第二天一早，天天起床后就对妈妈说："我去跟黑狗说话。"她到狗窝前蹲下，说："大黑狗，我叫天天，我是你的新主人。我很喜欢你，你放心吧，我们会对你很好的。"

一连几天，天天每天早晨如此。起初冯丽丽还担心黑狗伤害天天，总会陪着她。"乔老师说了，我对它好，它就会对我好。"女儿对妈妈说，"它不会伤害我。"妈妈看到黑狗的状态，也就放心下来。

终于有一天，天天把骨头扔到院子里，黑狗从角落里走了出来。天天小心翼翼地走到黑狗前面，蹲下身，抚摸它的头。黑狗温顺地伸出舌头，舔了舔天天的小手。她叫它"大黑"。

"天天甭提有多高兴了。"乔艳坤回忆。她觉得自己又给天天种下了一颗爱的种子，因为"小动物最能率直而强烈地表达爱"，"养小动物能让孩子感受到世界的爱"。而第一颗爱的种子，就是爱生活，爱爸爸妈妈。天天每天做饭就是最好的表现。

天天出门的时候，经常带着大黑。一开始，这条黑狗一走出院门就往

回缩，天天就抱着它走。很快，大黑就能跟着天天撒欢儿了。这条黑狗成为天天一个重要的伙伴。当房东大妈将黑狗要回去的时候，天天为此伤心了好长时间。

房东大妈买了兔子，送给天天两只。她就开始每天喂兔子，后来还养了小鸡和小鸭。照顾这些小动物成为天天的日常“工作”。每天，她都会端一大盆水，让小鸭子在盆中游泳。她还和爸爸一起，在院外给小鸡小鸭搭了一个窝棚。每天天黑，她都要帮着爸爸将它们赶回窝。一旦有小鸡小鸭死掉，她就和爸爸一起把它们埋掉。

冯丽丽发现女儿在照顾这些小动物的过程中，发生了很大变化。这孩子不再像以前那样对外界的事物漠不关心了。

对待自己的妈妈，天天也不像以前那样“冲”了。每天，她都会主动问妈妈想吃什么饭。妈妈吩咐后，她就自己准备食材，给妈妈做饭。冯丽丽几乎每天中午都能吃到女儿做的饭。

这让冯丽丽不敢想象。几个月前，她变着法子满足女儿的要求，但天天还是不满足。

冯丽丽曾问乔艳坤为什么。乔艳坤答复道：“动物是活生生的，能让孩子认识生命，尊重生命。天天一步步将大黑培养成一条勇敢的狗，将别的小动物照顾好，她能够在这个过程中感受到一种力量。”

搬到乡下一个月后，一天早晨醒来，天天对妈妈说：“妈妈，我做噩梦了。不过我不想告诉你。”稍后，她又说：“刚做梦的时候很怕，现在不觉得怕了。”

教育就是要把孩子心灵深处的生命力引导出来

一天散步的时候，天天看到羊群，就缠着爸爸妈妈给她买一只小羊。在征得乔艳坤同意后，天天拥有了自己人生中的第一只小羊。天天给它起名“小山”。

在买羊之前，爸爸妈妈和女儿约定好，天天要负责日常放羊，并且还要清扫羊圈。

自此，天天的生活中又多了一项工作。

“早晨起来，她要喂狗喂兔子，还要喂小鸡小鸭。上午她要放羊，中午要做饭，有时还要洗衣服。下午又得去放羊。”冯丽丽笑着说，“小小年纪，做的活真不少。”

她和丈夫讨论过，天天能做到这些，他们已经非常满足了。但是，乔艳坤并不这样想。她不断地给天天加工作量。比如做饭的时候，让她收拾干净灶台等。这常常引起天天的不满。小女孩很明确地表达过，她“不喜欢乔老师”。

为此，冯丽丽向乔艳坤提出自己的担忧：“这样做会不会让孩子觉得负担太重?”

“要相信孩子的能力，天天完全能做到。让她多做点事要比少做点事好。就像一辆车，本来能装50吨，你只让它装5吨，它的能力得不到锻炼，那是浪费。”乔艳坤向冯丽丽解释道。

六一儿童节那天，房东家的小孩和村里几个玩伴喊天天出去玩。可天天告诉他们，她还要放羊，小伙伴们要么和她一块儿去放羊，要么等她放完羊再一块儿玩。

天天心里其实挺想玩。她就央求妈妈，能不能替自己放一天羊。

心软的妈妈同意了。

乔艳坤知道这件事情后，有点责怪冯丽丽：“你怎么能随便替她工作?”

冯丽丽说出一大堆理由，包括孩子的天性就是玩，天天已经很累了，应该在孩子的节日放一天假。

“羊是天天要买的，应该由她来照顾。而且从小到大照顾一只动物，这种持久的照顾无论是对意志力还是感受力的培养，好处都是非常大的。”乔艳坤说，“你们现在急于为孩子着想，提前为孩子扫除障碍，这还是一种‘你不必负责’的思路，这样天天会无力承担任务的。”

冯丽丽接受不了乔艳坤的理论。不过之后她和女儿实行换工。每个周末，天天可以玩耍，前提就是要帮妈妈洗衣服。

对这个要求，天天倒没什么意见。她似乎已经习惯这位“坏老师”给她营造的真实环境。

在放羊的过程中，天天对各种植物产生了浓厚的兴趣。她央求爸爸，进城的时候给她买一本关于野生植物的书。让冯丽丽想不到的是，在很短的时间内，女儿就读完了这本书。每次冯丽丽和女儿一块儿出门，女儿总能给她讲出各种野生植物的名字。有一次，女儿甚至给冯丽丽采了很多野花，让她泡水喝，说自己是从书中学到的知识。

除此之外，女儿也变得好学了。她几次让爸爸从城里给自己买故事书，还经常给妈妈讲书中的故事。

冯丽丽向乔艳坤说起女儿的各种变化，感慨不已。乔艳坤向她解释道：“你以前的方向错了。教育的本质是引导。每个孩子都有内在的、天赋的、智慧的生命力。教育就是要把孩子心灵深处的生命力引导出来。所以，成年人要做的不是塑造孩子，而是帮助他们成为自己。”

你是在爱童年未得到爱的自己，而不是孩子

一家人刚搬到乡下的时候，女儿要出门，冯丽丽总是不放心地跟在后面看着女儿玩。

女儿也习惯了这种依赖，出门时总要叫上妈妈陪伴。甚至房东邀请她吃一顿饭，她都想喊上妈妈。

“这种状况非常不好，影响孩子的独立能力。”乔艳坤几次和冯丽丽说。

冯丽丽也认同乔老师的说法，但她还是放心不下。

从 14 岁开始，冯丽丽就一直这么焦虑。那年，她父亲所在的水泥厂发生爆炸，父亲在爆炸中遇难。母亲成天哭，冯丽丽也成天跟着哭。比她大 5 岁的姐姐不得不接了父亲的班；一个妹妹 9 岁时就辍学了，经常玩到天黑也不回家。母亲就和几个孩子一块儿找。“找不到你妹妹，我就活不

下去了。”母亲经常会这样说。

母亲的这种焦虑延续到冯丽丽身上。女儿天天从小体弱多病，跑遍了北京“所有儿科医院”，冯丽丽就焦虑、抱怨。

乔艳坤观察到，冯丽丽又将焦虑的情绪传染给了天天。“她太小心谨慎了，不敢放手让女儿做任何事情。”乔艳坤说。

因此，她在引导天天的同时，也开始引导冯丽丽夫妇。

邻居家的小男孩和天天差不多大。两个孩子一会儿玩一会儿闹别扭。还有一个小孩经常喊着“打打杀杀”，刚开始天天很害怕。

“放心吧，孩子打打闹闹很正常，他们有处理问题的能力，一定会处理好。”乔艳坤开导冯丽丽。

对此，冯丽丽始终不相信。直到有一天，女儿告诉她：“妈妈，以前我不会跟小朋友打交道，跟谁都玩不好。我现在可有办法了。我平时就观察小朋友们是怎么跟人打交道的。我呢，想让东东跟我好，我就对他好，有什么事我都帮着他，向着他，他就把我当朋友了。”

冯丽丽听女儿这么说，松了一口气。

有一次，冯丽丽全家到不远处的乔艳坤家吃饭。路上，天天碰到村里几个小朋友，想要一块儿玩耍。冯丽丽一开始下不了决心，在丈夫的一再鼓励下，她将钥匙套在天天脖子上，叮嘱她天黑前回家。

天天很快融入小朋友的游戏中，一会儿就不见了踪影。在乔艳坤家吃饭时，冯丽丽一直担忧，不断催促丈夫出门去找孩子。这个场景让乔艳坤哭笑不得。

实际上，早在住到乡下之后的两个月，天天就已经能一个人应对恐惧与黑暗。那天爸爸出差，妈妈到城里处理工作回来很晚，8 岁的天天已经打算独自睡觉了。第二天，妈妈照样进城工作，天天仍是做好饭等着妈妈回家。

还有一次，夫妻俩连续几天进城收拾家中东西，想把房子租出去，补贴一下家用。那两天连续下大雨。第一天停水，女儿没做准备。第二天下雨前，女儿就将小动物安置好，并储备好生活用水和食物。

冯丽丽也曾问过女儿是否害怕，是否哭过，女儿给了否定的答案。

一天，天天端粥时不慎烫到了脚，冯丽丽流着泪处理了天天的烫伤。乔艳坤目睹了全过程。事后，她告诉这位妈妈："那时那刻，你是在爱童年未得到爱的自己，而不是孩子。"

果然，冯丽丽在儿时遇到过同样的事情。母亲在她烫伤后，对她严加斥责。

"天天就是一面镜子，照出了自己的人格缺陷。"冯丽丽终于明白了，天天之所以会软弱无力，和她有直接的关系。正是因为她无微不至的"照顾"，才让女儿越来越脆弱。

父母让出了空间，孩子才开始自己成长

短短几个月内，8 岁的天天学会了诸般本领。

她会养各种小动物，知道什么时间做什么；她学会了辨别植物，凡是在乡下那块土地上出现的植物，她几乎全都能叫出名字，甚至还能说出其功效；她学会了交朋友，在村里交了几个好朋友；她学会了种蔬菜、垒墙；她会包包子、包饺子，甚至会做鱼和红烧肉。她做的饭，连做了大半辈子饭的房东大妈都赞不绝口。

这些"琐碎的胜利"，被冯丽丽一一记录下来，写成一本书——《下乡养儿》。

"我觉得她学到的最重要的本领，就是独自应对困难。"冯丽丽这样评价女儿在乡下的表现。她不止一次感谢乔艳坤扮演"坏老师"的角色，让天天勇敢去面对。

她也逐渐明白乔艳坤和她说过的："天天本来就是棵小树，是你们两棵大树使劲给她遮风雨，也遮住了阳光，她才没有长壮。父母让出了空间，孩子才开始自己成长。"

突然有一天，小女孩对妈妈说："我要上学，要和小朋友们一起读书、

一起玩。”

“天天不再害怕上学了。”冯丽丽笑了。

为此，一家三口告别生活了8个月的地方，搬到北京郊外昌平区另一处乡下。在那里，他们的女儿在一所特色儿童教育学校读了3年书。要进全日制小学，就要参加插班考试。天天两年没上过课，肯定考不上。冯丽丽夫妇也没打算让女儿进全日制小学，怕女儿再次不适应。

这3年里，风平浪静。突然有一天，天天提出要求：“我要上普通小学，一所‘大小学’，要和其他孩子都一样。”

“不怕考砸?”冯丽丽问。

“我不怕。”女儿回答说。

随后，夫妻二人就开始给女儿找学校，一家挨一家参加插班考试。但前几次，天天的成绩都不理想，未能达到学校要求。

有人劝冯丽丽，不要再让孩子参加考试了，免得打击孩子的自信心。可女儿非但没有任何胆怯，反而安慰妈妈：“不怕，我能行。”

几次考试失败后，冯丽丽发现女儿更加用功了。即使在公共汽车、地铁上，女儿也一直捧着普通小学的教材看。2013年春节，冯丽丽带女儿回娘家过年。火车上，女儿看了一路的书。在春节那段日子，她发现女儿几乎没出去玩过。

“这应该都是那段乡下生活以及乔老师给她的力量。”冯丽丽感慨道。

在乡下那段日子里，冯丽丽担心乔老师对女儿的一再加压，会挫伤女儿的自信心。

“我知道你们平时对天天说话很温和，非常照顾她的自尊心。但是为什么天天没有力量，什么都怕呢?”乔艳坤说，“因为真实的社会不是这样的。老师会批评、会惩罚，小朋友会欺负、会嘲笑。我给天天展示了一个普通人最真实的一面，让她面对，这反而给了她力量。”

说到这里，冯丽丽补充道：“直到现在，天天都不喜欢乔老师。”

“我也知道天天不喜欢我。我的方法是让天天去面对真实的生活，这样她才能勇敢起来。”乔艳坤平静地说，“天天生活在爸爸妈妈构造的生活中，而现实生活不是那样的。”

终于，在一次考试后，天天考取了一所公立小学，正式成为一名五年级学生。两个月后，天天通过竞选当上了班长，并成为大队长。

这样的结果，冯丽丽非常满意。

今年小升初之前，天天的另一个决定又让冯丽丽大吃一惊：她要参加择校考试。“我是插班生，可我不比别人差。”女儿说。她所在的小学300多名毕业生中，有60名选择参加择校考试。

最后，她顺利通过北京朝阳区一所重点初中的考试。此前的择校考试，天天也失利过，但她兴奋地对妈妈说：“妈妈，这没什么，我都参加过神秘的考试了！”

冯丽丽发现，女儿已经成长为一个充满力量的孩子。

郭建光 / 文

2014 年 11 月 26 日

PART TWO

第二辑

考试的刻度

寓言镇上的神话中学

说起“毛坦厂”，难免会有人瞪着眼睛，迟疑着问：“生产毛毯的厂子?”

其实，毛坦厂不是工厂，跟毛毯也完全不沾边儿，它是安徽省六安市下面的一个镇。倒是这所镇上的高中，在社会上流传着一个与“工厂”有关的名声——“亚洲最大的高考工厂”。

每年有近万名复读生及应届高三学生在这里进行“锻造”，在高考的检验下过关后，被输往全国各地的大学。从规模和“产品合格率”来说，这家皖西山区的“高考工厂”，制造着高考史上的“神话”。

复读，或者按照校方的标准表述——补习，无疑是这里最响亮的品牌。近年来，每年有来自安徽省内外的超过 8000 名复读生涌到这里，再次接受加工和磨砺。

2013 年，安徽约有 10.5 万名复读生参加高考，小小毛坦厂就占了近 8%。

挤满学生的中学是这座小镇的“心脏”，几乎整个镇子人们的生活都要和它保持着同样的律动。

同时，它也是拉动小镇运转的“引擎”。当地的居民说：“没有学校呀，毛坦厂的经济就会崩溃。”

开学了，毛坦厂苏醒了

8 月中旬是毛坦厂一年中最热的时候。一天，坐着豪华的奔驰车绕着大山，弯弯折折地来到这座山坳小镇之后，19 岁的郑汉超看见的是一座空空的镇子。

大白天，街上空荡荡的，很难见到人影。几只麻雀从半空中飞过，也无法吵醒如同正在沉睡的街道。整条街上紧挨着的大小餐馆几乎都拉上了卷帘门，以至于那些不合时宜闯入镇子的外地人，找不到可以花钱填饱肚子的去处。

用当地老百姓的话来说，每年高考过后，毛坦厂就像经历了“大扫荡”一样，变得空寂起来。

8月29日，镇上高中的复读班开课。8000多名复读生陆陆续续地被10分钟一趟跑得疲惫不堪的客运班车，或者挂着“皖”与某个英语字母组合起来的牌照的小轿车，运送到毛坦厂。

随着小镇的“心脏”复苏跳动起来，毛坦厂也从一场短暂的休假中苏醒过来。

这里最繁华的商业街——学府路和翰林路上，包子铺老板熟练地打开一个又一个冒着热气的笼屉，金黄的手抓饼在铁锅里“滋滋”作响，餐馆里的客人不耐烦地催促着服务员上菜，小超市的收银员正在收银机里翻找零钱。

“很难想象，一个镇子竟然像一部手机，可以切换模式。”或者，梦想当电影导演的郑汉超更愿意把毛坦厂的变化比喻为电影里的特技。

要找到毛坦厂镇情景切换的时间节点并不太费劲，最明显的那条分界线无疑是“高考日”。6月5日，高考前一天——也是当地的“送考节”——在礼炮声和乐曲声中，70辆大巴和上千辆私家车将上万名高考生接走之后，陪读的家长也散去，毛坦厂镇几乎在一夜之间变成“空心镇”。

如今，让我们将时间点拨到“开学日”。8月29日晚饭，毛坦厂中学的校长韦发元往肚子里灌了几杯平日里不怎么碰的啤酒来“解解乏”。

就在小镇“心脏”部门的指挥者神经紧绷的同时，由这颗“心脏”所牵动的各个部件都拧紧发条，沿着它跳动的波线图运转着。

毛坦厂镇政府办公室主任杨化俊和旁人的谈话，会被随时响起的手机铃声打断。“为学校提供后勤服务”，已成为镇政府的重要日常工作。因为外来客人的激增，这里公务员的接待任务已超过平时的负荷。

镇上的 10 多家宾馆几乎都住满了，宾馆服务员对抱怨“底楼太潮湿”的房客们机械地重复着那句“全都满了，现在没有换的”。如果不提前预定，想赶着饭点在状元酒楼或者新学府餐馆吃上一顿饭，还要看运气。

来自邻县舒城的陪读家长汤才芳，把手机闹钟调成早晨 5 点半，这将是未来 9 个月里她和儿子在毛坦厂每一天的起床时间。

如果一切顺利，汤才芳的儿子和郑汉超可能成为复读班的同学。在奔驰车把郑汉超载到毛坦厂之前，这个富商之子还以为父母会把自己送到美国留学。

那本是一条设计得很周密的成才之路。初中毕业后，“为了让他接受更优质的教育”，郑汉超的父母把他从安徽老家送到杭州。郑家在杭州买房，取得当地户籍，费了一番周折之后，终于让家里的独子读上了国际学校。

“怎么说呢，那种学校是国际范儿的，让学生追求个性，自由发展。”8 月 29 日晚上，郑汉超坐在毛坦厂一家宾馆的沙发上，摇晃着他手上的 iPhone5 说。他刚向宾馆前台询问是否有 iPhone5 充电器，服务员在打了好几通电话之后，给他找来一个不匹配的“山寨”手机充电器。

“原本打算向西走，拐了一个弯儿，还是要回到原点，费劲巴拉地到这个山沟里来。”在饭桌上偶尔听朋友提到毛坦厂，郑汉超的父亲——一个房地产公司的老板，对这个山坳里的高中产生了强烈的兴趣。

“半路杀出个毛中”，意味着郑汉超的留学计划暂时搁浅。“现在海归也不是那么吃香了。想出国？很容易，只要有钱、有朋友就行了。可是你要是不在国内读个像样的大学再出去，别人就会说你是富二代，鄙视你！”这个精明的商人，一边挥着右手，一边语速飞快地冲儿子讲他的道理。

毛坦厂的魔力很快将这对父子吸引到统一战线上。“在这个山沟里闭关苦读一年，考上国内的电影学院，也是我们梦寐以求的。”郑汉超盼着自己能赶上复读班报名的“末班车”，走进“神一样的毛中”。

政府和镇上的每个居民，乃至一切都围着学校转

将毛坦厂镇上的人们拽进同一生活频率的引力，来自这里的两所高级中学——毛坦厂中学和金安中学。

毛坦厂中学始建于 1939 年，是一所在抗日战争中诞生的老校。2005 年，毛坦厂中学与当地一家私立学校联合成立股份制的金安中学，接纳补习生和应届高中生。两校相对独立，共享教学资源。但在当地，老百姓还是习惯将两所学校合称为“毛中”，称补习生为“复读生”。

从高考数据上看，“神奇”或许是人们对地处山坳小镇的毛中毫不夸张的评价。近 10 年来，毛中的本科升学率连续达到 8 成以上，而且还不断将自身的纪录刷新。今年，毛中有 11222 名考生参加高考，其中 9258 人达到本科分数线。

近年来，毛中的名声已经翻过大别山，飘散在豫皖苏三省的土地之上。合肥当地的一家高考补习学校打出的广告语是，“某某学校，家门口的毛坦厂”。

不过，韦发元校长却说：“毛中几乎从不做广告。”

说这句话的底气是，学生和家长大多是在口口相传中听闻毛中的“神话”，慕名涌进毛坦厂镇。高考成绩公布的当天下午，咨询复读的电话就已打到毛中。开始报名后，高考补习班的名额 3 天就满了。

一座去年竣工的 5 层砖红色教学大楼被命名为“补习中心”，专供复读生上课，50 多个教室已经坐得满满当当。坐在最后一排的学生不得不将后背委屈地顶在墙上；靠近门口的高个子男生稍微撑一下腿，就会不小心跨出教室。几个学生揶揄着：“胖子就免进了。”

由于复读班的学生太多了，老师必须用扩音器上课。经过回字形教学楼的人，可以听到此起彼伏地吐着英语的女高音，或者带着皖西口音的男中音，汇聚成一部雄壮的“交响乐”。

即便是“插进去一根针都感觉很困难”，开学好几天后，仍然有家长

和学生逡巡在教室门外，眼巴巴地瞅着窗户里面黑压压的人头。

那些抱着极大的希望来到毛中，但是又失落而归的家长们留下的背影，成为初秋毛中校园里的寥落一景。

踩着8月份的尾巴，在父亲使出浑身解数之后，郑汉超终于迈进毛中的门槛。不过，他没能进“最牛”的复读班，只能去高三应届班借读。即便如此，郑汉超在商界摸爬滚打多年的父亲，当天晚上仍像谈成一笔大生意那样兴奋。

他拍着儿子的肩膀，嘴角挂着微笑，流露出一个父亲的温柔：“知道吗？我做了很多投资，但是你才是我最大的投资，而且这笔投资只能成功，不能失败。”

对于农村妇女汤才芳来说，“投资”不是她感兴趣的事情。但是，今年陪儿子来毛中也算是一次“赌博”。她的儿子今年考上了三本院校，但是又不甘心，执拗地要来毛中复读。

“这一年会影响孩子一辈子。”汤才芳说。这个农村妇女的哥哥和姐姐分别通过当年最重要的两条路——当兵和上大学，走出农村，改变了命运。她感叹：“我是兄弟姐妹里过得最差的，现在就指望我的儿子了。”

正是冲着这个朴素的道理，70多岁的奶奶还在为孙子发挥余热，中年妈妈不得不提前退休来照顾女儿……数量庞大的外地人聚集在毛坦厂，成为这个镇子的重要组成部分。

毛坦厂镇，这个镇区面积只有3.5平方公里的小镇，在毛中开学后，再次恢复到将近5万的人口规模。因为高考，当地的人口结构已经发生了极大的改变。镇上的本地户籍居民只有5000多人，但随着当地的高中名气越来越大，事实上的人口主体变成2万多的高中生，以及将近1万来自安徽省内外的陪读家长，剩下的就是在学校附近做生意的外地人。

很难说清楚5万人口究竟是什么数字概念。这5万人每天要制造7000多吨生活污水，消费校门口售卖的将近5000个包子和500多个手抓饼，以及农贸市场和街边商店里难以统计的肉蛋、蔬菜和水果。

为了避免镇子的生活陷入瘫痪，毛坦厂镇近几年修建了35千伏的变电站、50 亩的垃圾填埋场和日处理量 5000 吨的污水处理厂。“如果没有学校，这里不可能建设如此规模的基础设施。”镇政府的杨化俊说。

不过，这座小镇没有一家网吧、咖啡馆和 KTV，没有任何可能让学生“分心”的娱乐场所。几年前，毛坦厂最后一家网吧在陪读家长的强烈反对下，被当地派出所“取缔”。如今，镇上的商家也很“自觉”。很多毛坦厂人说，“和学校共生共荣”。

“我们和毛坦厂中学的关系，可以说是镇校一家。学校的事情，就是我们镇上的事情。政府和镇上的每个居民，乃至一切都围着学校转。”今年 6 月，毛坦厂镇镇长韩怀国在接受媒体采访时说。

一所山里中学演绎的“逆袭”故事

郑汉超听说，进了毛中的学生，如果想成为成功故事的主角之一，就必须接受和适应这里的规则。

这套规则是“毛中制造”的核心肌理。毛中分管教学的副校长李振华将其概括为“全方位立体式无缝管理方式”。毕竟，这座“工厂”的人数很庞大。在补习中心上课的 8000 多名学生，下课铃响后同时从教学楼往外走，直到整座楼空无一人，要花去将近 15 分钟。

这里有严苛的作息制度。一天 24 小时会被一张作息表严丝合缝地分解掉。通常，学生们要在早上 6 点 10 分进班早读，直到晚上 10 点 50 分才能下晚自习。休息时间只包括：午饭、晚饭各半小时，午休 1 小时——午休本是 2 小时，但学生被要求到教室睡觉，顺便再匀出 1 小时自习。

有的班主任甚至还要求学生们“统一上厕所”，“以免进进出出影响别人休息”。

毛中的老师们认为，应对标准化的考试需要进行大量和重复的训练，因而在这里经受“锻造”的学生，“1 年要完成过去 3 年才可能做完的习题和试卷”。

在这座“高考工厂”里，竞争的氛围被营造得很浓烈。高三几乎每周都要考试，成绩表张贴在教室门外，排名靠后的名字会被红色的横杠标注。

为了给“毛中制造”提供优质而又勤勉的人力资源，学校在招聘老师时明码标价“年收入 6~10 万元”。大部分毛中老师生活水平都不错，可以在六安或者合肥买房，还开上了私家车。

但是，对于老师们来说，这座“工厂”的生存法则非常残酷。学校选聘班主任，每学期会根据考试成绩，实行“末位淘汰制”，而班主任可以炒掉任课教师。

近年来，全国各地来毛中取经问道的高中校长、教师和家长有不少。几年前，深圳市福田区教育局也曾到这个皖西山坳里的学校参观交流。

在校领导看来，毛中的门道“一点儿都不神秘”。在校园里它几乎随处可见，以各种形式向人们展现——可能是学校花坛里写着“肯吃苦才能代代成才，守规矩方可日日进步”的宣传牌，也可能是教室墙壁上直截了当的“为了大学，拼命吧”的励志标语，或者是老师们爱说的那句口头禅——“两横一竖，干”。

这一切都成就着毛中的高考“神话”。曾经很长一段时间里，毛中只是一所不为人知的山区学校，而且它随时面临着和其他乡镇中学类似的命运——在教育资源不平衡的背景下逐渐衰落。

如今的毛中演绎着一个“逆袭”的故事。这所地处大别山余脉的中学，正在修建田径馆和游泳馆，还在操场上立起一块巨大的 LED 电子屏幕。毛中的老师自豪地说：“这是华东地区最大的一块电子屏幕。”

有人认为毛中是“高考圣地”，也有人说它是“地狱”。在毛中经受过“锻造”的人，在网络上宣泄着对母校的复杂情绪。有的人很痛恨它，也有人说“对毛中充满感激”。

信奉毛中“神话”的家长和学生，还在使劲儿地往那扇门里挤。很多人认为，只要一只脚踏进毛中大门，就意味着另一只脚踏进了大学。

8 月的最后一天，一位六安当地人帮着一对来自庐江县的农村夫妻，往复读班的教室里硬塞进一张黄色课桌。讲起这事时，他咬着牙，双手在半空中比画着为挪动那张课桌费劲的样子。

这位不负重托的朋友，在那对夫妻面前拍着胸脯说："放心吧，进了毛中，你们女儿来年高考一定能涨分。"

安徽当地人认为，能够托关系将亲友的孩子送进毛中，"是一件很有面子的事情"。

现实是，也有好不容易挤进毛中的学生只在这里待了一两天，就哭喊着要逃离。

复读班开课后第二天，一个戴着眼镜的小个子女生站在教室门外抽泣。她拖着哭腔向一位中年妇女哀求道："妈，我真的受不了。要看那么多书，太恐怖了。我很害怕，我真的很害怕。我不读了，不读了。"

穿着套裙、脚踩高跟鞋的母亲，脸涨得通红，狠狠地说："你不读？你为什么不读？这么多人不是都在读吗？你知不知道，为了能让你上这个学，我已经烦透了！"

她伸手将眼睛哭红了的女儿拽到教学楼角落里，指着楼道远处甩出一句话："你要是不读了，就直接从这儿跳下去。"

郑汉超的父亲有些担心自己的儿子也会成为"逃兵"。这个在氛围自由的国际学校里待惯了的男生已经开始抱怨"毛中太苦了"。

但是，"就像放进炼钢炉的铁块，不可能再伸手往回捞"。平日里娇生惯养的儿子"在这里吃苦，受委屈，甚至个性被压抑，我统统可以接受"。

"其实，这真是中国教育的悲哀，但也是合理的存在。是体制错了，还是勤奋错了？"这个殷切盼望儿子考上大学的父亲反问。

郑汉超还算"争气"，他把 iPhone5 扔进抽屉里，换了一个在镇上买的款式老旧的手机，不能上网，只能用来打电话和发短信。

这个在微博上拥有 11 万"粉丝"的男生想起，应该跟关注自己的人们短暂告别一下。他又掏出手机，发了一条微博："你们一直抱怨这个地方，但是却没有勇气走出这里。我们不在同一个地方，却有着同一个目标，9 个月，咬咬牙，请等我回来。"

不过，郑汉超并不想告诉朋友们，“这个地方”是毛坦厂，一个被人们视为诞生高考“神话”的地方。

从以“三线厂”为荣，到以“毛中”为荣

9月初，毛坦厂镇政府办公楼的玻璃门上，贴着大红色的高考喜报。

在官方对外展示的地方，毛坦厂中学的简介占据着最靠前的位置，高考成绩也是不可或缺的一处笔墨。

对于安徽的山区乡镇来说，教育是当地发展布局里的一张王牌。用杨化俊的话来说，学校是毛坦厂发展经济的“引擎”。

这台“引擎”发动起来，给这个镇子注入看得见的商机。数以万计的外地学生和陪读家长涌进毛坦厂，催生了当地特色的“房地产经济”。

这些外地的房客大多住在书店、超市或者农贸市场等商铺的楼上，为毛坦厂当地居民带来一笔稳定而又可观的房租收入。

陪读家长大多抱怨：“这里的租金太贵了。”目前，镇上对外出租的房子，最便宜的租金一年大约四五千，最贵的达到两万多元。在当地，“一家本地居民靠出租房，一年收入二三十万，很正常”。

30岁出头的王瑞去年从江苏常熟回到家乡毛坦厂，扒掉家里的老平房，盖起一栋3层楼的“学生公寓”，“一年的房租收入远超在常熟开服装店挣的钱”。但是，这山望着那山高，他还是感叹：“我还是没眼光，盖房子太晚了。”

那些“有眼光”的当地人，敏锐地围绕着毛坦厂的强力“引擎”寻找赚钱的机会。

去年，金安中学新打开一扇北门，又为毛坦厂镇掘开一条积累财富的通道。短短一年间，新北门外那条名为“翰林路”的水泥路边上，一座座四五层的小楼拔地而起，如今成为部分当地人的“摇钱树”。由于工期紧张，有的楼房外墙还没来得及被白瓷砖填满，裸露着整面墙砖。

毛坦厂镇正在以制造高考“神话”的毛中为圆心，画出一个中部省份山区集镇的经济图景。几乎与毛中崛起的节奏同步，毛坦厂镇的经济也开始有了起色。这个土地面积紧张、工业并不发达的镇子，还曾在2009年、2010年连续两年挤进六安市经济发展综合实力20强乡镇。当地政府介绍，去年毛坦厂的财政收入将近1500万元。这个数字是邻镇东河口全年财政收入的近4倍。

镇政府的杨化俊说，毛坦厂从过去以采茶和卖竹子为主的“山口经济”，发展成为现在的“校园经济”。

在这个拥有明清徽派老街的老镇上，当地镇政府还想打好一张旅游牌。不久前，一条超过千米的明清老街路口，建起一家仿古徽派建筑的“毛坦厂老街游客接待中心”。但是这个崭新建筑物的棕色镂空玻璃门如今却紧闭着，门前还立着由三根竹竿搭起来的晾衣架，上面挂着女人的裙子和内衣。

相比起步较晚的旅游业，由毛中带动的校园经济能为毛坦厂镇带来更稳定的消费市场。杨化俊算了一笔直观的经济账：“毛坦厂有将近3万学生和家长，如果保守估计，每人每天在镇上消费10块钱，全镇第三产业一天的营业额就能达到至少30万。”

有时，面对由毛中这台“引擎”发动起来的市场，毛坦厂这个小镇也会应接不暇。那些无力承载的消费需求，就会转移到附近的乡镇或者县城，成为周边地带的福祉。

70岁的本地人熊春义很难想象，毛中是如今镇子的中心地带。他更怀念20世纪60年代，坐落在毛坦厂李家冲村的“三线厂”曾经为这个镇子增添的繁荣景象。

“三线厂”是特定年代的产物。在1964年至1980年，国家在属于三线地区的13个省和自治区的中西部投入巨资，号召工人、干部、知识分子、解放军官兵和民工，在大西南、大西北的深山峡谷建起工矿企业、科研单位和大专院校。当年，毛坦厂这里曾建起一个生产枪支和汽车配件的军工厂。

9月初的一个下午，干瘦的熊春义老人蹲坐在墙皮剥落的灰砖楼门口，一边搓着玉米棒，一边回忆起有关三线老厂的画面。他曾在厂区学校的食堂做工，一直到20世纪80年代工厂搬迁到马鞍山之前才退休。

那些记忆，就像熊春义住着的这栋“三线厂”老宿舍楼一样，已经很陈旧。

“那时，厂区是毛坦厂最热闹的中心，姑娘都以嫁到‘三线厂’为荣。”当然，他也知道，现在的毛坦厂人“以把孩子送到毛中上学为荣”。他的女儿在毛坦厂镇区生活，靠出租房屋谋生。

即使没有这个老人的回忆，如今看着遗留在这里的厂房、医院和学校旧址，以及墙壁上依稀可见的属于那个年代的宣传标语，也会引来毛坦厂年轻一代唏嘘感叹这“不同时代的寓言”。

一位毛中的年轻老师说：“看得出这个厂区过去是多么繁荣。让我联想到毛中，如今也这么繁荣，但不知道以后会如何。看来我们真是要居安思危啊!”

有关毛坦厂的一切

在毛坦厂待了几天后，来给儿子陪读的汤才芳觉得，“这里没有新鲜事了”。

除了给儿子洗衣做饭，对她而言，剩下的大把时光只能用“无聊”来形容。

一到傍晚，小镇会热闹起来。三三两两的中年妇女绕着毛中院墙外的小路散步。随着天色越来越暗，零零星星的人逐渐汇成川流不息的人河。

在路灯下随着音乐扭腰摆臀的人们，会给马路岔口制造一些拥堵，惹得汽车司机拼命地按喇叭。

毛坦厂镇的领导曾经表示，镇上将来要建一个专门供陪读家长们娱乐休闲的文化广场。

鳞次栉比的出租屋门前，头发湿漉漉的女人们围坐成一圈，谈着家长里短或者孩子的考试成绩。腆着肚皮的中年男人，将耳朵凑到收音机旁边，听着黄梅戏。

汤才芳想给自己找更多的事情做。她跟房东“搞好关系”，要来一块免费的菜地。她连夜翻了地，种上了大蒜和香菜。这个过日子精打细算的女人，抱怨镇上农贸市场的菜价太贵了。

种菜开始成为一些陪读家长们热衷的打发时间的方式。毛坦厂一些弃耕的荒地被重新撒上了蔬菜籽儿。那些找不到整块荒地的人只好倒腾起学校院墙外面的土。初秋时节，小镇时常弥漫着一股秸秆烧焦的呛人味道。

近几天，汤才芳在镇上找到活计。她在离出租屋不远的一个服装店里做缝纫工。晚上，当儿子正在教室里埋头苦读的时候，她踩着缝纫机的踏板，成为这个小镇的劳动力。

在毛坦厂镇，有10多家服装加工厂以及官方都没掌握数据的遍布于大街小巷的小作坊。那些踩着踏板的缝纫女工，绝大部分是镇上的陪读家长。

“现在，劳动力青黄不接，正值服装企业‘用工荒’，但是我们这里基本不愁招人。”毛坦厂镇上最大的一家服装企业的王领班说。

为吸引陪读家长来做工，大部分服装企业和小作坊会在招工广告上写着“工资计件，工作时间不受限制”。饭点之前，这些缝纫女工必须扔下手中的夹克袖子或者棉服内胆，赶回出租屋给孩子做饭。

杨化俊欣慰地向外人介绍，上海的一家大服装厂“看中我们这里有大量的陪读家长”，考虑落户毛坦厂镇。

汤才芳并没意识到，像她们这样来毛坦厂陪读的家长正在改变当地的劳动力市场。在她看来，除了儿子高考，其余消磨时光的活计都是无关紧要的事情。

她听说，毛中有一棵百年老枫树。很多家长和学生拜过这棵“神树”以后，“很显灵，第二年高考涨了一两百分呢”。

一天下午，汤才芳特意去寻访这棵“神树”。这棵老树枝繁叶茂，一根长长的树枝伸出学校的院墙。

走近毛中北门东侧的那面院墙，汤才芳很震惊。观世音菩萨的十字绣和“毛中栽培，神树显灵”的红色锦旗，被铁丝挂起来，几乎遮住大半面斑驳发黑的墙。褪色的锦旗旁边，一块用简易房的铁皮搭起的棚架下面，香灰堆到一米多高，一大片墙皮已经被熏得脱落，露出红色的裸砖。

汤才芳想烧上一炷香。巷子口，一个中年女人摆着香火摊，装烛火的纸盒上两个手写的大字清晰可见——“状元”。

这个陪儿子第二次冲刺高考的母亲，在巷子口停留了一会儿，还是转身离开了。她说：“信则有，不信则无。”

一些迷信的甚至说不清的神秘感萦绕着毛坦厂。很多学生会在高考前放孔明灯，希望获得好运。但黄色是忌讳，因为那表示“黄了”。“送考节”那天，前三辆大巴车的车牌尾号都是“8”，出发时间是上午8点8分。头车司机属马，寓意“马到成功”。

如果真能熬到“马到成功”的那天，郑汉超考上了电影学院，这个未来的导演想拍的第一部电影，就是“有关毛坦厂的一切”。

（应采访对象要求，郑汉超为化名）

陈璇／文

2013年9月18日

高考落榜生之死

再有半个小时，杨媛就要揭开她人生中第二次高考的悬念了。6月22日晚上9点半，这个家在四川崇州一个小村庄的复读生，和其他54万参加2013年高考的四川考生一样，等待着分数公布的那一刻。

这时，杨媛接到在西藏拉萨打工的父亲杨富强的电话。父亲在电话里嘱咐她，明天中午去吃朋友生娃娃的酒席。杨媛连声应着“一定会去”。接着，她迫不及待地跟父亲说：“晚上10点出分数。分数一出来，马上打电话跟你汇报。”

杨富强躺在工棚的大通铺上，把手机搁在胸口，等待着和女儿约定的这个电话。

10点钟过了，他的手机毫无动静。两个小时后，铃声响起，他急忙按下接听键，却听到妻子胡群芳在电话里哭着说：“媛媛自杀了。”

此刻，他们的女儿躺在崇州市的一家医院里，生命体征已经消失。在距离医院3公里左右的家中，杨媛房间里一张堆着复习资料的书桌上，摆着她今年的高考准考证、一把刀刃上沾着血迹的水果刀，还有一封她用红笔写的信。

20岁的杨媛留给父母的最后几句话是：“爸，妈，我对不起你们，来世我还要做你们的女儿。这一世，你们的恩情我无法回报，只有我死了，你们才能轻松点儿。答应我，你们要好好活着。保重!”

她的床边放着一个金色的手机。在这个个别按键已经掉漆的手机里，躺着她之前一直等待的短信。短信里写着，她今年高考的总分数是454分，而四川省高考理科本科第三批录取控制分数线是460分。

杨媛看完短信后，关掉了手机，似乎永远也不希望父母看到自己的高考成绩。

“考”，没有刻度，却可以称量世间任何一个灵魂

高考前两天，6 月 5 日晚上 9 点，杨媛和好朋友王碧云煲了半个小时的电话粥。她跟王碧云说：“复读一年，知识掌握得更牢固了，对高考更有信心了。”

在杨媛的友情世界里，王碧云是最贴心的姐妹之一。她俩曾是高中同班同学，去年一起参加高考，而且都考过了专科线。此后，她们原本同步的人生轨道开始分叉，王碧云上了成都的一所专科院校，但是杨媛不甘心上专科，留在崇州复读。

崇州距离成都不过 25 公里。这个人口将近 65 万的县城，今年有 3163 人参加高考。根据崇州市往年的高考成绩来看，这里超过一半的考生能考进本科线。这样的成绩，在成都市 8 个远郊区县（市）里，排在中游。

高考进入倒计时了，两个女生似乎达成默契，她们很快绕过考试的话题，开心地聊起了“八卦”，还约好考完后一起“出去耍”。电话里响起杨媛平日里最有特色的银铃一般清亮的笑声。

高考前夜，同往常一样，晚上 11 点左右，杨媛上床准备休息。她和室友李慧蓉聊了一会儿天儿，语气平静地说：“今年高考，我不像去年那么慌了。”

除了暴雨带来点儿小麻烦，一切看上去都很顺利。高考的第一天，早晨 7 点 20 分，离第一科考试开始还有 1 小时 40 分钟，杨媛已经守在考点外面，手上紧捏着一个白色塑料袋。塑料袋里装着她的文具、准考证以及一本“必备古诗文”。

她和李慧蓉有一搭没一搭地闲聊着，打发着开考前这段紧张的时光。铃声一响起，她和全国将近 900 万考生就要走进各自的考场里。

两天的考试结束后，胡群芳见到女儿时，是6月8日晚上6点半左右。杨媛背着一个灰色的双肩包，骑自行车从平日里住读的学校回到家里。

胡群芳琢磨着女儿脸上的表情，似乎没有找到不同寻常的神色。她犹豫了一下，最终还是开口问："考得啥子样？"

杨媛笑着对母亲说："分数出来了才晓得。"

看到女儿脸上的笑容，胡群芳忐忑不安的心落了下来。

几乎没有人太担心杨媛，因为这个爱笑的女孩一直活泼开朗，甚至有些人人咧咧，即使是在复读这一年，她也"本性难移"。

杨媛的身高超过1.65米，长得结实，而且说话嗓门大，有时笑起来会忘记是在公共场合。同学给她起了一个绰号"杨大炮"。还有人称呼她"杨蛋"，因为她"粗犷"的形象看上去就像"菜市场卖蛋的大妈"。

对于这个浓眉毛、皮肤白皙的女孩来说，这些绰号与"淑女"毫不沾边儿。但是，杨媛从没有流露出半点儿不高兴，而且照单全收。在她给朋友写的信中，落款的地方用清秀的字迹写着"杨蛋"。

周围不少同龄人都喜欢杨媛豪爽大方的性格。她爱唱歌，经常坐在教室里哼哼。有一次课间休息，同学怂恿她上讲台去唱。她没有半点儿扭捏，迈着大步子走上讲台，在全班同学面前，唱起了她一直视为"成名曲"的《小酒窝》。下面的人乐成一片，她也很开心。

她给很多朋友留下的印象，是那种"给点儿阳光就会努力灿烂"的人。她喜欢别人表扬她，有时会不停跟朋友念叨她收获的赞美。她经常在洗完澡后，对着教室的窗玻璃，拨弄一头又黑又浓密的头发，还会"自恋"地问别人："你看，我这个发型美不？"

偶尔，杨媛和朋友们聊天时，正说得开心，会突然蹦出一句："表面看我很乐观，其实我也蛮脆弱的。"听到这句话的人都认为，这个爱说笑的女孩又在开玩笑。

即便是第二次经历高考，杨媛的不少同学都认为，"积极乐观的她肯定能挺过去"。一个和她要好的男同学说："没有人会担心杨媛，反而是她担心别人。"

在“高四”的一次模拟考试中，有这样一道作文题：“从小学一年级开始，我们就要面对考试，大考小考，期中考，期末考，月考周考。面对就业，我们要考，考各种证件。我们的一生，仿佛与‘考’有着不解之缘，请以‘考’为题，写一篇议论文。”

杨媛写道：“我们的一生仿佛与‘考’有着不解之缘。虽然，有时我们会有点儿憎恶它，但风雨过后，回望我们走过来的路，我们或许会感谢它，是它让我们有较强的心理素质去克服困难。‘考’，没有刻度，却可以称量世间任何一个灵魂。”

我一定要考上一所好大学，找一份好工作，回报他们

高考后，杨媛在家闲了不到一周，就去离家不远的一家餐馆打工，做服务员。

母亲胡群芳让她跟朋友出去“好好耍一下”，她却说“等拿到通知书了再出去”。

她从早上 8 点工作到晚上 9 点，打完这份暑假工，可以挣下将近半年的大学学费。而这笔钱对于这个还欠着债的农村家庭来说，并不是无关轻重的数目。

3 年前，杨家的几间砖瓦房因为修公路被拆迁。在当地的统一规划下，他们盖起了两层小楼房。但为此，家里欠了亲戚朋友 10 多万元。

从 2000 年开始，父亲杨富强就去离家 2000 多公里的拉萨打工。他是一个水电工，在建筑工地上埋电线，有时还会在冻土中挖下水管道。这个身高 1.7 米的农民工，体重还不到 100 斤，瘦得几乎皮包骨头。

如果一年的活儿顺利，杨富强可以挣 4 万元，再加上租出去的 3 亩地能收回 4000 多元的水稻钱。这笔钱要养活全家 5 口人，还要一点点地还债，补家里的“大窟窿”。

杨媛还有一个弟弟，没考上高中，读了一年的职高就放弃念书了。去

年，这个还不到 19 岁的男孩也跟着父亲去西藏打工了。

弟弟至今还没回家奔姐姐的丧，因为除了父亲赶回家的那张机票，家里已经匀不出钱再给他买一张。

一直生活在经济条件并不宽裕的农村家庭里，杨媛的生活半径很小。她从没有离开过四川省，唯一一次离开崇州，还是 2008 年的时候，她和弟弟一起到成都华阳的表哥家里做客。

杨媛在表哥刚买不久的 110 平方米的三居室里待了两天，几乎没有走出过家门，也没有真正看到大城市的模样。她只是感受了一下城市的高楼生活，以及在表哥下班后，和他拉了几句家常。

就在几年前，这个表哥还只是杨媛远在重庆山区的穷亲戚。他们一家有 3 个男孩，住的是破旧的砖瓦房，父亲是瓦工，母亲还要给别人做保姆，才能勉强维持一家人的生计。

杨富强记得，“早些年，他们家条件还不如我们家”。不过，这 3 个“80 后”的山区农村男孩，有俩考上了大学，老大还读了北京一所名牌大学的硕士研究生。他工作后没多久，就在成都市郊买了第一套房子。

有时，杨富强会跟女儿杨媛说：“这几个表哥就是你们的榜样。”

杨媛不多说话，乖巧地回答：“爸爸，我晓得了。”

2009 年，杨媛考上崇州市最好的高中——崇庆中学。但是去年高考，她的分数离本科线还差十几分。

父母眼中一直都很懂事的杨媛闹了几天情绪，“不开腔，不说话”，不爱搭理人。杨富强回忆说：“她很少在我们面前闹脾气的。”

杨媛决定复读一年。她曾经说过：“我相信高考是最公平的改变命运的一种方式。”坐客车都会晕车的她，却一直想“考到四川以外的地方去上大学”。

这个开朗爱笑的女孩，经常在跟朋友说起父母打工养活自己如何辛苦时直掉眼泪。这让朋友们“无所适从”。她曾向最好的朋友吐露：“我一定要考上一所好大学，找一份好工作，回报他们。”

复读生和应届生不同，明年几乎没有机会，已经无路可退了

杨媛和大多数复读班同学一样，都觉得“复读生和应届生不同，明年几乎没有机会，已经无路可退了”。

去年，班上50多个同学参加完高考，有十几个人选择复读一年。在崇庆中学往届的复读生中，还有人考上清华大学。

这一年，杨媛更加努力，改掉了“静不下心来学习”的坏习惯，还会克制自己爱哼歌的“毛病”。在她的课桌旁边，放着一个边缘破损的白色整理箱，箱子里堆满书本和试卷。她的教科书大多书角翻卷起来，纸张被揉得像是一碰就会破掉。

有时，同桌李慧蓉看到，杨媛在看书时会走神，对着窗户发呆。对此她解释说：“我想的事情太多了。”

杨媛有个习惯，每次考完后，会在成绩表上做一组计算题。高考前的“二诊”，她考了457分。她在成绩表上各科分数的旁边，给语文加上“1分”，给数学加上“17分”，给英语加上“17分”……这样，她的总分就可以达到“520分”。她还算了一下，“520－457=63”。在竖等式的旁边，她写下一行字——“相信自己，脚踏实地”。

她几乎没有清晰地跟人描绘过要上哪所学校，读什么专业，将来从事何种职业。但是，她对同学说：“一定要考上‘二本’，还要冲‘一本’。”

她跟父母说过，“三本”学校太贵，所以不想读。去年高三，她还想过考军校，因为费用全免。她参加了体检，填了政治审查表，但最终分数不够，没考上。

一旦考试分数要和钱挂上钩，这个大大咧咧的女孩就会显露出脆弱。

在李慧蓉的记忆中，杨媛在复读时有一次情绪最沮丧，那是因为她今年1月的“一诊”成绩不理想。在这次考试中，她的成绩排名比以往下滑了20多位。按照学校规定，这个分数不在“费用全免”的档次，要交1300多元的“辅导费”。

这可能是杨媛在复读一年中遇到过的最大挫折。这个平日里爱笑的女生“哭得很伤心”，在不止一个朋友面前表露过难受。

在杨媛的父母看来，女儿是爱跟他们说心里话的。但其实，杨媛在离开这个世界时，还是带走了一些她不愿意告诉父母的小秘密。

说起女儿的复读，胡群芳一直以为“学费不花钱”。杨媛从没向她提起过辅导费的事。她找几个要好的同学借了钱，一直到高考结束，才还完这 1300 多元。

那段时间，杨媛总说自己“身体壮”，嚷着要减肥，晚上不去食堂吃饭。复读班的同学大多每周花销 120 元左右，家里给杨媛 80 元，但是她“最多只花 50 块”。

另一个秘密则是她这一年的关键词——分数。杨媛每次向母亲汇报自己的考试成绩时，都会略微“修饰”一下。在胡群芳的印象中，女儿跟她说三次诊断考试的分数分别是“510、490、500”。但是，从她的成绩单来看，这是她给自己“加分”后才可能达到的分数。

她背回家的那个灰色书包，至今还放在她的床上。书包的最里层，几本复习资料中间，夹着几张叠成豆腐块儿状的考试成绩表。

正因为不是亲生的娃娃，所以要加倍地爱她，娃娃的身世太可怜了

公布高考成绩的日期一天天临近。连日来，亲戚们询问杨媛考试成绩的电话越来越多。她不愿意接，让胡群芳去应付那些“七大姑八大姨”。

但她很愿意和父亲通电话。几乎每周六晚上 9 点，她都要准时给父亲打一个电话，对父亲嘘寒问暖，嘱咐“爸爸在外面做活要注意身体，在拉萨要穿暖和点”。即便在等分数的这段时间，也不例外。

杨富强想到，8 月底女儿就要满 20 岁了。他念叨着，等杨媛上大学后，给她的房间换一套新家具。

父亲一直对这个女儿有着特殊的偏爱。然而，他一直不敢亲口告诉杨媛一个事实：她并不是自己和胡群芳的亲生女儿。在她出生后不久，她的亲生父母因为“不喜欢女娃儿”，把她抱给杨家收养。

“正因为不是亲生的娃娃，所以要加倍地爱她，娃娃的身世太可怜了。”这是杨富强心底的想法。

上小学时，杨媛从邻居的闲言碎语里听到自己的身世，她曾经向最要好的朋友坦露过这个人生秘密。

但是，杨媛和养父母十几年来都没有当面把秘密说穿。杨富强一直想着，“等她以后嫁了人，再亲口跟她说”。

杨媛非常孝顺，这是所有认识她的人都不会吝惜的评价。杨富强每次回家，她都会给父亲打好洗脚水，把拖鞋放到脚盆旁边。有时候，她跟同学上街去买衣服，挑了半天，最后什么都没给自己买，却给父母添了几件新衣服。

杨媛的朋友曾经说她：“你是他们的女儿，该撒娇就撒娇，该闹就闹。”但是，她在家中还是一贯地乖巧懂事。

只有在朋友面前，她才会成为那个大嗓门的“杨大炮”。

关于杨媛的记忆，还包括一些萌动的少女情怀。她的考试资料里，有时会夹着一两本言情小说。她最喜欢的一篇文章是文摘杂志上的《一身诗意千寻瀑》，讲的是林徽因的爱情故事。她很欣赏金岳霖对林徽因的感情，还跟好朋友说，这就是她心目中的爱情典范。

几个好朋友觉察到，她对一个男同学的感情“不一般”。每次见到这个男生，大大咧咧的杨媛都会变得矜持起来，不愿多说话。她会很快地跑开，但是一进教室里就会大声喊：“我见到他了，我见到他了。”

高二时，全班出去郊游。杨媛第一次在同学面前穿裙子，那是一条小绿点和粉绿色相间的棉布长裙。她还搭配了一双粉绿色的帆布鞋。同学们都笑她，她还很害羞。有人抓拍了一张她和那个男生的照片。在镜头里，杨媛站在男生身后，和他隔着两步远的距离，正弯着腰，咧嘴笑着。后来，杨媛听说有这张照片，便从同学手机里“抢过来”，特意洗出，放在抽屉里。

一开始，她不想承认自己的这点儿小心思，每次别人提起来，她都会坚决否认。后来，她也不想藏着了，向闺蜜们坦白，她喜欢这个男生。

但她从没对他表达过自己的情愫，也没有真正品尝过爱情的滋味。她给他写过几封信，可是信里没有表露过一个字。她在信里说："我有没有告诉过你，你的浅笑真的很帅，就像小说里的王子那样。""遇见你，是一件很庆幸、很高兴的事。"

或许只有浅绿色信封的下端，一个不起眼的英文单词"LOVE"正小心翼翼地透露着女生的心思。

这个男生也选择了复读。他最后一次见到杨媛是在6月5日下午。他走出校门，听见有人叫他的名字，转过身便看见杨媛骑在自行车上，车后筐装满书本，车把上也挂着两袋复习资料。她摆着一只手，冲他打招呼。

杨媛对他讲的最后一句话是："好好考试！"

我不喜欢打工，我要凭自己的能力考出去

距离成绩揭晓的日子，只剩下一天。

6月21日下午，杨媛去学校取回一本高考报考指南。她握着生锈的自行车把，带着这本书，骑了10公里路才回到家。

在进村的路上，她碰到了自家邻居、从小一块儿长大的王瑶。王瑶没有考上高中，卫校毕业后在县城一家医院当护士。俩人一起朝家里走，王瑶顺口问她："考得怎么样？"她回答："明天出分才晓得。"

接着，杨媛又笑着说："这次复读再考不好，真不知道该怎么办。如果考不好，我就要去死。"

王瑶只当杨媛是在开玩笑。因为这个比她大3岁的姐姐，经常会在她不开心的时候，安慰和劝导她。她在医院工作不顺心时，杨媛还跟她说："刚踏入社会难免不适应，慢慢就会好的。"

她有时跟杨媛聊起医院的事情，杨媛还感叹："这人死得太不值得了。"

对于生和死，20 岁的杨媛曾经有过思考。她在一篇题为《生命如月》的作文里写道："生命本是一张没有颜色的白纸，自从红给予它热情，黄教给它崇尚，绿给予它生机，我便热爱我的生命。"

写到这，杨媛想到了史铁生的故事。"史铁生在最狂妄的年龄忽地失去了双腿，这对一个骄傲的年轻人是多大的打击啊！这时候，他想到了死。"

然而，史铁生并没有以自杀的方式结束生命，而成为了杨媛笔下的"精神强者"。在作文里，杨媛对史铁生的话信手拈来："他认为死是一件不必急于求成的事，死是一个必然会降临的节日。所以，他在地坛面前重新审视了自己，对生命有了更深刻的理解与感悟，他不会再想到死了。"

临近出成绩的这两天，餐馆的老板娘发现，"女娃心里有事"。之前，杨媛总是会热情地招呼客人，手脚也勤快。但现在，她突然变得不热情了，不主动跟客人打招呼，埋头端完菜，就站在墙角不说话，也不再和厨房的师傅说笑。

6 月 22 日下午，老板娘问杨媛："来客人，咋个不招呼？"

一贯懂事的杨媛却反问她："凭啥子我要用笑容去招呼他们？我不喜欢打工，只挣一两千块钱。我要凭自己的能力考出去。"

晚上 9 点，杨媛从餐馆往家走，快进屋时碰见在家门口和别人聊天的母亲胡群芳。她从母亲手里接过一个金色手机，准备用它接收通知高考成绩的短信。她一直和母亲共用这个手机。父亲曾花 300 块钱给她买过一个山寨的苹果手机，但她一直把它放在书桌的抽屉里，因为不想多花话费。

再过一个小时，她就会知道自己今年的高考成绩。

在激情与悲壮的交响诗篇中，那个柔弱的音符

6 月 25 日傍晚，杨富强往碗里挑了几根青菜，吃完半碗绿豆糯米饭，就抱着厚厚一沓冥钱，出门了。今天是杨媛下葬后的第三天。按照当地的

习俗，这一天要给死者上坟。

在女儿的墓碑前，杨富强蹲下来，卡其布裤子膝盖处还露着几个破洞。他点燃手里的冥钱，叹了口气，说："还指望你给爸爸送终，现在爸爸给你送终。想爸爸，就回来看下。"

这个父亲没有见到女儿最后一面。杨媛自杀当晚，大伯在村口公路的辅道上找到已经昏迷的她。在医院抢救过程中，她醒过来一次。大伯问她："媛媛，你怎么了？"

"我眼睛看不见，肚子疼。"她说。

"你吃什么了？"大伯接着问。

"农药。"

"吃了多少？"

"3 颗。"杨媛的声音越来越微弱。

10 分钟后，她在母亲的哭声中离开了人世。

杨媛的坟上，铺满了黄色的菊花和百合花。这是下葬那天，她的同学送来的，此时依然开放着。

她的 8 个高中同学还站在坟前，为她唱了一首《小酒窝》。杨富强说："有 200 多个同学先后来送过她。"

6 月 23 日上午，崇庆中学的高三学生来学校拿高考成绩。李慧蓉发现，杨媛没来。

校门口的橱窗里已贴上了红色喜报。喜报上的文字充满胜利的喜悦："崇庆中学高 2013 届是崇州人民的骄傲，更是充满激情与悲壮的交响诗篇。"

今年高考的成绩被学校视为历史性的突破，"今年我校高考重点、本科一次性共上线 801 人，创历史之最，这样骄人的成绩，是圈内人无法漠视的"。

同时，学校还称，近年来低于三本线 40 分以内的补习生重点、本科上线率为 98% 以上。显然，杨媛是那个极少数的"2%"中的一员。

杨媛的"高四"同学习惯称自己是"复读生"，但是学校对外说他们是"补习生"。

红色喜报的旁边，2014 年高三补习班的招生简章也挂出来了。去年此时，杨媛的手里接到过一张同样的招生简章，还有一封《写给征战高考的勇士们》的宣言书：

“我们坚信，重历高三，你定将收获希望、坚强与成熟，壮士来兮风萧萧！我的勇士，让我们重新经历高三；青春做伴，雄心万丈！”

今年此时，杨媛的青春戛然而止。

她的班主任听闻其死讯后说的第一句话是：“杨媛不是很活泼开朗的吗？”然后，他沉默了一会儿，将这句话又重复了一遍。

她最好的几个朋友都说：“太意外了，从没想过杨媛会自杀。”

李慧蓉最近在电视上看到过高考生自杀的新闻，但她没想到，开朗的杨媛，竟然和新闻里的主角一样。

杨媛生前喜欢过的那个男生，把自己的 QQ 签名改成了“杨大炮，我想你”。

6 月 22 日晚上 10 点，杨媛在二楼自己的房间里等成绩，胡群芳在一楼洗澡。终于，高考分数出来了。

杨媛给父母写完最后一封信后，去茶几上拿来一把水果刀，朝自己的左手腕割下，鲜血浸在刀刃上。但是刀口不深，没有割到静脉。

她走到楼下，翻遍一个堆着杂物的木桌的抽屉，找出一瓶用来杀虫的农药磷化铝。她吞了 3 颗药丸。

她对刚洗完澡的母亲说：“我去大爷家拿报考指南。”

她穿着拖鞋出了门，并没有去离家几步路的大伯家。她一直往村口走去，走到公路的辅道上，终于走不动，倒了下来。

（应采访对象要求，文中王碧云、李慧蓉、王瑶为化名）

陈璇 / 文

2013 年 7 月 3 日

读书改变了什么

从 2002 年开始，陕西农民韩培印的人生都汇聚在一个巴掌大的笔记本上。他在上面写下颜色不一、密密麻麻的字，有时候回忆自己的父亲，“为了我们六七个儿女费尽千辛万苦”；有时候又文绉绉地给自己租住的小屋编一副对联，如“智慧能开多彩花，劳动能结幸福果”。

更多的时候，他的文字是写给自己的儿子韩胜利的。9 年前，当胜利考上西安的大学，成为全村第一个大学生的时候，这个瘦弱、文静的儿子简直成了他最大的骄傲。

他坚信儿子用不了多久就会“出人头地”。因此，为了帮儿子凑出上大学需要的学费和生活费，他卖掉了家里值钱的东西，又和儿子一起来到西安，在 49 岁那年，变成了一名农民工。

一个偶然的机会，导演李军虎遇到了这位典型的“中国式父亲”，并把他的故事拍成了一部时长 47 分钟的纪录片。有人评价说，这部名叫《父亲》的纪录片“像片中所拍的韩培印一样朴实、诚恳”。在 2009 年第二届香港华语纪录片节上，它还获得了最佳短片大奖。

可现实里的父亲却没有同样的好运。当儿子大学毕业，作为父亲似乎终于可以停止奋斗坐下享受的时候，他却吃惊地发现，大学毕业的儿子每月工资根本没办法还掉之前欠下的债——儿子的收入甚至还比不上当农民工的老韩自己。

“我现在觉得上大学也没什么用，是不是?”韩培印说。曾经笼罩在他面颊上那种骄傲的神色不见了，这位 58 岁的农民盯着屋顶的墙角，皱着眉头，很久没说一句话。

大家都觉得上了大学肯定有出息，有前途

小小的本子已经泛黄了，黑色的封皮也卷了起来。刚到西安的时候，韩培印就买了这个本子。他在上面记录电话号码，记录借钱还钱的账目，也会写下一些准备跟儿子“谈谈人生”的内容。

那些内容大多与梦想有关。当他知道儿子考上了省城的大学，而且选择了“热门”的通信工程专业时，梦想就伴随着骄傲一起降临到这个陕西农村的家庭里。

“大家都觉得上了大学肯定有出息，有前途。”老韩说。

他并不知道，2002 这一年，全国高校展开了第四次大规模扩招，共有 320 万名考生进入大学——这一数字几乎是 1998 年扩招前的三倍。他只是为自己的儿子感到自豪，毕竟，他是村里第一个考上大学的娃。

那些几乎不可逾越的困难也无法磨灭他的骄傲。当时，韩家四口人住在山坡上的一座土房子里，四亩地能种出一家人一年的口粮，却长不出大学通知书上要求的六七千元学费。

这让刚刚考上大学的韩胜利“心里矛盾极了”。几年以后，他还清楚地记得，家里卖掉了所有的粮食，甚至连牛都卖掉了，却仅仅凑出了 3000 元。

“要不然还是出去打工算了。”他说。但韩培印拦住了他。

“我会想尽一切办法把钱凑够的。”这位父亲说。

没过多久，他跟所有可能的亲戚朋友借钱，凑出了儿子的学费。把儿子送进大学之后，他也在这座繁华的省会城市里留下来，当起了农民工。

农民韩培印的生活就这样转了个弯。每天，他不再下地劳动，而是和其他工友一起，坐在马路牙子上，举着“找工作”的纸牌，等着有需要的人找到自己。他的工作每天不同，有时候是帮建筑工地运沙土，有时候是在居民楼里帮人铺地板。当然，更多的时候，他会整天整天地等着，却没有人找到自己。

即使在城里过得艰辛，骄傲依旧显而易见地贯穿着韩培印的生活。

2005 年初，当李军虎来到韩培印等活儿的地方时，他发现，其他工人都低着头躲避摄像机，韩培印却笑呵呵的，没有一点儿不光彩的感觉。

“我打工主要是为了供儿子上大学。”韩培印大着嗓门说，他穿着军大衣，脸在冬天的寒风里被冻得发红，“我儿子在石油学院上学，学的是通信专业。”

这位父亲理直气壮的口吻让好几个路过的人都围了过来。在他身旁，一位扛着锄头等活儿干的工友甚至听得“眼睛都直了”。

“我当时只了解到一个信息，就是他很自豪。”李军虎事后回忆说。

陕西电视台的这位编导正准备拍一系列关于农民工子女生存状态的纪录片。他找了很多例子，但有的太过极端，有的又流于平淡。直到找到韩培印，他才觉得自己找到了一个好故事。

这对来自农村的父子在繁华的城市里相依为命。很多时候，儿子会推着自行车，和父亲一起走在城中村简陋的街道上，父亲絮絮地嘱咐儿子，“学习资料太贵了，别买太多”。对于韩培印而言，两元钱的公交车都显得有些奢侈，所以他不常去学校看儿子，而宁可在路边的“话吧”里花几毛钱打个电话，和住在同一个城市的儿子说上几句。

另一些时候，这个有文化、爱写字的中年人喜欢坐在饭馆里，喝着人家的免费茶水看电视，或者从路边捡些别人丢掉的报纸，了解一下“国家大事”。

“他用最低成本维持生活，却依旧骄傲、乐观。”李军虎说，“因为儿子成就了他的尊严。”

在山区老家的村里，韩培印不是村干部，却毫无疑问是个有地位的“能人”。他上过初中，是全村唯一一个会写春联的人，甚至两家吵了架，他也会出面帮忙劝和。而现在，他又把儿子培养成了村里第一个大学生。这一切都带给他无与伦比的满足感。

他会把这些自豪写在那个小小的笔记本上。2003 年 2 月，在韩胜利进入大学半年后，他写道：“胜利我儿，如今你也上了大学，那个大学并不是什么好大学，可你考上了，有些孩子他想考也没有考上。”

“不在学校好坏，而在自己的努力。好好学习，前途是光明的。”他在最后写道。

要学出一个有知识的样子，不能再回去种地，也不能像我一样打工吃苦

在光明的前途到来之前，韩培印能够忍受很多事情。

他的工作都是纯粹的体力活。有时，他需要甩开膀子，用铁锨一下下地把沙土铲到几乎和自己差不多高的卡车拖斗里；有时，他需要站在拆迁的废墟上，一榔头一榔头地把一间房屋慢慢砸成瓦砾。而这些让他腰酸背痛的活计，能给他带来每天 50 元的收入。这就是儿子胜利学费、生活费的来源。

到了晚上，他又要和其他 9 名工友合住在城中村的一间房子里。房子外墙裸露着红色的砖块，屋里则是一张几乎和地板同样大小的大通铺。10 个人就这样并排躺在上面，枕着砖头，盖着五颜六色却同样灰扑扑的被子，度过一个又一个夜晚。

“这房子省钱，一个月摊下来才二三十块钱。”韩培印说。

省下来的钱，他都留给了儿子。可即使这样也不够，他常常需要借钱。在儿子上学的 4 年里，亲戚、朋友、老乡，他几乎把每个可能的人都问遍了。

李军虎在纪录片里拍摄了一次借钱的过程。韩培印走进一间同乡工友的宿舍房，几个人正挤在大通铺上准备睡觉，老韩笑呵呵地凑了上去：“我娃要交学费呢，我没挣到钱，看你能不能借给我 30 块钱？”

一个还没来得及躺下的年轻人挠了挠头，说：“我也没钱，昨天干活没给钱。”

“那你看看还有谁有钱？多少都可以。”韩培印絮絮地说着，“关键是娃来了，没办法。”

他没有等到回答，那个年轻人已经迅速地钻到被窝里了。大通铺上的同乡们每个人都用被子蒙着脑袋，再也不看他一眼，也没有跟他说一句话。

“太尴尬了。”李军虎事后回忆说。

可韩培印继续站在那里，脸上带着不知所措的讪讪的干笑。

那天晚上，磨了几个人之后，他最终跟一位老乡借到了10元钱。老韩接过那张皱巴巴的钞票，马上掏出自己那个黑色的小本子，在空白处把账目记下来。

“借点儿还点儿，还点儿借点儿。”他一边写一边说，“等还钱的时候，我再把它们画掉。”

在本子发黄的纸页上，那些被划掉的账目，就显眼地穿插在他关于人生的感悟文字中间，占据了大量的篇幅。

可他依旧是乐观的。坐在大通铺的床上，他对着李军虎的摄影机笑呵呵地说，希望儿子在大学里能好好学习。

“要学个一技之长，做出一个有知识的样子来。”他的脸上带着掩饰不住的自豪神气，“不能再回去种地，也不能像我一样在这里打工吃苦。”

当他终于凑够了儿子一个月的生活费时，他就会打电话让儿子骑车过来。

“这里一共是200，一个月够不够？”韩培印一边说，一边从兜里掏出换好的两张整钱。想了想，他又把兜里剩下的零钱全部塞到了儿子手里：“一共是220，够不够？”

“给我200就够了。”韩胜利说着，又把零钱塞回了父亲的手里。

“我花不了多少钱，一天四五块，一个月最多150……”韩培印说，“你在学校别吃得太差，当然，也别吃得太好了。”

说这些话的时候，父子俩坐在那张大通铺的床沿上。韩培印从一个红色的塑料袋里掏出了从家里背来的苹果，说“你妈非要给带的”，又问儿子有没有考过英语四级，有没有学好专业课。

另一些时候，他会拿出自己的小本子，给儿子念几句励志的话：“今天的付出是为了明天的回报，如果不是为了明天的回报，也不可能有今天的付出，这是一个道理。”

“胜利我儿，你每天都有二三十元的付出。”念到这里，韩培印停下来，扭头看看儿子，“你这学费一年4000多，住宿费800，加上书本费，一年下来就是……”

停了几秒钟，因为算不清楚，韩培印又岔开话头，继续说道：“头一年你交了7000多元，第二年算上生活费，八九千，将近一万元呢！一年365天，算下来，平均一天二三十块钱的付出……”

韩胜利一直坐在他的身旁，安静认真地听着，一句话都没有说。

我想留在城市，城市就是比农村好多了

尽管韩培印和儿子在城市里相依为命，但他们之间仍然有一些彼此隐瞒的事情。在很长的时间里，胜利都不知道父亲是怎样低声下气地为自己借来生活费；而作为父亲，韩培印也从来不知道，儿子在学校的生活具体是什么样子。

李军虎拍摄了其中的一些画面。两份青菜、五两米饭、一盆绿豆汤，就是这个瘦瘦的男生的一顿午饭。他给自己规定的伙食费标准是一天6元，隔两天吃一次肉。

班上的同学觉得他条件差，送给他西装外套；表弟有了手机，送给他一块印着大学标志的手表，他也高兴了好几天，那是他第一次有机会戴上手表。

即使是同班同学，他也常常觉得别人的生活不可思议。他曾经告诉李军虎，班上一位来自温州的女生，因为不适应西安的水，干脆从超市搬回来两箱矿泉水，一箱用来喝，一箱用来洗头发。

“你能想象吗?”他语调夸张地讲着，李军虎觉得，他“就像在描述一个神话故事”。

事实上，对于这个来自农村的男生而言，这样的生活真的像神话故事一样遥远。当同学拿矿泉水洗头的时候，他却琢磨着把那些空瓶子捡来卖钱。

因为觉得“学习比较忙”，他并没有勤工俭学的打算。大部分空闲时间，他都在学校的运动场上、天台上逛来逛去，询问喝完水的同学“瓶子还要不要了”。他甚至还时不时地凑到宿舍边的垃圾桶里翻来翻去，从里面找出一些能卖的东西。慢慢地，班上的同学也会把喝完的瓶子直接拿过来，放在他宿舍阳台一角的纸箱里。

“一般10个啤酒瓶能挣5块钱，矿泉水瓶便宜一些。”他说。捡瓶子的时候，有人会投来异样的眼神，而胜利就在心里“当作没看见”。

在同学的回忆中，韩胜利并不是一个合群的人，同班的一名女生甚至想不起来两人说过什么话。同宿舍的其他5位室友有5部手机、3台电脑，还有MP3——在来到城市之前，胜利连见都没见过这些东西，他唯一拥有的，就是宿舍里那部没人用得着的座机电话。

李军虎常常觉得，胜利是一个很压抑的孩子，几乎没有主动跟他说过一句话。在长达一年的拍摄时间里，他们私下里很少聊天儿。不过有一次，在宿舍楼顶的天台上，韩胜利捡完矿泉水瓶，看着远处的高楼，轻轻地说：“我想留在城市，城市就是比农村好多了，生活条件、交通、文化，都比农村好。”

“你觉得你能留在这儿吗？”李军虎问。

“我想……应该差不多吧。”韩胜利说。

父亲的乐观情绪也许感染了他，也让他多了些压力。韩培印在笔记本上写下了这样一段繁复缠绕的文字，有时，他也会念给儿子听：

“我儿胜利啊，如果没有你的努力，你考上大学是不可能的。如果没有父亲的支持，也是不可能的。如果你不好好学习，父亲再支持你，你也是不可能考上大学的。如果你学习再好，父亲没有能力支持你，你也是不可能上大学的。这都是要靠你的努力，修好你人生的道路，希望你早早成才，那才是你的骄傲，也是我的骄傲。”

这位骄傲的父亲用各种方式传递自己的幸福感，他甚至每年都会给自己和工友租住的宿舍房编一副对联，有时候强调“自己勤劳是靠山”，有时候希望“智慧修出光辉道”。在2006年年中的时候，他就兴冲冲地把来年的对联都拟好了。

“在家创业业成就，出门求财财到手。”他在自己的小本子上写着，“大家有什么意见？这个切合实际不？”

在大通铺的另一侧，工友们正在聚精会神地打牌，没有人扭头。韩培印依然乐呵呵地坐着，自顾自地说道：“横批我想写……‘感谢上帝’。”

现实就是这样，找不到工作就要接受它

除了无与伦比的自豪感，韩胜利4年大学的经历，也给韩家带来了另一个“副产品”。

每次坐汽车回家的时候，韩培印都会从城里抱回来些东西，比如成箱的方便面，或者大袋的糖果。久而久之，胜利的母亲在家里开起了全村第一个小商店，把这些从城里抱回来的东西拆着卖给邻居们，挣点儿小钱。

因为胜利的关系，这个商店也有了些令韩培印骄傲的感觉。他甚至直接用儿子的名字命名商店，并且把“胜利商店”几个大字印在了商店的招牌上。

当商店的经营渐入佳境的时候，胜利大学毕业的时间也慢慢临近了。这让韩培印几乎有一种马上要“解放”的感觉——4年的时间里，一边出卖劳力，一边四处借钱，他觉得自己已经累得“一点儿力气都没有了”。

“现在像毛主席说的那样，你像燕子一样要起飞了。”他对儿子说，“咱们农村人没有后门，亲戚朋友也没有当官的。你要自己走出去，不能再靠别人了。”

可就业的形势却让人无法乐观。李军虎说，西安每年有几十万名大学毕业生同时找工作，在这个人口不足千万的内陆城市，就业竞争的激烈可

想而知。

更何况，胜利似乎并没有做好找工作的准备。2006年年初，胜利第一次参加了人才招聘会。在人山人海的招聘现场，他穿着灰色的运动服，挨个走近每一个摊位，看一看，又转身慢慢走开。两个小时内，他没有递出一份简历，甚至根本没有讲出一句话。

当他皱着眉头走出招聘会的时候，跟在后面的李军虎忍不住了："你觉得怎么样？"

"还可以吧，有几家公司招通信专业的。"韩胜利说。

"可我看你一直没说话啊？"李军虎恨不得揍他一拳，"你知道自己最大的缺点是什么吗？"

韩胜利淡淡地笑了一下，说："我最大的缺点就是不太爱说话，性格内向了一点儿。"

"原来你知道啊！"李军虎很生气，可他转念想想，按照韩胜利的性格，这样的结果也是正常的。

随着毕业的时间越来越近，找工作的形势也变得越来越严峻了。一直在村里留守的母亲开始担心儿子毕业后再拿着行李回村里劳动。"咋办啊，我的天，咱村里人都会笑的，说你白念了。"

曾经"热门"的通信专业也不像传说中那么好找工作了。各个学校扩招培养的学生数量已经超出了市场需求，韩胜利听说，有些单位招自己这个专业的员工，但工资只能给五六百元，勉强够吃住。而他想，这个数字是能够接受的。

"实在找不到工作，人家给300块也行啊，先给人家干着。"他轻轻地说，"哪怕人家不给钱呢，先给人家干着也可以啊。"

可没过多久，他又焦虑了起来。"万一真找不到工作，你一分不要给人家干，那生活费咋办，住宿费咋办？还要跟家里拿钱的话，说不过去。"他说着，睁大了眼睛，仿佛要忍住眼眶里的泪水，"感觉无法跟我爸交代。"

韩培印却依旧是乐观的。他始终觉得，无论如何，"大学生"总是一个光鲜的身份，不可能面临没饭吃的问题。随着胜利毕业时间的临近，他开始越来越细致地编织自己的梦想，并且换掉了已经写满的笔记本，在一个新的黑色本子上写下："明利（老韩的大女儿），胜利，父亲一定要在2013年前后，也就是60岁前后，和你妈，我们全家到北京去，到时候，我们大家都有钱，到北京一定好好玩几天。现在我们大家，胜利你要好好学习，明利要好好过日子，你妈好好管家务，我在西安好好挣钱，争取有那么一天。"

他并不知道，胜利此时已经做好了最坏的打算。"导购、服务员、保安都行，只要别人要我。"韩胜利说，"现实就是这样，找不到工作就要接受它。"

那时不读书，给娃买个三轮车，现在也发了

韩培印已经老了，他时常会很自然地想到死亡。他在笔记本上写道："我不可能再活50年，大概能再活20年吧。20年是多么快啊，我30岁以前，总觉得人生的路是漫长的、曲折的，可我现在才觉得人生的路是曲折的，但不是漫长的，而是飞快的。"

"大约再过20年，就是我人生的终点站，到那时我要说，再见了，我的人生，再见了，我的儿孙。写到这里，我的眼泪禁不住一点儿一点儿地落下来……"

在镜头前念到这里的时候，这位年过半百的父亲控制不住地哭了。

最终，他的美丽梦想还是破灭了。儿子胜利在毕业后找了一份工作，工作地点是青海，试用期每个月拿600元的工资，在野外帮当地的单位铺通信光缆。老韩算了算，还没有自己在西安打工挣的多。

"我本来想着，大学生毕业了，工作肯定会在办公室里，而且有空调……"韩培印嗫嚅地说着。

很难再在这位父亲的脸上找到先前那种骄傲的神色了，但他却没有太多时间用来哀伤，儿子上大学欠下来的钱还有两万元没有还清。在儿子去

青海之后，他还要孤零零地留在这座城市里打工赚钱。

在那个黑色的小本子上，他写下了自己的姓名和详细地址。他总担心自己万一出了什么意外，“谁知道我是谁”。

他开始时不时地后悔，自己为什么让儿子选了这样的专业，也许当年根本不应该让儿子读书。邻居们甚至时不时对他讲：“当年要是不让娃上学，给他买个三轮车，现在也发了！”

这个原本贫穷的家庭正在慢慢步入正轨，连家里那个因为儿子上学而办起来的小商店也越办越好了。它已经变成了一个小型超市，家里的收入也越来越高，可儿子胜利却成了夫妻俩心头一根拔不掉的刺。他们把招牌上儿子的名字偷偷抹掉，把“胜利商店”改成了简单的“商店”两个字。

事实上，连韩胜利自己也似乎想抹掉过去的记忆。当记者辗转找到他新换的手机号，提出希望采访的时候，他沉默了一下，说：“对不起，我不是你要找的那个人。”

工作了3年之后，胜利辞职，在西安重新找了份工作，工资也涨到了1500元。不过，在他的同学看来，这仍然不是一个令人满意的数字。

这个曾经是全家最大骄傲的儿子，如今也成了父母最大的心病。韩培印担忧他迟迟没有结婚，更何况，因为高考结束后被迁走了户口，他原有的9分耕地已经被收回。也就是说，胜利已经没有办法再回到农村种地了。

12月8日，当李军虎再一次来到韩家，拿出照相机想拍张照片的时候，原本会对着镜头微笑的母亲突然崩溃了，她大叫着让他放下照相机：“这么丢人的事情，有什么好拍的！”

李军虎不知道韩家什么时候能从这样的阴云中解脱出来。在纪录片《父亲》放映的过程中，很多观众都被过去那个乐观、善良、朴实的韩培印打动了。在清华大学，一位男士在提问交流环节“哭得死去活来”，平复了好一阵，才哽咽着举起了话筒。

“我想说，我当年刚到北京时跟小韩一模一样，但今天，我是开着奥迪A8来的。”他说，“我只想证明一件事，胜利并不一定是这样的结果。”

当然，李军虎也听到了些不同的意见。法国的一位影评人看完了全片，觉得匪夷所思，连声询问李军虎，老韩“是不是疯了”，“我实在无法理解他的行为”。

李军虎想了想，告诉他:“在你们的文化里，他也许是个疯狂的父亲，但在我们中国的文化中，他是一位勇敢的父亲。”“勇敢的父亲”，正是这部纪录片的英文名字。

更多人对老韩手中的笔记本充满兴趣。有的观众甚至还给李军虎寄来了一些同样的黑色笔记本，希望他能转交给片中的这位父亲。

他们并不知道，老韩已经很久没有打开那两个黑色的笔记本了，他开始觉得，念书写字并不是一件值得嘉许的事情。连他那个中学毕业后在深圳打工的女儿，一个月也能挣三四千元——足足是儿子的两倍。

“以后还会让孙子、孙女上大学吗?”有人问他。

“我看读书是没用的。”他叹了口气说。

事实上，从西安回到家里之后，他再没有写过什么东西，甚至连把笔记本拿出来都不愿意了。年初，他曾经想在本子上写点儿什么，再跟儿子谈谈人生，可看到大学毕业5年后儿子情绪低落的样子，他最后什么也没有写出来。

付雁南 / 文

2011年12月14日

应试狂拽教育跑

孙复初与英语的“缘分”有点儿不寻常：他学的是土木结构，却在清华大学当了近30年的一线英文教师。他担任过外语系副主任，教过一万多名清华大学生，编了几本英语大词典。

而眼下，他却越来越痛心于英语在国内的“遭遇”。“英语完全成了考试的工具！”他焦虑地说。于是，他四处批评当下的英语应试教学模式。

事实上，从20世纪90年代初开始，孙复初便明确反对英语标准化考试。去年，教育部公布了英语四、六级考试的改革方案，他又在媒体上公开质问：“英语四、六级考试还有存在的必要吗？”他一再呼吁：“应该下决心把英语四、六级考试停掉！”

“我从内心里反感标准化考试，因为它违背了语言学习规律。”这位72岁的英文老教授皱着眉说，“那是对青年的摧残！”

学生们四、六级考试倒是过关了，可是英文文献读不了，英文论文写得错误百出

孙复初在20世纪80年代开始接触英语的标准化考试。随着教育部考试中心的成立，20世纪80年代中后期，标准化考试逐渐向全国推广。

1987年，国家英语四、六级考试试行。

渐渐地，孙复初在教学一线发现了变化：有学生在他的“科技英语”课堂上不太愿意听讲，埋头忙着做模拟题。

因为从来没见过这种新考法，一开始，孙复初“还觉得很新鲜”，慢慢便发现不太对劲了：学生们有时拿习题来问他，孙教授觉得这根本无助于掌握基本的语言应用能力；教室和图书馆里，学生们手里开始捧起了各种习题集和应试大全；校园书店里，英美文学选读、英文原著等书籍逐渐被各色应试辅导书淹没。学生们埋头做习题，英语课上做，图书馆里做，到各系专业课上还在做。

各系各专业的老师有了意见：“外语课正在冲击我们的专业课，你们在干吗?”

“可这不是我们布置的。”孙复初委屈地说。

每年，当孙复初的“科技英语”课程结束，打完成绩之后，他会对学生做一次问卷调查，请他们对孙复初本人及英语教学提意见。没想到，这些写着班号、学号、真名实姓的意见，竟有相当一部分是针对四、六级考试的。

意见说，四、六级考试对提高英语运用能力没什么帮助。“过了六级，不等于掌握了真本领；写的英文论文，外国人看不懂；学了一些日常口语，但老外来的电话不敢接。”孙复初回忆说，“学生明确讲，四、六级考试培养的就是应试能力。”

他将上千名学生的意见装订成册，一份不落地交到教务处。教务处一位处长用了两个星期看完，写了一份长达11页的简报，摘录的全是有名有姓学生的原话，送给教务处正副处长、正副教务长和正副校长。

教务处还委托由各系主管高年级英语学习的教师组成的“英语教学委员会”命题，进行了一次考试，结果发现，“学生英语掌握程度很不理想”。

各系教师反应强烈：学生们四、六级考试倒是过关了，可是英文文献读不了，英文论文写得错误百出。

最后，清华大学校务委员会综合各方意见，经过慎重讨论，一致同意清华同四、六级考试脱钩，四、六级考试不再计入清华成绩。并从1996年起，代之以清华大学英语水平I考试、英语水平II考试。

当时的主管副校长曾打电话给孙复初叮嘱说，外语系干部到校外参加教学会议，一定要明确表示学校不同意学生参加四、六级考试的态度。

有意思的是，绝大多数清华学生在参加清华大学英语水平 I、英语水平 II 考试之外，都参加了四、六级考试。一位还在求职的清华大学研究生说："用人单位大多要求四、六级证书。"

资料显示，1987 年，全国报考四、六级英语考试的人数仅为 10 万，而到 2004 年，这一人数猛增到 1100 多万。

尽管去年出台了英语四、六级考试改革方案，但四、六级考试并未降温。湖北省今年共有 42.5 万余人报考四、六级，人数再创历史新高，而福建省今年的报考人数也达 15.3 万余人。

标准化考试从根本上违背了语言的学习规律

面对英语四、六级考试的红火景象，这位英语教授越发焦虑："标准化考试跟语言学习，完全是两股道上跑的车。"

他常爱引用清华大学前副教务长在文章中讲到的一件事：两位常年在美国工作的中国外交官，任满后带自己的孩子回国，让孩子插班上大二，这位长期在美国生活和学习的大学生，做了一张现行的标准化英语试卷，竟然没考及格。

另一个例子是，北京一份著名期刊登载，有 6 位外教参加 2005 年高考的英语考试，平均得分 71 分（满分 150 分）。考后他们问媒体："你们这是考英语吗?"

而孙复初班上那些能考 130 分甚至 140 分的学生，并没有表现出相应的英语应用能力。

他给大二、大三的学生开"科技英语"课。课上有时要求学生当堂翻译英文文章。这些文章通常都是他从英美报纸杂志上选摘的科普文章或报道，全是通俗易懂的科技语言。

他发现：学生读文章读得很快，从段落句子中抓关键词，再把几个词一连起来，想当然地就蒙大体意思，并还能诌成一篇文章，可是却跟英文原文“牛头不对马嘴”。

孙复初连连摇头：“同学，这是翻译，不是创作啊！”

“真是气不打一处来，又不知找谁说理去。”孙复初苦笑着说，“不能怪学生，他们就是这么被训练的。否则，三四页的考卷怎么做得完？阅读理解看不懂，又怎么做题？”

他曾经会同清华大学的几位教师与参加英语应试辅导后获得高分的学生座谈，学生告诉他，比如阅读理解部分，老师说看不懂没关系，可以用“分类法”“排除法”等，从给出的 ABCD 四个答案反推过去蒙。老师还为学生支招，如果实在不会做或者来不及答题，就一律填上 C，选 C 蒙对的几率最高。

孙复初还跟清华几位老教师做了一个对比实验：把学生选对答案的试题，用另外的方法去考，或者让学生讲讲这些试题的意思。结果发现，许多题目学生根本没有看懂。

标准化考试不仅不能提高学生的英语应用能力，反而会约束学生的思维能力、表达能力和创造能力

有一次，孙复初看到一道选择题，觉得 A 和 B 答案都对。于是去请教当时的外语系主任。系主任也觉得两个答案都可以。他们又去请教外教，外教也持同样的看法。令孙复初不解的是，标准答案却非要把 B 否了。

“语言不像数学，一加一就等于二。语言多种多样，有简练的语言、委婉的语言、隐讳的语言……一个意思可以有十几二十几种表达方式，为什么非要用僵化的方式来约束学生呢？”孙复初质问，“学生不会说自己的话，只会写与标准答案相同的话。”

去年 2 月，《南方周末》登出对孙复初的访谈——《标准化考试可以休矣》。

3 月，一位从事教育测量研究的学者在媒体上发表了另一种观点："如果有人用菜刀伤了人，需要追究的是用菜刀伤人的人的责任，而不该去责怪菜刀。""英语四、六级考试功大于过"，只是这把"菜刀"被误用了。

对此，孙复初很不认同。他说："标准化最不适合语言教学。语言教学不能用标准化的思维，两者天然地冲突。"

他认为，标准化考试必然导致学生语言能力的下降。"有人说，中国学生汉语水平普遍下降，是由于英语的冲击，其实同样是因为标准化考试。""标准化考试从根本上违背了语言的学习规律。"

几十年前已经解决的问题，现在怎么又成了问题？

孙复初最开始学习语言，是在抗战时期母亲带着他逃亡的路上。随身行李中，母亲斯霞唯一不舍得丢弃的，是一包儿童读物。

逃难间隙，母亲就通过读故事书来教他识字。当他认识一些字了，便要求他写日记，或者给远方的亲戚写信。

这位著名的儿童教育家这样在长子身上实践她的语言教学：随课文分散识字，字不离词，词不离句，句不离文；在孩子识了一些字后，她就想办法让孩子应用。事实上，她在后来几十年的小学教学生涯中，也是这样教育学生的。在她从 1958 年开始实施此种教学的小学试验班里，二年级的学生可以认识 2000 多个字，读 174 篇课文，还可以写几百字长的作文。

颠沛流离中，孙复初跟着母亲从 3 岁学到 6 岁。他刚上小学就直接被分到了五年级。

母亲的语言教学经验对孙复初产生了极大影响。"英文与中文学习的规律是相通的。"他强调。

孙复初回忆，20 世纪 40 年代，他在南京上中学时，当时的中学英文老师就是按照同样的规律进行教学的。

那时，中学生孙复初英文课上读的是英文原著，高二时，他们的教材便是原版的《林肯传》。老师要求他们大声朗读课文，背其中的好句好段。他和同学还被要求用英文回答问题，用英文写日记、写作文。

中学生孙复初那时常常使用英文。除了老师在课堂上用英文讲课和交流之外，学校的某些课程也使用英文原版教材，要求他们用英文做习题，写实验报告。

考大学时，英语考试也跟平时的学期考试一样，只是要求答几道问答题，然后“哗啦哗啦”写篇作文交上去完事。“管他什么作文题，拿起笔来就能写。”他说。

孙复初的夫人郑老师那时在天津上中学，各校采用不同的教材。“我们英文课就是读《项链》《灰姑娘》什么的。”郑老师说。初三时，她和同学已经能用英语编小戏剧在圣诞夜里演出了。

尽管没有“好记星”、复读机、电子词典等现代工具的帮助，两个人都在中学即掌握了基本的英文应用能力：写信、写日记、读报纸、读原著，开口能说。

两个人考入清华大学土木系之后，学校不再开设专门的英语课。但用英文原版教材上微积分等课程时，学生们没有语言障碍。“不管是来自沿海城市还是内陆小地方的同学。”孙复初肯定地说。

然而到了20世纪90年代的清华课堂上，孙复初让大三的学生用英语翻译“画一条线，平行于AB边，垂直于CD边，且与CD边相交于O点”，全班竟没一人能翻译出。“画”用哪个词，“平行”怎么翻，没人知道。

“为什么以前能做到的事情现在反而做不到了？”孙复初不解，“我们曾经有过搞好英语教学的经验。”

孙复初当年在中学班上，英语水平属中上。后来，这位土木工程系的毕业生竟成了清华的英文老师。据他说，靠的基本是中学打下的底子。

然而令孙复初不解的是：“几十年前已经解决的问题，现在怎么又成了问题？”

他的清华学生们已经学习英语长达9~12年，却依然没有掌握基本的应用能力，无法开口说英语，也读不了英文报纸。用英文上课，语言障碍很大，不得不在大学里继续上 1~2 年的大学英语必修课，甚至读到研究生还要补基础英语。

在孙复初看来，对于非英语专业的大学生来说，大学英语教学该走的路子，应该只是目前已开设的英美文学选读、英语写作、诗歌欣赏等各种选修课，而不包括现有的“大学英语”。

“从教材的编排到教学方式，都跟中学差不多，成了中学英语的延伸，这是个怪胎。”孙复初说，“反过来说明，我们的中学英语教学效率实在太低了。”

孙复初发现：“英语课变成了学习期限最长、周学时最多、考试最多、财力和精力投入也最大的一门课。”

“他们学得很苦”，与他当年不同，学生们现在都忙着机械地做题、背单词、啃语法重点和难点，语言学习被“肢解”了。

孙复初所在外语系的一位教授在辅导自己的女儿学英语后，对孙复初抱怨道：“现在中学里讲被动态，要讲那么多形式，讲虚拟语气，也讲那么多用法，那是专门搞语言研究的人才探讨的呀！”

大潮流下，一个小孩子能怎么办？

孙复初一家三代人“不是被这样教育过来的”。郑老师觉得自己“很幸运”。她的双胞胎女儿虽然在“文革”中都“上山下乡”去了，但恢复高考后考入大学的时候，“还没有开始推行标准化考试”。

而两个外孙却全程体验了这个时代的教育。

在他俩还没上小学之前，外祖父孙复初已经在北京的课堂上发现学生们开始做模拟题，而外曾祖母斯霞在南京也发现，小学生的书包越来越沉，她都拎不动了。

有感于此，1989 年，斯霞口授，孙复初执笔，在报刊上呼吁：“减轻负担，救救孩子们!”

“有些小学毕业班的学生不但午饭后要到校做作业，晚饭后还要写到10点多，比我们大人还辛苦。连一些老师也感叹：看到学生这么苦，我们也于心不忍。但是学生升学靠分数，评价老师靠分数，衡量学校靠分数，我们只好违心‘抠分数’。”文章写道，“我希望教育部门的领导同志，评价学校千万不要只看分数和升学率。”

“我们的教学对象是活泼的人，是有思想个性的人。看不到这一点，就会把儿童当成装灌知识的容器，让儿童处在被动的地位。”文章说。

尽管全国在1990年前后推行了素质教育，但孙复初的两个外孙跟他们的同辈似乎并没有因此而减轻负担。

一个亲戚的上初二的孩子刚开始学习物理，便拿了一道物理练习题来请教郑老师，郑老师一看，竟是她大一时做的习题。

郑老师在清华从事人体运动力学研究，为“神舟”系列设计假人。两个外孙读小学和初中时，她辅导起来还能胜任，但到高中时，这位清华教授已经感到力不从心了。清华大学数学系一位教授告诉郑老师，高中的数学题，有时连他也做不出来。

大外孙很聪明，读四年级时就喜欢就某些论题跟老师辩论，结果被罚站。有段时间，这个孩子考试成绩下降，家长会上，老师从排名最后的开始点名，挨个数落家长，弄得孩子的妈妈“恨不得找个地缝钻进去”。

由于看不惯当下的应试教育模式，郑老师有时试图为两个正读高中的外孙矫正一下学习方法，“做些补救工作”。但外孙们会大嚷：“来不及啦！”最后甚至连郑老师的女儿、孩子的妈妈都发话了：“您不能这么教他们，这么做题太慢了。”

“大潮流下，一个小孩子能怎么办？”孙复初迷惘地问。

他家一个邻居的女儿本来想从海外回国发展，但考虑到国内中学生的学习现状，为下一代人的教育着想，一直留在海外不敢回国。

几年前，孙复初从《南方周末》上读到，黄冈中学的一位毕业生将这所高升学率的高中称为“地狱”和“集中营”。他当即给母亲斯霞打电话交流。

斯霞叮嘱他："我现在是走不动了，你们是当老师的，一定要替孩子呼吁！"这位年近 90 岁的老人生气地质问："不是一再说了要减轻负担吗？怎么都不听呢？"

事实上，孙复初这些年一直在按照母亲的嘱咐呼吁。"一有机会就到处讲，跟中学教师讲，跟校长讲，跟教育官员讲。我到处嚷嚷，不屈不挠，不过可能收效甚微。但是我决不罢休。"不过，他却不敢对自己的外孙多讲。

有人问："那您连自己的外孙都影响不了，怎么能影响其他人？"

孙复初回答："难道让他们也做不屈不挠的战士？那以后只能去打工了。这个问题不能跟他们讲，他们是完完全全的受害者。"

他只是对外孙说："你不一定非要考清华、北大。"

这根"指挥棒"还要把青年摧残到什么时候？

江苏省教育厅 2005 年 12 月公布的《江苏素质教育调研报告》称："参与调查的教育系统与非教育系统的同志一致认为：近年来应试教育明显回潮是不争的事实。"

这份报告指出："目前的校际竞争偏离了正常轨道，已走向仅以升学率为目标的恶性竞争"；"有校长戏称，校长头上压着'升学、经费、安全'三座大山，升学排首位，因为升学在某种程度上直接影响着经费来源、经费多少等"；"高中比拼的指标，已不再是一本、二本的人数，而是考入北大、清华的人数"；"升学竞争明显提前，从高中提前到初中，从小学高年级提前到小学中年级"。

报告建议，"改变目前应试教育、升学竞争愈演愈烈的状况刻不容缓，需要党和政府痛下决心、铁腕治理"。

孙复初认为，这是他"目前看到的由教育行政部门发表的最好的一份调研报告"。

孙复初曾在清华参与江苏和浙江两省的招生工作。座谈会上，“有些教导主任私下跟我说，我们对外都总结素质教育搞得怎么好，开了什么什么课，但都只是装装门面，我们搞的全是应试教育”。

而在应试的压力下，某市教育局局长曾公开表示，2005年该市高考升学率要“争一保三”。

同样还是江苏省这份调研报告显示：“地区间升学率竞争明显升级，地方党政直接干预加强。市、县、区党政领导为了体现自己的政绩，像抓经济指标GDP那样抓教育的升学率。更有少数政府官员明确表态，抓升学率就是体现‘三个代表’，就是代表最广大人民群众的根本利益。在这样一种思想指导下，市、县政府对教育局的年度考核，主要看高考升学率指标，甚至直接对教育局施加压力，直接给学校校长下达刚性指标，中考、高考结束后，按达标程度和水平奖励教育局和学校。”

郑老师从1985年至2000年一直负责清华大学在广东省的招生工作。她去招生，“中学老师就说，我们班高考排第几；校长讲，去年我们学校升学率排第几；教育局长也讲，我们从第几排到第几”。

“为什么地方官员要这么干？学校要这么干？关键在于全国上下都盯着应试的“指挥棒”呢！”孙复初说。而当下，这根“指挥棒”的魔力已经传递到中学、小学，甚至幼儿园。

一些老师对孙复初说，“我们是挂在应试列车上的一节节车厢，不跑也得跑”，因为“直接跟职称、奖金挂钩，还要末位淘汰”。

去年孙复初到浙江某市访问，该市一所重点中学的负责人说：“为什么我们学校不抓应用能力、实验动手能力？因为高考不考这些啊。只要高考一考，我们马上就抓。”

“这已经不是某个城市、某所学校、某个家长的问题，而是全国性问题。”孙复初分析道。

在孙复初看来，这根“指挥棒”造成我国自上而下的考试经济，形成庞大的考试产业。考试产业赚足了家长们的钱。

一次，他到一家出版社座谈。他问：“能不能带个头，不出这些应试教辅类图书?”对方当即笑答:“做不到啊,孙老师!”

2005 年 9 月,国家审计署指出,2003 年至 2004 年,教育部一些所属单位未经批准自行收费 1.54 亿元,其中全国大学英语四、六级考试委员会向各地主考单位归集英语四、六级考试费 1.4 亿元。

“权力加利益。”孙复初一语道破。这是应试教育非但不见好转还愈演愈烈的根源所在。“这根‘指挥棒’还要把青年摧残到什么时候?”孙教授愤怒地问。

请出教育家来治理教育

20 世纪 80 年代初,美国国会图书馆大厅挂起一块横匾,上书:“对青年一代的教育是每一个国家的根基。”

1983 年,美国高质量教育委员会发布了一份报告——《国家在危机中:教育改革势在必行》,从而引发了一场全国性的旷日持久的教育改革大讨论。

而事实上,从 20 世纪 80 年代开始,美国已经逐渐形成具有战略意义的教法改革——以问题解决为中心的课堂教学。

所谓“问题解决”,不是以设问组织课堂教学,也不是站在问题面前,去分析、寻找解决问题的办法,而是教师创设提出问题的实际情境,刺激学生提出高质量的问题。包括合情合理的常规性问题,也包括并非显然的非常规性问题,类似达尔文提出物种起源,牛顿提出为什么苹果下落等问题。而解决问题的途径并不是单一的,“开放式答案”这个概念由此被提出,即问题的答案可能是多种多样的,甚至是无数解的。至此,美国基础教育的立足点已不仅仅是学到什么,而是学会探索什么。

几乎在同一年代,我国引进了标准化考试,并且,由于极其复杂的原因,这种考试模式逐渐影响到课堂教学。

“科学研究不是去解别人出的现成的题,而是自己去发现问题,提出问题，然后解决问题。这才是创新能力。”孙复初说。

在孙复初与郑老师这两位老清华毕业生看来，“标准化考试什么东西都只有一个标准答案，严重约束了学生的创造性思维”。

孙教授在他的课堂上，看到了这种“一刀切”的应试教学模式在学生身上暴露出来的缺陷。

他组织一批高考英语拿了高分的学生，选读美国大学一年级的物理教材中“测量”这一章。它并非深奥的科学理论，如果将其翻译成中文，内容相当于国内中学物理教材的难度；它也没有生僻的科技语言，学生说通篇没有生词。然而他挑了其中的10个句子让学生翻译，结果全班平均成绩不及格，全班无一人全部翻译准确。

“对非英语专业的学生来说，英语是研究和学习的工具，”孙复初说，“现在学生们读内容浅显的文章尚且如此，以后这些学生做科研时，要用英语去学习一些不懂的专业和知识，又该怎么办呢?”

“你们掌握不好英文，就自动地把自己降为二流、三流。”孙复初在课堂上这样对学生说，“懂行的人来参观清华，不看有多少大楼，而去看图书馆，看究竟有多少学生借阅学校花了大笔外汇购来的大批外文期刊，如果这些期刊从上架到下架没多少人翻看，就说明清华大学的学生外语不行，科研创新能力较差。”

郑老师也说：“外语不行，你都找不到前沿在哪。”她从研究土木结构，跨学科转而研究人体结构，整整跟踪看了10年国外资料，最终获得了国家科技进步二等奖。

具有讽刺意味的是，数学大师林家翘从国外回清华后发现，他跟在清华带的博士后和研究生竟很难交流，英文成了大问题。学生写东西给他，先用中文写，然后翻译成英文。他要写东西给学生，也先用英文写好，然后翻译成中文。

“应试教育到了不得不刹车的地步，”孙复初感到焦急，“再不刹车，就更刹不住了。”

有人说，取消标准化考试会大开腐败的后门，有损公平公正。

孙复初反驳道:“现在，标准化考试是一杆‘假秤’，无法‘称’出学生真实的才能和能力，这才是最大的不公平、不公正。”

孙复初说，1958年“大跃进”的后果在几年后就显示出来了;“文革”关了学校，耽误了一代人，后果直接影响到今天，而且还会接着影响下去;而应试教育的危害目前还没有完全暴露出来，耽误的绝不仅仅是一代人，“对国家和民族的危害怎么估计都不过分”。

“现在是到了请出专家对教育问题进行会诊的时候了。”老教授宣称，“希望中央决策层像重视农业问题、经济问题一样重视教育问题，请出教育家来治理教育!”

坐在北京北郊的家里，老教授忧心忡忡:“这个问题不能再拖下去了”，“总有一天，历史要为此写下沉重的一笔”。

最近，孙教授琢磨出一个自认为可行的招儿：应该制定素质教育质量评估标准，然后把评估结果与分配给各校的招生名额挂钩，这样，“就让‘指挥棒’换一面大旗，从应试教育改成素质教育，让全国上下盯着这面大旗运行”，以此解开高考这个难解的“结”。

他的母亲斯霞两年前去世了，不能再跟他一起关注当下的教育了。

这位小学全国特级教师提倡的“童心母爱”式教育，曾在“文革”期间被批判为宣传资产阶级人性论和修正主义教育学。“文革”后，她多次被选为全国人大代表。去世前，“她最放心不下的就是孩子们的负担越减越重”，自己却不得不离去了。

包丽敏 / 文

2006年5月24日

PART THREE

第三辑

第三条道路

“怪兽家长”变形记

自从有了孩子，屈颖妍就辞掉了香港《壹周刊》副总编的职务，当起了全职妈妈。她怎么也没想到，对付三个孩子比办好一本杂志要难得多。

她说，一到下午4点放学，她就和全香港的母亲一起，变成了“怪兽家长”，只不过有的是“大恐龙”，有的是“小恐龙”罢了。

在她眼里，香港的教育就是一场“人肉宴”，人人都想避席，却人人都要出席；没人想吃人肉，但人人都要吃，一口一口，逐渐吃到成为习惯。屈颖妍说，她觉得自己就是鲁迅笔下那个吃孩子的女人，伤口在冒血的就是自己的女儿们。

于是，她花半年时间写了《怪兽家长》一书。谁知数月就在香港再版了6次。如今这个对付三个囡囡的“超人师奶”成了大名人，在全香港各学校举办了几十场讲座。

香港也掀起一股反思“怪兽家长”的热潮。很多家长拿着这本书对照自己的行为，问:“我今天是怪兽吗?”

妈妈，为什么你不笑?

屈颖妍说自己并不是一夜间“头上长角”成为怪兽的。

在大女儿上幼儿园阶段，她一直很快乐。她帮女儿选的是一家实行放羊式教育的幼儿园，母女都满意。当时有朋友警告她:“你惨了，从这家幼儿园出来的孩子是不识字的。”而朋友5岁的小孩已经会写“警察”了。

大女儿上小学一年级时，她才意识到问题很严重。一年级的课堂，老师不讲乘法口诀，直接布置乘法作业。老师问："谁不会背乘法口诀表?"只有她女儿和一个男孩举手。原来绝大多数同学都已经在幼儿园或者课外补习班学过口诀表了。

在香港，补习班非常普遍，几乎每个孩子都在上。曾有机构做过调查，香港的孩子放学后最高补习纪录为5个小时。现在连幼儿园的3岁娃娃都上补习班。因为香港的幼儿园只上半天课，很多家长就报两所幼儿园，上午一所，下午一所，一所学普通话，另一所学英文。前一所幼儿园12点才放学，后一所下午1点就上学了。一些家长天天接送，小孩在车里换校服，吃东西。

"香港家长最害怕的不是孩子去援交、吸毒，而是孩子有空闲。"有家长说。

香港人把这种现象称作"催谷"，意思是催着稻谷早早成熟。

屈颖妍还惊讶地发现，身边的港妈港爹在孩子上小学前，就打响了"持久战""货币战"。香港的很多小学都是名牌中学的直属小学，因此有的家长不惜斥资数百万港元在名校附近置业；有的家长做好"两手准备"，让孩子报读多所小学，作为孩子在电脑派位的情况下未能进入心仪学校时最后的安全网。还有很多人为了让孩子上名校，帮孩子报假地址，做假材料。他们一边教孩子要诚实，一边教孩子说谎，以应付学校的核查。"现在香港很流行这个，为了择校不择手段。"

上小学如此，小升初更是如此。有的家长甚至实施起苦肉计来。

一个父亲想让女儿进某所名校，但女儿考不上。他四处打听，发现早几年有一个办法是行得通的，就是每天早上家长带着小孩站在学校门口，像秋菊打官司一样。他听说之前有家长连续这样站了两个礼拜，校长就忍不住站出来说："好吧好吧，收你了!"

这家人就商量到底是爸爸还是妈妈带着孩子去好，最后觉得男人带着女儿场面更可怜，决定让爸爸去。他还跟屈颖妍说："你不要把我的故事写出来，不然人人都学我，这招儿就没用了。"这个男人是一家报社的高管，统领一干人马，可他还是要带着女儿站在那里。

沉浸在“催谷”的潮流中，屈颖妍发现自己慢慢也变成了“疯婆子”。她感慨，带孩子的付出和收获是不成正比的。你很努力地叫她把作业做好，她还是鬼画符；你等待了半小时，她还是只写出一个字——真的比上班还惨。直到有一天，她忍无可忍地把大女儿的书包从三楼扔了下去。

为了学业，亲子关系越来越差。有一次大女儿问：“妈妈，为什么你不笑？”屈颖妍突然醒悟，原来自己真的不会笑了。

她成了“怪兽家长”。

她这才开始系统地做研究，听很多教育方面的讲座，看很多书，试图找出香港的小朋友没了童年的原因，弄清楚为什么只要你做了家长，就一定变成“怪兽”。她还打算去读教育学位，她发现“家长教育”其实是一门课，还是硕士课程。

在不久前的一次讲座上，她问家长们：“你最经常对孩子说的一句话是什么？”

台下很多家长说：“快点儿快点儿！快点儿吃饭，快点儿做作业！”

美国《读者文摘》曾做过一次调查，访问了亚洲 8 个地方 3000 个 14~18 岁的孩子，看他们对父母的评价。结果香港父母的得分排名倒数第二，失分的最重要原因是“父母没有时间与孩子沟通”。

屈颖妍说，香港家长常常只会这样与孩子对话：女儿说“乌龟死了……”家长说“你做作业了吗？”一位中学校长无奈地说，其实少当几分钟的“怪兽”没那么难，对孩子的话，至少你可以有耐心地重复一遍：“哦，乌龟死了……你做作业了吗？”

当今最难教的，是家长，不是学生

在调查中，屈颖妍发现老师越来越难当了。很多老师感慨：“当今最难教的，是家长，不是学生。”家长认为只要付了钱，全世界都要迁就自己。

有个体育老师称，现在的孩子都不愿意“坐在地上”，球场也好，礼堂也好，户外大草坪也好，你一声令下“原地坐下”，十有八九都没反应。孩子们慢慢腾腾、不情不愿，有的找废纸，有的分纸巾，小心翼翼地垫着，勉勉强强地坐下来，就像怕沾狗屎一样。

“都是小少爷和小公主，当妈的教他们：地上脏，千万坐不得！”老师没好气地说。

跟动物接触完要洗手固然是应有的卫生习惯，但不必凡事都在第一时间想到“干不干净”这个问题上去。

在老师们看来，自己的职责越来越像保姆。有孩子绊倒了，流血了，家长可能会在第一时间找个律师告学校：“学校没有做好保护措施，墙体没有包软垫，要赔偿！”

有一次，屈颖妍到幼儿园接孩子，老师煞有介事地说，孩子大腿上被蚊子叮了两口，怕孩子药物过敏，没有涂药，但手上的蚊肿是早上来校之前就有的。屈颖妍惊讶极了，3 个蚊子包都要分清责任，显然，以前有家长投诉过此类问题。屈颖妍感慨，原来老师在教学以外，还要替每个孩子看好每一寸肌肤。

一个学生没有完成作业，放学后老师把他留在学校里做作业，结果家长却跑去教育管理局，投诉那个老师对小孩进行“人身禁锢”。

“现在的家长给孩子营造的成长氛围，含有太多漂白水了，无论是身体还是思想。”屈颖妍叹气。

她还指出香港出现“非典一代”的教育问题。在“非典”时期，一些婴幼儿成长在家长过度保护的环境里，沙滩没去过，到公园能免则免，没消过毒的东西不能碰，家长只差替孩子们呼吸了……于是，孩子对世界的感觉近乎零。

磕磕绊绊的学步日子里不易察觉出端倪，随着年龄渐长，问题开始显现。不会走平衡木，不能攀爬，荡不了秋千……父母一直认为是娇生惯养的结果，直至幼儿园老师提议他们带孩子看医生，才惊觉孩子患上了“感觉统合失调症”，是中枢神经系统的障碍。后来发现，原来“非典”这年出生的很多香港孩子都表现出不同程度的行为病征。

屈颖妍说，瘟疫时期对初生婴孩的过度保护，竟诱发出另一种“行为瘟疫”来，这是大家在喷洒消毒药水时始料不及的。

在她眼里，家长过度保护孩子的例子比比皆是。大街上，经常看到五个大人带一个孩子出游，这样的盛况“像古代皇帝出巡，就差一辆马车几头象了”。

她还发现，家长们带孩子出门，总带着超大的背包，各种东西一应俱全。甚至还会配上一把小剪刀，专门用来剪肉剪菜。在妈妈们眼里，菜太长可能导致哽喉，肉太大可能导致窒息。于是，小孩的乳牙成了多余的摆设。9 岁的女孩还在吃剪碎的食物，这样的孩子到了甩掉乳牙的年龄，牙还没发挥作用。

近年医生发现，这样做的后遗症，就是香港孩子的颚骨发育比较慢，大牙的牙床比较细小。

屈颖妍说，对于孩子，我们从来都是“舍不得”的，舍不得他们跌倒，舍不得他们受伤，舍不得他们失败，事事为孩子强出头。“每一步，我们都功利地计算周详。”在“金钟罩”下，我们圈养出了一个个没痂没疤的孩子，也孕育出了一群群张牙舞爪的“怪兽家长”。

如今，香港社会已发现“港孩”问题越来越严重，大伙又一窝蜂地去找出路。民间办起各种“自理能力班”，收 1000 元教扣纽扣、穿衣服、绑鞋带、洗碗……甚至有人嘲笑，如果上课环境许可，还要教冲凉洗头，七八岁不会洗澡的孩子大有人在。

家长戏称，对于香港的孩子来说，“吃苦是要给钱的”。

最近，香港又兴起一些“兴趣班”，200 元港币一堂课，教孩子用简单的电器，如电饭煲、电磁炉、微波炉、榨汁机之类的，还“加送”教授最基本的淘米煮饭和烧水。总之，一切都可以在各种补习班里“学会”。

有人形容“港孩”的特征为：自理能力低、情商低、抗逆能力低。

“热门美剧《迷失》如果放到香港来拍，两集就拍完了。”做讲座时，屈颖妍说，“第一集大家掉下飞机，第二集大家死光光。”现场一群小学家长大多笑不出来。

一屋子证书，却没有一张是关于学做人的

在香港，寻找没有任何外形特征的“怪兽家长”并不难，只要下午4点准时出现在各学校门口，就能将他们“一网打尽”了。

在屈颖妍眼里，校门前是个“是非地”，一切流言蜚语都在那里展开、蔓延。10来分钟里，等待孩子放学不是重点，互相打探成绩才是关键。

“你女儿这次考了第几？”

“第12名。”

“不是吧？你没有帮她温习吗？你怎么做人家妈妈的……”

“你女儿星期六有没有学剑桥英语？”

“没有。”

“语法班呢？”

“没有。”

“奥数？”

“都没有。”

“那她都学什么了？你怎么做人家妈妈的……”

在校门前等孩子放学的这段时间里，屈颖妍听得最多的就是这句：“你怎么做人家妈妈的！”

正是在这样的“怪兽角斗场”，屈颖妍渐渐明白家长过度保护孩子的背后，其实是在保护证书，保护分数，保护孩子的所谓“竞争力”。

她说，如果大学学位能用子女童年的眼泪换回来的话，香港家长绝对趋之若鹜。就像导演张坚庭所说：香港一幢大厦里，大抵有八成家长是“虎妈”。

香港有整套法律来对抗虐待儿童的行为，“打打手板也要被拉去坐牢”

是许多家长挂在嘴边的话。但在屈颖妍看来，香港的孩子从背起书包去学校的那一刻起，就一直承受着“精神虐待”。小学生像棵圣诞树一样，身上挂满各种培训班的资料，每天学习超过 10 个小时。

香港教育评议会副主席、香港风采中学副校长何汉权曾说，在香港，大学本科（政府资助的大学）的入学率只有 18%，精英教育一直是香港教育的主导。“精英教育一天不死，‘怪兽家长’一日不灭。天下父母心，个个都有怪兽的脚印。”

在专家眼里，这些“虎妈”栽培孩子的“铁人计划”，培养了孩子的争胜心、必胜心，却忽视了胜负以外的一些心灵教导。接受“铁人计划”培训的孩子，看似样样懂，但最基本的生活和快乐的能力反而不懂。

在屈颖妍这个老记者看来，家长们该保护的不保护，不需要保护的却保护得严严实实。

她举了一个例子：一个老师强调上课一定要带琴谱，讲了许多次，仍有人当耳边风，于是老师规定，以后没带琴谱的不能上课，会立刻被赶走。有学生继续这样，老师唯有信守诺言，把他赶走。谁知道学生家长却跑来理论，大发脾气：“我付足了学费，你有什么权力赶我的孩子走？”

这个老师说，其实，那些父母应该多谢他才对，教琴之外还帮他们教孩子，“可惜他们都不领情”。

屈颖妍感叹，这一代孩子懂得的技能很多，琴、棋、书、画、跆拳道、游泳……样样皆能，一屋子证书，却没有一张是关于学做人的。

孩子小的时候，做家长的最关心的是“干不干净”；等孩子长大了，父母的关注点便迅速转移到“有什么用”上面去。比如，参加童子军，有什么用？学跳舞，有没有机会去比赛？“卖旗”（香港慈善机构募集善款的一个重要渠道），会不会有人给记优点？入校队，升中学时会不会加分？参加交流团，有没有证书拿？在学校做义工，有什么好处吗？

家长帮孩子算计每一步，每一分。一次期末考试中途，有学生发现试卷的题目有错，于是监考老师决定找全班唯一一个已经完成试卷的学生 A，到同年级的各个教室里向其他几个班的老师通报。

A 拒绝了，原因是他打算再检查一遍试卷。老师坚持让他去，他再搪塞，如此往返，A 拒绝了老师 3 次，结果还是悻悻然跑到各个教室去通报。

回来再检查试卷时，他发现了一个错误，却没有时间改了。回家后，A 为丢掉的那几分闷闷不乐，妈妈问了原因后，立即向学校投诉。家长的理由是：为什么是我儿子去？为什么不是 B 或者 C ？

在家长的一贯想法里，吃亏的事谁都不想做。但家长认识不到，孩子少了那几分，又多了些什么。

屈颖妍说，这些年，孩子们走得都比前人快，3 岁已经学会上网，5 岁便学会 3 种语言、4 种乐器，7 岁便懂得制作 PowerPoint……但待人处事应有的态度却被遗忘了，或者应该说，是被牺牲掉了。

在她看来，许多家长为了保护孩子而是非不分。

不久前有一则新闻，香港康乐及文化事务署举办了一个阅读比赛，胜出的是一名小女孩，她才 5 岁，一个暑假读了 4277 本书。屈颖妍说，大家其实都知道，这大概是家长帮孩子作假的结果，家长自己去图书馆借书，然后盖章签名，“证明”孩子都看过了。

屈颖妍还举例，有一次她女儿参加一个徽章设计大赛，女儿自己在一张纸上画，但另外一个胜出的小孩，居然把徽章设计图做成了 Flash，用动画解释设计。后来那个小孩承认，Flash 是他爸爸帮他做的。

“这怎么可能是一个公平的比赛呢？但小孩子从小就习惯了这个。”屈颖妍说，只要涉及比赛，因为要拿奖状、证书，那爸爸妈妈就一定会尽力帮孩子忙。

不知不觉，孩子实际上成了家长手上用来炫耀的大钻戒，大家都要自己的孩子闪闪发光。有一所学校要学生扮演白雪公主和 7 个小矮人，可由于家长都不愿意自己的孩子演小矮人，最后校方只好改写了故事，将之变成“8 个白雪公主”。

这让香港中文大学中文系毕业的屈颖妍想起《病梅馆记》。千个孩子，本该有千种个性，但今日人人都被修剪成一模一样的病梅盆景，好看、值钱，却不健康。

你的卖点就是没有证书

瘦弱的屈颖妍想跟香港教育抗争下去。在旁人看来，她也的确比一般人多了些资本。比如，她有 3 个女儿，有 3 块试验田。

大女儿上小学时，这个自称很温柔的母亲变得越来越狂躁，一到下午 4 点，她准时变成“女巫”，她撕孩子的作业本，要求孩子成绩好。

可二女儿、小女儿上学时，她放松了很多。一次放学后，二女儿突然跟她说：“妈妈，你是世界上最好的！”屈颖妍问：“为什么？”孩子说：“因为同学听写没得 100 分，回去妈妈都要打要骂的，但你却没有。”

她深深地感觉到，香港教育已经病入膏肓，家长变“怪兽”，“怪兽”逼“港孩”，大家都浮沉在教育漩涡中，半死不活。她说，如果允许，她相信百分之百的“港孩”都会逃学。

菲律宾香港人质惨剧发生后，大女儿看到电视台记者访问痛失父母的孤儿时，感叹说：“他们真好啊，不用上学了。”屈颖妍瞪大了眼睛，问：“你说什么？难道你愿意用父母双亡来换一个不上学的机会？”

这深深地刺激了屈颖妍。她一直等待着会出现一个群组——反畸形教育。可她没等到，家长们边骂边随大溜。连屈颖妍也暗叫，自己也不过是人群里不甘心又不敢付诸行动的“蚁民”。

屈颖妍只能凭一个母亲微弱的力量做些无力的反抗。暑假，她带女儿四处旅游，希望让孩子们体会平时在学校里所没有的快乐。

她尝试用三种实验方式去处理很多教育问题。

第一个孩子摔倒，她非常心疼：“哎呀，惨了！我背你吧！”

第二个孩子摔倒，她学会了克制：“你怎么样，骨头没事吧？没事的话就试试，看自己能不能站起来走路。”

第三个孩子摔倒，她装作看不见，“我们爱她，但不一定要帮她走那一条路”。

她还从龙应台的文章里寻找启发。她说，龙应台书里的一个画面让她记忆深刻。一天，下着毛毛雨，母子俩在湖边散步，龙应台想为儿子打伞，儿子一闪一缩地推开。然后是又一个画面，漫步时妈妈给儿子指点风景："看，那里多美……" 儿子的反应竟然是把母亲的手按下来："我看到了，别指……"

渐渐地，屈颖妍不再像紧张得张开每根刺的刺猬。她理解了，教育是一个松手的过程。

可手放得太松，现实的问题马上就会横冲直撞过来。大女儿小升初的时候，没什么证书和奖状，别人却有很多，什么朗诵比赛、绘画比赛、阅读比赛，甚至吃水果比赛。事实上，为了迎合这些家长的需要，现在香港任何儿童活动都会颁发证书或奖状。一个简单的手工班都有证书，如果没有，结束的时候家长会直接投诉。

女儿当时很着急，说："惨了，我没有什么证书。" 屈颖妍鼓励她："你的卖点就是没有证书。"

这位作家妈妈帮女儿做了一个很小的简历，放进了家里和学校里的一些相片，在简历的开头屈颖妍写了一篇文章，题目是"教育是一场马拉松"。她说："我的女儿现在没有跑第一，她落后了，但不等于到终点时，她不会跑第一。教育不应该放弃任何人，即使她真的跑了倒数第一，我们也应该为她鼓掌。"

女儿自己也写了一篇文章，题目是"我没有证书"。她介绍了自己在小学参加排球队、参加红十字会的活动，她说尽管这些不能在分数上反映出来，但"这些在我的心里，我希望将来你们可以看到成果"。

不管怎样，女儿最后真的考上了心仪的学校。但在下午 4 点的"怪兽角斗场"，有家长口气酸酸地对屈颖妍说："因为你是名人呗。"

孩子复仇

就在屈颖妍四处做演讲的时候，日本也正在进行一场对抗"怪兽家长”的教师保卫战。事实上，这个名词正源自日本。

东京市政府如今耗费1000万日元出版手册，以教授老师应付“怪兽家长”的招数。

美国电影明星马特·达蒙也像屈颖妍一样，正努力给自己脱掉“怪兽家长”的帽子。他病得不轻，他对孩子的过度保护欲，连老婆都看不下去，昵称他为“红色警戒”。他们家的4个女儿连睡觉都不得安宁，马特常会去摸摸看她们有没有呼吸。有一回实在管太多，还被女儿狠狠咬了一口，结果马特还骄傲地到处炫耀说：“齿痕是战利品！”

准确地说，在美国，大家更愿意将这种父母戏称为“直升机父母”。他们在学校、操场和课外活动地点转悠，像直升机一样盘旋在孩子头顶，与孩子紧紧绑在一起。

针对最近几年美国父母对孩子的过度教育行为，很多人开始发动一场“慢教育、简单教育和散养教育”的变革。

大家都在讨论戴维·赫伯特·劳伦斯在1918年讲过的一句话：“如何开始教育子女？第一原则是：不要管他。第二原则是：不要管他。第三原则是：不要管他。这就是一个完整的开始。”

当然也有人不同意——劳伦斯说起来容易，因为他自己没有孩子。

其实，屈颖妍也知道，自己还是个“半怪兽”，没有完全脱帽。

最近的一个下午，屈颖妍在香港风采中学面向近百位家长做讲座。讲座结束后，一位父亲站起来，意味深长地问：“屈小姐，你对你女儿的分数有什么要求呢？”屈颖妍回答：“我还是要求她们保持中等，她们的爸爸常常说，不是倒数就可以了，但我做不到。”

坐在记者身旁的风采中学校长何汉权偷笑着说：“她嘴上说要求中等，实际就是中上了。”

屈颖妍做不到完全放下。事实上，不久前，《清明上河图》来香港展出，她很想带孩子们去看，可那意味着，孩子看完后回家作业会做到夜里12点多。为此她纠结了很久。

后来她还是带着女儿去看了，但回到家里又和女儿大吵一架，因为女儿困极了，不肯做作业。

屈颖妍想改变，但整个环境就是这样，她像是进了一条死胡同。

有很多人担心，为人父母者从他们的父母那儿中了“毒”，又把“毒”传给孩子，就这样一代代传下去，像高速公路上的连环撞车事故。“怪兽家长”的故事，会一代代延续下去吗？

如今，澳门的一家图书中心用了一整列橱窗展示这本书，引起了很多澳门“怪兽家长”的共鸣。在内地，这本书也通过微博广为传播。

有家长给屈颖妍写信说：我们把孩子当作了掌上电子宠物，按一个键，要他吃就吃，要他拉就拉，我们从没想过孩子的感受。有家长称，《怪兽家长》像一剂凉茶，让家长们悬崖勒马。

还有人鼓励她：出这本书本身就是对教育最大的对抗，你不是“蚁民”，你干了老虎干的事儿，咬破了一方铁栅栏。

令她想不到的是，在内地，一本《斗妈大全》在网络上迅速蹿红，作者是北京的两个四年级小女孩，她们用漫画的形式记录了20余个“斗妈”招式。

如今屈颖妍出了《怪兽家长2》。鹅黄色的封面上画着很多小猪，它们或作沉思状，或呼呼大睡。她给这本书取了一个副标题：孩子复仇记。

从玉华　陈倩儿／文

2012年2月15日

第三条道路

在绝大多数中国妈妈眼里，李亦雯肯定是个真正的优等生。

她是北京外国语大学德语系的优秀毕业生，毕业当年报考了牛津大学、伦敦政治经济学院、巴斯大学、柏林洪堡大学、柏林自由大学、维也纳大学、华盛顿大学等12所世界名校，全部被录取，并拿到包括牛津大学在内6所大学的奖学金。最终她放弃牛津大学，接受欧盟提供的全额奖学金到维也纳大学学习全球经济，接着又到联合国实习，再到伦敦政治经济学院学习经济史，以全A成绩毕业。

毕业后，她被美国一家顶级投资管理集团录用。当年该集团在全球数千个报名者中只招10人。最后一轮面试，集团20多名中高层经理与每一位应聘者单独谈话，分别谈一小时。经过3天的面试，她脱颖而出。

伦敦政治经济学院的同学称，这家投资集团跨三大洲层层考核、严格挑选，寻找的是"全球最聪明、最善于沟通"的人。

李亦雯并不认为自己多么聪明，她讨厌"哈佛女孩""牛津男孩"之类的标签，她说自己只是个"为减肥发愁、渴望爱情"的普通女孩。不过，"我有个不普通的妈妈"。

她记得大学时老师说：在攀岩时，每个人手里有5颗钉子，有的人不愿冒任何风险，可能每隔半米就放一颗钉子，走得很安稳；而有的人则每隔0.8米或1米才放一颗钉子，虽然走得不太稳，但总能达到最高的高度。她自己"不过就是把钉子放得比较远的那个人"。

而鼓励她安放钉子，并随时准备好在她掉下来时接住她的，正是她的妈妈刘曼辉。

刘曼辉说自己不是“虎妈”，不“圈养”，但也不“放养”，她走的是“虎妈”“羊爸”之外的第三条道路。

家长在孩子心目中的形象究竟是什么样

刘曼辉是武汉一家大型国企的中层管理干部，丈夫是大学老师。

因为2006年当地媒体曾发表过一篇对李亦雯的报道——《北外传奇女孩：我放了牛津大学的鸽子》等对李亦雯的报道，这个“成功”的妈妈在武汉小有名气。也正是在2006年，刘曼辉参加了一家机构在武汉举办的心理学培训，由此对青少年心理教育产生了浓厚兴趣。后来，她还受邀在武汉做了两场“爱的教育”公益演讲。她退休后准备把自己的后半生“跟教育干上”。

如今，找她咨询的家长越来越多。她每天要接三四个家长的电话，有的家长在电话里的第一句就是“刘老师，帮帮我的孩子”。

这几年在解答别人问题的同时，她把自己给女儿记的十多本育儿日记放在床头，每天睡觉前都翻一翻。每看一次，她都觉得自己不是个“好妈妈”，经验少，教训多。

家长们咨询的问题五花八门。一个父亲说，女儿成绩很好，可高考考砸了。高考那天孩子出门时，他说了一句：“女儿，加油！胜利属于你！”事后他一直很自责，认定这句话给孩子带来了很大压力，影响了发挥。他堵着刘曼辉问：“我错了吗？”

有的家长委屈地抱怨，自己从不跟孩子说你要考什么名次，考什么大学，孩子在家学习时，家长连大气都不敢出，恨不得拖鞋都不穿，光着脚走路，就怕打扰孩子。可这种“无声的压力”更大，这样做适得其反。

有的家长抱怨自己的孩子“太闷了”，三个月不跟大人说一句话。有的家长说自己的儿子“太活跃了”，课间休息时疯个不停，“下堂课根本收不住心”。

刘曼辉总结，这些问题基本都集中在学习不好、与大人不能有效沟通这两方面。

她通常不会立刻给出“技术性”的处理意见，比如怎样改掉上课玩手机的习惯。她觉得那些都是浮在表面的问题，真正的问题其实是——大人“病”了。

她会给这些父母念一些话：“如果我有一颗炸弹，我会炸平我的学校；如果我有一把刀，我会杀死我的妈妈。”这是一个9岁孩子造的句。

“妈妈是‘会计师’，算好了我们的每一分钟；妈妈是‘变色龙’，我们考了满分她睡着了都会笑醒，考差了就会大发雷霆；妈妈是‘母老虎’，我们每次出去玩总会被她堵回来；妈妈是‘河东狮’，我们看一会儿电视她就发作……”这是面对武汉市作文竞赛题《给我一点时间》，孩子在答卷上写下的。

刘曼辉推荐家长上豆瓣网看一个叫“父母皆祸害”的小组，听听孩子们是怎样“妖魔化”家长的。这个小组有近7000组员，主题鲜明，集中于一点：如何对付父母？

每天，对付父母手法最高明、最有智慧的帖子会被置顶，追捧者众多。在小组里，孩子们控诉家长“卷子还是热的，就被叫去大骂一顿”。组员们称，自己“逃得掉沉闷无趣的小学，却永远也别想从父母那儿毕业”，“家是世界上最没法谅解的地方”。

刘曼辉还给家长们呈现各种数据：“知心姐姐”曾在一次涵盖18个省份6000多个孩子的调查中发现，家长和孩子交谈时，最爱说的三句话是：“听话”“好好学习”“没出息”。而孩子表现出的最强烈的愿望是：不想在否定中长大！在问卷中，2909个家长中只有4个回答“最满意孩子能与人合作”。

两场演讲中，刘曼辉都把“父母皆祸害”作为引语，现场一下子变得无比安静。有家长说，自己从来不知道家长在孩子心目中竟是这样的形象。

为了得到赞美，孩子会自觉地做到最好

“虎妈”近来成为公共话题，很多家长找刘曼辉聊天，几乎人人都说自己不是“虎妈”，自己的家不是“虎窝”，自己更倾向于“美国式的宽松”，而不是蔡美儿那样的“中国式严厉”。

可刘曼辉发现，事情远不是这么简单。看起来，大家都很赞成赏识教育，但到底该怎样赏识孩子？

有的人谙熟比尔·盖茨妈妈支持儿子退学的故事，甚至能背出盖茨在母亲节寄给母亲的卡片上的话：“我爱你妈妈，你从来不说我比别的孩子差，你总是在我干的任何事情中不断寻找值得赞许的地方，我怀念和你在一起的所有时光。”

可戏剧性的一幕让刘曼辉至今难忘。一次，她和一群家长吃饭，饭桌上大家正热烈地讨论“要赏识孩子”的话题。说话的空当，一个小学生用刚拿过骨头的油乎乎的手，在纸上印下一个可爱的手印。当这个女孩很得意地向妈妈展示自己的杰作时，妈妈看都不看，手一挥，把孩子推开，“去去去，别捣乱”。一桌子人仍然热烈地讨论着，没有一个家长去看看这个孩子在纸上做了什么，更别说鼓励孩子“有创意”了。

另一次，刘曼辉现场出题“考”一对父母。题目很简单，写下孩子的优点。母亲憋了 10 分钟写了 8 个字，父亲写了短短 3 条就再也动不了笔。她不得不延长“考试时间”，又给了半小时，让两人发散思维去想孩子的种种优点。她还给了很多提示，比如孩子是否孝顺奶奶，喜欢什么明星，穿衣服颜色搭配怎么样，喜欢宠物吗，爱旅游吗……

最后，夫妻俩好不容易凑了 7 条。可刘曼辉坚信：“一个提笔就能写下孩子至少 20 个优点的妈妈，才基本合格。”

她问这对父母：“孩子长到 17 岁了，你们表扬过孩子吗？”他们点头。“那你们是怎样表扬的？”刘曼辉不解。

后来刘曼辉弄明白了，这个孩子 17 年来，听到的表扬都是“复合

句”:“你 ×× 事做得不错，但是……”重心永远在“但是”的后面。“但是”像条响尾蛇一样咬了这个孩子 17 年。

与这些“敷衍的赏识”相比，刘曼辉翻开自己的育儿日记，觉得自己的赏识都有些像“放大镜”，夸张得有些好笑了。

那时她并不懂什么教育，当肉乎乎的小雯雯出生时，她只是本能地觉得要保护好她。“孩子的心就像豆腐，不忍心破坏”，不破坏最好的办法就是赞美。

雯雯出生不久，父母就建立了五本档案：一是生活日记，记录雯雯的点滴进步和生活趣事；二是录音磁带，录下雯雯各个时期的语言，包括哭声、笑声、唱歌、背诗、讲故事、对话等；三是画册，凡是雯雯随手乱涂乱画的纸片都被保存收集起来，从中可以看到雯雯观察事物、表现事物的能力发展的脉络；四是影集；五是病史档案，观察她的体质变化。

雯雯从小到大画的每张画，小到一个点，大到人物素描，都会得到妈妈的“隆重表扬”。严格地说，最初几页纸根本就不是画，只是“乱七八糟的几个点”“歪歪扭扭的横线”，妈妈却使劲说:“雯雯真棒!”等到雯雯稍大些，可以画“小鸟”了，妈妈夸她:“哇，雯雯还有这个才能呢!”这番表扬是妈妈考虑过的，因为她知道雯雯能听懂“才能”这个词。她要让雯雯知道，妈妈的每一次赞赏都是发自内心的，不是虚假的。

当雯雯表现出小孩子特有的观察力时，爸爸妈妈总是鼓励雯雯:“说得太好了，再想想，还像什么?”所以，雯雯把太阳比喻成“气球”“鸡蛋”；把盖着铁盖的烟囱喊成“帽子”；把汉字“口”，说成是“毛巾”；看到卖烧饼的与买烧饼的打架，她就说“他们不像大蒜一样团结”……

刘曼辉渐渐发现，赏识的力量是无穷的，孩子得到的赞美越多，就越喜欢被赞美。为了得到这些赞美，孩子会自觉地做到最好。

一些时候，无言的赞赏，孩子也懂。刘曼辉从不说“你要考一百分”“你要得第一”，可雯雯发现，只要自己拿到了一百分，妈妈就一脸的喜悦，第二天会带自己看两场电影，去山上采蘑菇、做根雕……下一次，她就会更努力。这成了良性循环。

多年后，当刘曼辉翻开《撒切尔夫人传》时，发现书中第一句话就是：“我知道我身边聚集着很多拍马屁的人，但我就是爱听赞美的话。”

“这样的铁娘子都如此，更何况一个孩子？”她常常这样对前来咨询的家长说。

为什么不努力做“快乐的全 A 生”

第一次做“爱的教育”演讲时，刘曼辉讲了女儿获得了哪些成就，怎样放弃牛津大学走自己的路，以及她的教育经验，现场掌声热烈。在场的美籍华人、心理学家李绍崑事后却告诉她：“你讲得很好，李亦雯的确很优秀，但你有炫耀的成分。”

在刘曼辉开博客，把报道女儿的文章贴上去之后，有人评论道：李亦雯的确是个优秀的学生，但这只是极少数的个体。当我们想成为李亦雯，并和她一样地规划人生时，我们必须拥有北京外国语大学的毕业证，拥有英语托福 630 分、德语德福 19 分（满分 20 分）的学习成绩，否则你根本就无法得到放弃牛津大学的机会。

一个普通学生怎样才能具有这样的能力呢？你的高中成绩必须非常优秀，你不能有任何课余时间，你没有时间看报纸，你不能了解新闻，甚至不能保证睡眠时间，因为你要报考名校，连上厕所都要节省时间，因为你要面对无数的竞争者……

总之，李亦雯太“高大全”了，离普通孩子太远了！

刘曼辉说，她承认，“父母皆祸害，其实真正的祸害是社会的一些不合理之处”，现在的应试教育就像剧场散场一样，人很多，顺着走都可能被踩到，谁还敢逆行？谁也不想孩子是被踩到的那一个。

她的“第三条道路”，就是要让孩子在这种夹缝中吸收最多的阳光来生长。

就在《虎妈战歌》大热的同时，中国的社会学博士、应用心理学副教

■ 授方刚却写出《我的孩子是“中等生”》。他因主张“宠爱教育”而被称为“羊爸”。

方刚的著作封面上有几行语录：爱你的孩子，就让他做快乐的“中等生”吧！宠爱不是溺爱，要天使不要天才；今天的“中等生”就是明天的社会精英……

刘曼辉说，“虎妈”与“羊爸”都很极端，每个孩子都不同，没有固定的模式，她也不想创造“李亦雯模式”。

“并不是‘全A生’就不快乐，也不是平庸的中等生就一定快乐！为什么不努力做‘快乐的全A生’呢?”说起这些时，刘曼辉的眼睛闪闪发光。

来咨询的家长还常问道：“李亦雯为什么能主动学习，总拿第一名?”刘曼辉也常思考这个问题。

李亦雯的爸爸是个能吃苦、沉得住气的人，这一点女儿像爸爸。雯雯小学一年级时因为写字慢，有时写完作业要花7个小时，可她坚持下来了。

刘曼辉的教育也是“功利”的，尽管她从不明说要好好学习之类的话，但孩子得了第一名时，妈妈喜悦的表情、接踵而至的奖励，让孩子认为“妈妈是在乎第一名的”，为了让妈妈高兴，她必须拿到下一个第一名。

当然，拿到下一个第一名的代价是更刻苦的学习。有一年的大年三十，要吃年夜饭了，雯雯还在学习，她对家人说：“如果我不学习，我就有犯罪感。”

如今，刘曼辉在日记本里读到这句话时，心里隐隐作痛。“中国的教育太残酷了！”

刘曼辉承认，女儿学习好，原因之一是为了满足妈妈。“但让妈妈高兴成为学习的动力，也不算错吧?”后来，她读到了教育专家徐小平的《隧道里的风景》，原来徐小平的成功也是因为“要向妈妈证明自己”。

事实上刘曼辉也曾想过不那么功利地教育孩子，让孩子学得轻松些。开家长会时，她极力呼吁给孩子一些空间，反对学校节假日不休息。但其他家长反对声一片：“你的伢自觉，成绩好，我们的伢非要学校管才听，不能‘放鸭子’！”

她逐渐意识到，自己的拳头击中的是教育体制这团大棉花，大环境改变不了，就只能在小环境里找出路。

孩子承受着“为妈妈高兴而学习”的压力，但与此同时，这个家庭给了她尽可能宽松的土壤。

刘曼辉夫妇一直很少斥责孩子。小时候，雯雯有一次想让 6 只小鸡游泳，结果把它们淹死了。妈妈没有责备她，而是告诉她，小鸡不会游泳，还引导她观察鸭子与小鸡“脚”的区别，观察什么是“死亡”。

当孩子被伤害，有心理阴影时，妈妈总是努力找办法修补。有一次，3 岁的雯雯突然说：“妈妈，我们俩结婚吧。”爷爷严厉地说：“不好，这话说得不好。”爷爷说话的口气较重，雯雯顿时大哭起来。从此，她再也不提“结婚”二字。

为了让雯雯再开口说这两个字，刘曼辉买了一套《世界著名童话集》，里面有《睡美人》《白雪公主》《被施魔法的公主》《卡玛王子和布达公主》《驴皮公主》等，每个故事都有“结婚”一词。念书时，妈妈会把“结婚”念得很重，几本书下来，雯雯懂了，说：“我好傻，结婚原来是一个叔叔和一个阿姨生活在一起，我不能和妈妈结婚。”

这是妈妈的错

等到第二次演讲时，刘曼辉加进了很多自己的教训，她把自己的伤口赤裸裸地暴露在听讲的家长面前。她认为，自己的教育方式并不完美，有的地方甚至很“丑陋”。

最后，她念了自己给上大学的女儿写的第一封信。当她抬起泪眼时，发现很多家长也落泪了。

家长更渴望“有缺陷的、真实的、摸爬滚打的教育模式”，如果说李亦雯离普通孩子很远，那么刘曼辉的教育却就在身边。

刘曼辉是等到雯雯上大学了，因为想念孩子，把育儿日记翻出来看，才发现自己是个不合格的母亲。

在一本绿塑料皮、印着影星张瑜头像的日记里，刘曼辉看到了这样一段文字：

> 雯雯回家说："上课时，老师要同学们用'又……又'造句，一个小朋友被点起来，说：'李亦雯又胖又矮。'全班同学都大笑起来，连老师都忍不住笑了。"听到这，爸爸妈妈也哈哈大笑起来。妈妈接着问："雯雯，别人笑了，你笑了没有？"雯雯说："没有，我没笑。"妈妈说："应该这样造句，'李亦雯的脸又圆又红'。"雯雯说："别人才不会这样造呢，这是爸爸妈妈造的句。"

近20年后，读到这番话时，刘曼辉唏嘘不已。她说，当时自己没有用最好的方式保护孩子的自尊。

妈妈造的句子掩盖了问题，却没有解决问题。如果时间能倒流，刘曼辉希望说："雯雯，你看上去有点儿难过，跟妈妈说说你哪里不舒服，好吗？"

实际上，这个"伤痕"一直留到现在，李亦雯如今只有80斤，可还在喊"减肥"。

"这是妈妈的错！"刘曼辉叹着气说。

几年来，她从很多来咨询的家长身上，反思自己过去的不足。有的场景几乎就是一模一样，可家长的处理方法却不同。

李亦雯高考结束那天，同学们晚上到江滩上狂欢，半夜11点了，20多个同学还不舍得分开，大家商量不回家了，在江边找个宾馆住下。

女儿在电话里小声哀求妈妈："在外留宿一次，就一次。"妈妈大吼："绝对不可以！"后来，10多个同学依次给刘曼辉打电话，哀求道："阿姨，我们向您保证，我们会照顾好亦雯。"

刘曼辉拍着胸，痛苦地回忆说，在电话里，自己"母老虎"般把一个个孩子臭骂回去："不行，你们懂什么！"

巧的是，来咨询的一位父亲也说起类似的事。同样是高考结束这一天，同样是在长江边狂欢，这个爸爸始终跟着这群孩子。凌晨3点时，女孩给这个爸爸打电话：来接我！爸爸故意在车里等了10分钟，然后装作匆匆赶来的样子。父亲一直以为，女儿并不知道自己跟着她。多年后，女孩写了一篇《不知道幸福就在身边》，她说，那天自己其实知道父亲就躲在不远处保护着她，她感谢爸爸。

刘曼辉听到这个父亲的故事，鼻子都酸了，羞愧极了。“爱有很多种方式，显然这个父亲比我做的要好得多。”

很多家长一脸愁容地问刘曼辉：“孩子早恋了，怎么办？”刘曼辉往往笑着说：“你应该祝贺孩子，因为孩子收到了人世间最美好的礼物。”

然而，这可不是刘曼辉当年的回答。李亦雯高三时谈过恋爱，被刘曼辉发现了，刘曼辉劈头盖脸地骂：“必须分手，这么早谈恋爱，让小区人看见了，我的面子往哪里搁！”

她把“面子”二字咬得很重。

多年后，妈妈问至今单身的女儿：“你觉得你最幸福的时光是什么时候？”雯雯说：“初恋！”

刘曼辉顷刻间联想到自己犯下的“罪行”，原来自己破坏了女儿心中最美的东西。

她说自己后悔的事情太多了。当初，女儿对妈妈说：“我的同学都不喜欢你，你太强势、太厉害！”刘曼辉冷笑着回应：“我要你们喜欢我？我还要看我喜欢谁呢！”

“哎，我那时候多么自大！”如今坐在记者对面，阳光洒在她身上，她一脸黯淡。

放手，放开拉着孩子的手

对那些“病征看起来不一样的家庭”，刘曼辉常开同一种药：放下，

■ 放下你的控制欲；放手，放开拉着孩子的手。

她用了26年才真正明白这一点。

雯雯从小是个乖乖女，尽管妈妈也表示大事小事都要听她的意见，但上的学校、报文理科、报北外德语系基本上都是妈妈说了算，雯雯也习惯了有问题找家长。可到上大一那年，雯雯开始了第一次“真正的反抗”。

放完假从武汉回北京，上火车前，刘曼辉坚持让雯雯脱下裙子，换裤子上卧铺，而雯雯坚持：我就穿裙子，非穿不可！母女僵持了很久，最后妈妈生气地走了。

几天后，雯雯给妈妈发来短信：“妈妈，对不起，我只想做一回自己！”

妈妈手里的风筝有点儿脱线了，她不得不接受孩子想飞的事实。

上大学后的雯雯越来越有主见了，尽管她的成绩仍然是第一名，但她不再甘于当“好学生”：她逃课去听各种讲座，参加欧盟商会和美国商会的鸡尾酒会，做志愿者，拍电影，学摄影，泡三里屯酒吧，竞选学生会主席，组织各种社会活动。以前妈妈让她“当外交官”的规划，在她眼里“实在没什么意思”——她竟然违背了好学生、乖乖女的N多原则。

她放弃保研，放弃各种工作的面试，坚持要去国外留学。12所世界名校录取了她，对于是否选择牛津大学，全家开会讨论，爸爸妈妈认为应该去，但雯雯坚持了自己的想法，放弃了牛津。

这一次妈妈让步了，她隐隐约约觉得：自己该完全放手了。

她没想到，正是自己的放手，让风筝飞得越来越高。

在一次次的咨询中，她总是袒露自己的心声：教育的过程，就像放风筝，刚开始要拉着一起跑，等风筝飞到空中，就要放手，轻轻地带着、注视着、陪伴着，然后完全放手，只是心灵的陪伴。

刘曼辉经常听到家长对孩子说“我的”，她让这样的父母学着从对孩子说“我们”开始。

她用自己的教训告诉家长，“放手”的具体做法，就是从停止唠叨、真正“闭嘴”开始。比如，孩子上高中了，家长在饭桌上就不要总说学习，好像除了学习无话可谈。父母完全可以把孩子当大人一样，说说自己的烦恼，像工作上有什么压力，房价涨了，鸡蛋贵了……但千万别把话题一转：儿子，以后就靠你了！

多年后，女儿在美国工作，刘曼辉去洛杉矶看女儿，她感到了某种身份的置换：自己语言不通，什么都依靠雯雯，自己倒像“女儿”，雯雯像“妈妈”。

起初，刘曼辉哪儿也不敢去，出门就靠雯雯。后来雯雯工作忙，就给她地图、车钥匙、机票，鼓励她自己出门。从家门口的超市开始，刘曼辉越走越远，最后竟然独自把美国横穿了一遍。雯雯自豪地向她的美国朋友介绍：我有个心态超开放的“辣妈”。

在武汉的一家餐厅里，刘曼辉嘴里不时地蹦出几个简单的英文单词，用丰富的肢体语言模仿当时在美国的场景，一脸幸福地向记者回忆，她是怎样一步步化险为夷，“囧在旅途”的。

她说，是雯雯的“放手”，让她走得更远。做妈妈的，算是真正明白了“放手”的重要性。

如今，刘曼辉在武汉常常给穿梭在世界各地做项目的雯雯打电话唠叨：好好睡觉，好好休息……雯雯总是幽默地打断她：“妈妈，你还是放你的风筝去吧！”

去年3月的一个夜晚，母女俩躺在夏威夷的沙滩上谈心。刘曼辉第一次为破坏雯雯的初恋、粗暴地拒绝她在外留宿的请求，向女儿道歉。

雯雯很久没说话，最后轻轻地说：“妈妈，我真的很喜欢现在的你。”

刘曼辉哭了。她说，幸好那晚天很黑。

从玉华 / 文

2011年3月30日

奖牌少年

世界上有两个刘泽锴。

一个是所谓的“天才”，另一个则是一名 13 岁的男孩。

前者生活在人们的目光和传闻中，开独奏音乐会，摘全国游泳大赛金牌，还老是考班上第一名。

后者则生活在深圳蛇口一个普通的三口之家，讨厌语文课本，热爱巧克力饼干，害怕老爸的威严。

世界上并没有两个刘泽锴。

不久前的一个周末，这个少年晃晃悠悠地走出“小托福”考场。

如果成绩合格，他将拥有就读美国高中的语言资格。他为此准备了好几个月。

他已经收到来自美国两所顶尖艺术高中的面试通知。此时，距离他开始学习钢琴，整整 10 年。

“我才不是什么天才！”刘泽锴仰着一张圆鼓鼓的脸说。

他只是比别的孩子忙

这是一双宽大灵敏的手。张开手掌，大拇指到小拇指指尖的距离，能达到 25 厘米，在钢琴键盘上能跨越 12 个白键，快起来一秒钟能弹奏十几个音符。

这也是一双极为有力的手。在泳池里入水、划水、出水，能带动身体行进五六千米。

13 岁的刘泽锴是这双手的主人。这个练习了 10 年钢琴和 8 年游泳的少年，用这双手赢取了不少奖牌、奖状和掌声。但他对它们的感情有点儿复杂。

“我从小就不能打篮球，也不能骑车，你应该明白。”他摊开手掌，目光扫过十指说，“因为它们不能受伤。”

在他六七平方米大的琴房兼书房里，十几枚黄色、白色、褐色的奖牌被随意地扎成两束，用飘带捆起来塞进书架缝隙中。里面既有深圳南山区儿童游泳比赛一等奖奖牌，也有美国西雅图国际钢琴赛最佳演奏奖奖牌。

还有几块金灿灿的牌子被随手丢在书桌和杂物堆里，连包装都没拆过。

“我从来不看。”刘泽锴伸手拨弄着它们，嘟囔道，“占地方。”他家的玄关、客厅里到处都有奖杯，母亲陈喆更是懒得抬眼，挥了挥手说：“还有奖状，一箱子呢。”

所有这些奖的背后是刘泽锴真实的生活。这生活几乎被学业、游泳、钢琴完全填满。眼下升至初二，游泳渐渐被放下，取而代之的，用男孩一本正经的话说，是“无休止地练琴、写作业”。

尽管被特批不用参加早读，但每天早晨他还是在上学路上吃早饭。午休时间，他趴在课桌上埋着脑袋赶作业，以便为晚上练琴腾出时间。周四、周五下午他不上课，直接回家练琴。周末，他要去香港演艺学校上“大师课”，还得补习粤语。

这个小男孩从未拥有一个叫作“天才”的“身份”，他只是比别的孩子忙，忙成了其他父母用来教育自家小孩的“别人家的孩子”。

仅 9 岁这一年，他就举办了独奏音乐会，摘得全国少儿游泳分龄赛蝶泳冠军，并获得美国第四届西雅图国际钢琴赛金奖。近几年来，他音乐会不断，著名钢琴家郎朗多次邀请他同台演奏。他还签约了经纪公司，经常接受媒体采访，录制电视节目。如今，亚洲顶尖钢琴教育家黄懿伦亲自为他授课，美国最好的艺术高中因特劳肯向他敞开大门。

在最近的一次英语考试中，他的成绩位列班级第一。事实上，他的数学、物理成绩也一样拔尖，外号“学霸”。

游泳教练评价他：勤奋，不娇气、不顶撞、不偷懒，呛水从来不哭。

班主任评价他：主动，有悟性、好奇心，注意力特别集中。

经纪公司老板评价他：最大的特点就是全面。

“和别的小朋友相比，他的业余时间太少了。但他的快乐也许和别的小朋友不一样，可能更成人化。”游泳教练冯杰说，“别的小孩打游戏、看漫画、玩沙子很快乐，他获得荣誉也很快乐。”

2013 年 5 月，刘泽锴开了一场慈善音乐会，为此他用了两个月时间准备曲目，集中练习。事实上，3 月份从母亲口中得知这个消息时，他曾试图反抗。

“你没搞错吧？太累了！”

“我是通知你，不是和你商量。”母亲答道。

明年 2 月，经纪公司为刘泽锴筹备的另一场音乐会将在鼓浪屿举办。这场音乐会上，这个 13 岁少年的身份，将是“全球杰出华人少年演奏家”。

我的孩子从来不这样

陈喆自称对儿子从来没有“期望”。

2001 年 5 月，即将临盆的准妈妈陈喆还在弹钢琴和古筝。从湖北老家到深圳“淘金”之前，她的专业是音乐教育。尽管改行做了企业管理，但她仍在工作之余开班教琴。

刘泽锴是在 5 月的最后一天出生的，剖腹产，7 斤半。陈喆竭力强调自己并没有多么重视这个孩子：“生下他之后，我听见婴儿哭声，还问，是谁家的？”

孩子没满月，她就又恢复带课。

“我对他没什么设想，都没怎么管！”陈喆说。但只要谈到儿子，她马上又有讲不完的传奇。在她的描述中，刘泽锴从小就与众不同，他不挑食，不爱哭，不认生，“乖得让人感觉有问题”。

在母亲的回忆中，刘泽锴刚 1 岁大时就很有乐感。电视上播放踢踏舞表演，“他跺脚、眼神都合得上节奏”。

不管是不是真的天赋过人，刘泽锴的生命注定与钢琴相连。母亲陈喆曾获第三届香港国际钢琴邀请赛“英才导师”称号，带过的学生钢琴十级通过率是 100%。

这位当音乐教师的母亲说：“最初，钢琴不过是给他的一个玩具。”

陈喆记得很清楚，儿子 3 岁开始学琴，要手脚并用才能爬到琴凳上。他第一首完整弹奏的曲目是基本由哆来咪构成的《轻轻地划》。

为了让刘泽锴在琴凳上坐住，她买来儿子喜欢的糖果或黄豆。弹完一遍练习曲，就给一颗。

“这么大一袋黄豆！”刘泽锴动作夸张地比画着，“不知道弹了多少遍才吃完。”

四五岁时，他一天能在琴凳上坐半个多小时。6 岁以后，这个数字变成了一天 7 到 8 个小时。

钢琴成了他童年唯一的玩伴。在小学低年级阶段，他练琴练到“从来没下楼玩过”，小区的孩子都不认识他。

“小时候我真的以为那是玩具。”如今也不过 13 岁的刘泽锴回忆道，他并不知道为什么这个玩具玩起来那么累，但还是说服自己，把曲子当成电子游戏，一首首“打通关”。

“没有一个学生比我的孩子更勤奋。”陈喆骄傲极了。

在深圳蛇口一幢普通的住宅楼顶层，刘泽锴的琴房位于贴边临街的房间，这样琴声就不会打扰邻居。

乐谱和音乐 CD 塞满了这间小屋的书柜，从桌面一直堆到屋顶。“来套最累的！”刘泽锴搬来凳子，爬上去，踮脚从上层抽出一本琴谱。

他翻看了一会儿，把它端放于琴键上方的谱架，抬起手，沉默了片刻，又落下手。

《黄河组曲》雄浑的乐声立即填满了整个房间。

弹琴的人长着一张胖嘟嘟的圆脸，穿着浅蓝的夏制短袖短裤校服，赤脚踩着踏板。在严肃壮丽的音乐氛围中，他并没有皱眉头，也没有微笑，而是露出非常坚定冷静的神情。伴随着手指的起落，他的眼睛时睁时闭。乐句悠扬时，他随之摆首；乐句沉重时，他跟着弯腰。一个13岁的男孩，在“黄河”的“巨浪”中，翻腾自若。

一曲终了。几乎一瞬间之后，天真的笑容就爬上了那张圆脸，烂漫的神情也充满那双大大的眼睛。

“我能理解这里面的情绪！”他认真地说。他最喜欢柴可夫斯基的创作和巴伦博伊姆的演奏，也喜欢挑战李斯特公认的“高难度”曲目和世界上最快的钢琴曲之一《野蜂飞舞》。

小时候他弹《庆翻身》，会听到“哥哥姐姐在里面跳舞”；如今他演奏《钟声》，会边弹边凝神说：“你听，那个声音从很远的地方来。”

“刘泽锴不能没有钢琴。”他的同学和朋友们都说。

三四岁时，他爬上琴凳，脚丫子还够不着踏板。再看眼前，刘泽锴的肩膀早就比母亲宽了。尽管脸上还带着稚气，但他的声音已经变得像个大人。

“你还吃，会长胖的！”“作业写完了吗？”“你一个星期没练琴。”晚饭快要结束的时候，陈喆语速极快，不停唠叨着。

即使是在吃饭、聊天或任何一个日常的片段里，她都不放弃向儿子摆事实、讲道理的机会。

在电梯里遇到邻居，“见人要主动打招呼”；听到别人的观点，“要先表示认可，再说你自己的看法”；记者上门采访，“要学习这种大方、勇敢沟通的精神”……

“我一句话都没说，她一口气说了这么多。”刘泽锴一点儿也不恼，反而笑嘻嘻地调侃母亲。

晚饭后，陈喆下楼跑步。电梯里有几个七八岁的孩子，推着小单车，嘻嘻哈哈地打闹尖叫。

这位母亲脸上浮现出高傲的神情，说："我的孩子从来不这样！"

今年1月，刘泽锴去参加电视节目的录制。那天天气有点儿冷，他裹上妈妈的大棉衣，背上自己的西装皮鞋，一个人出了门。

我没垮，孩子也没垮

"刘泽锴7岁之后，我介入得比较多。他弹的每一首曲子，都是我陪过来的。"刘泽锴的父亲刘大海说。

他曾是中国向海地派遣的第二支维和警察防暴队队员。儿子小时候，他在家的时间并不多。

"父母对孩子应该少讲教育，多讲陪伴。"在刘泽锴开始接受更为专业的钢琴训练之后，刘大海的维和任务也结束了，他成为基层派出所的一位所长。

每节钢琴、乐理课他都陪儿子一起上，并抱着一个大本子详细记录课堂内容。

刘泽锴找出一本和杂志差不多大却足有几百页的笔记来。上面密密麻麻手写着日期、科目、曲目、课堂内容，并用严谨的分级目录隔开。有的页面上甚至还有用简谱写成的乐章要点。

在这份笔记的结尾处，标识着"第104周"。

"这本我写了两年多，一堂课不差，我没垮，孩子也没垮。"刘大海说。上完课回到家，刘泽锴练琴的时候，父亲会根据笔记的内容，随时做出提示和指导。

几年陪课下来，刘大海的手指头虽然不会弹琴，但脑袋里已经对钢琴和乐理非常精通。有闲暇的时候，他还能带带乐理课。

"每周固定那两天，再重要的应酬他也不会去。"刘大海的一个朋友表示。在他看来，作为父亲，刘大海很严厉，"小孩弹错一个音符，要重新弹两遍"。

“他说爸爸会点穴！”刘泽锴的同桌小文说，“他挺怕他爸的。”

晚上8点，刘大海回家了。他的敲门声刚一响，正在闲聊的刘泽锴立即闭嘴，像支箭一样，安静而笔直地扎进自己的房间，钢琴声随即响了起来。

父亲也一样着急。进了屋，连衣服也顾不得换，直接走进琴房。

“压住！”刘大海声音很响，盖过门里的琴声，“太吵了！巴洛克音乐的特点是什么？！”

因为要送儿子去美国读书，刘大海还会特意和儿子说英文。

“我对现在国内的教育方式还是有些意见的。”他说，他不想让儿子用整个初三，去学那些“对他往后人生没有任何意义的东西”，于是决定送他去美国读艺术高中。

尽管孩子足够优秀，但刘大海每次参加的同学聚会，最后都演变成针对自己的“批斗会”。

“批得我抬不起头啊！”面相威严的刘大海少有地露出无奈的表情，苦笑道，“因为在他们看来，我儿子不快乐。”

这位父亲在北方一个部队大院中长大，家教严格。“能对儿子下这么大的功夫，或许有这个因素。”妻子陈喆说。

说起来，刘泽锴游泳，也是父亲带出来的。差不多5岁时，他弹好一遍曲子，就能得到一枚卡通贴纸，集齐10枚贴纸，就能“兑换”一次游泳的机会。

最初，这项奖励令刘泽锴无比喜悦。刘大海就为他找了教练，让他系统学习。

“我上当受骗了。”刘泽锴半开玩笑地说。小孩子的戏水很快就变成每周三、周五、周六、周日的训练，快乐又变成了痛苦。

教练冯杰至今都记得那个光着脑袋的小胖子，他年龄最小，却从来不哭。蝶泳是最需要刻苦训练的泳姿，但他听话极了，很快就在区里拿到分龄赛第一名，又在9岁那年夺得全国冠军。

“很累，每次要游五六公里。”刘泽锴用银白色的笔，在一本黑色纸张的日记本上，写下潦草而简单的英文日记。实在不会的单词，就用拼音来代替。

每天日记的开头都是“今天我很开心”或者“今天我不开心”。大部分时候，他不论是练琴还是游泳，总是“happy”（开心）的，但有一天，他游了好几个小时后写下了“我讨厌游泳”。还有一天，他出国参加活动，不用练琴，又写下“我很开心”。

这本日记里的主题，几乎只有钢琴和游泳。

“去游一会儿泳吧？”不久前的一个晚上，母亲向刘泽锴提出。“能不能只游 20 分钟？”他央求道。

“我们只不过是把别人所谓的快乐童年，用来集中做一件事。”刘大海说，“我和孩子相辅相成，共同成长。”

他看不惯那些把孩子送来上钢琴课，自己今天“瑜伽”，明天“饭局”，或是在地下车库打瞌睡的家长。他和妻子约定，没有家长坐在身边陪课的孩子，一律不教。

“你自己不付出，怎么让孩子去付出？”他反问道。

时钟指向晚上 10 点，刘泽锴从琴房里走出来，在房门边上站得笔直，隔着客厅，远远地对父亲说：“明天下午我能参加体能测试吗？老师说所有人都要去。”

“No way！”（没门！）刘大海回答，毫不犹豫。刘泽锴“可是、可是”了两声，都被父亲的摆手打断了。他不再争辩，回身进屋。第二天是周四，按照惯例，他下午不能待在学校，要早早回家练琴。

时钟指向晚上 11 点 26 分，关紧的门里，刘泽锴指下的琴声开始变得急促，偶尔夹杂着错音。

“听，他开始烦躁了。”门外的父亲一脸了然地说。

努力在空隙里做好玩的事

如果除掉所有的明星标签，刘泽锴就是一个普通的 13 岁男孩。

这天中午，他正趴在课桌上写作业，好朋友小元忽然冲上来攀住他的肩膀，两个男孩就在教室里你追我赶地玩了起来，一群男生跟着叫好。

维持秩序的班长小蓉气得小脸泛红，不客气地吼道："你们俩给我坐下！"当被问及这个好动的刘泽锴平时表现如何时，小姑娘倒是给了积极的评价："他很好相处，上课发言很积极！"

不在琴凳上的刘泽锴好动极了。他写作业时大脚趾会跳来跳去，还会边走路边捂着嘴巴"动次打次"地玩 B-BOX（一种流行的节奏口技）。用手机播放最喜欢的欧美年度流行乐串烧时，他会跟着摇头晃脑。刚听了一分钟，他又冲进屋搬出自己最近读的物理学著作，热情地谈论读后感。说话时手里还摆弄着个魔方，哗啦啦响，几十秒钟，6 面完整呈现。

被钢琴和游泳"切去整块"时间，这个少年努力在空隙里做好玩的事：夜里偷偷读霍金的《时间简史》和玄幻小说《斗罗大陆》；吃饭时慢一点儿，为的是多看会儿电视；上厕所时打一会儿手机游戏；为了看美剧而编排了"学英语计划"……

他喜欢比萨、汉堡和鸡腿，又不满意自己微胖的身材。他不喜欢被叫作"钢琴王子"，讨厌表演时要画眉毛和眼线。有人叫他的小名"叮当"时，他会捂着眼睛，害羞不爽。

他的微信朋友圈封面是和郎朗合奏的照片，但当同学说他是这位钢琴家的徒弟时，他急了："别瞎说，我和他没关系！"

在班主任龚刚的印象中，刘泽锴除了听话、成绩好，也和同龄小男生动过两下手。因为精力旺盛，所以午休时候他管不住嘴巴，总爱聊天。

这个热爱理科的男生不喜欢语文课本，面对语文作业本上的 C+ 也毫不在意。"中文就是个工具！"他说。因为早早就知道自己未来会去美国深造，所以他不愿意学中文、中国历史这些"以后没用的东西"。

被钢琴老师骂了，不少孩子会受不了，但他心态好得很：你批评吧，反正我也不会走。但最擅长的数学考砸了，他会偷偷抹眼泪。

他常常紧紧拥抱自己的班主任，说"老师，我爱你"；被班长批评了，他会笑着说"她的声音真好听"；同桌画了厚厚一本服装设计图，他觉得

“太牛了，比我牛多了”；他爱开玩笑，打招呼时总是早上说“晚安”，晚上说“good morning”（早上好）。

他还有个小小的秘密。在手工课上，他制作了一张红色的叶脉书签，夹在一本《圣经》里，想送给心里一直喜欢的小姑娘，却不敢送出去。

还有一次，他鼓足勇气想跟漂亮的同桌小文来个击掌，手伸过去，发现小姑娘不理他，就乐呵呵地顺势用手捂住自己的脸。

“没有挫折可以击垮他。”游泳教练坚信。“我觉得他也有累的时候。”班主任说，“只是大多数时候，我看见他眼睛里全是阳光。”

他用一段又长又令人费解的话来形容自由

“我什么时候可以睡觉？”已经接近零点了，刘泽锴第三次走进客厅问父亲。

“半小时后。”刘大海说。小男孩一言不发，转头又进屋练琴。

尽管拥有配置还不错的苹果笔记本电脑和新款的智能手机，但刘泽锴的家里没接通互联网。

他熟知不少电子游戏机的型号和游戏的名称，但都没玩过。看见别人手机上有游戏，他会满眼可怜地问：“能让我试试吗？”

和别的同学不一样，他害怕放假，盼望开学。

“放假就意味着铺天盖地的作业和练琴。”刘泽锴说，他记忆中的每一个寒暑假都在练琴，“练到指甲盖翻起来，练到要爬着出门。”

“身心俱疲。”小男生这样形容，然后伸出十指认真数着从小到大去过几次游乐场，结果指头没用完，因为“只有 6 次”。

有些地方，包括香港著名的海洋公园，他甚至不认为自己去过，只说是“用脚踩过”。

“我们家没有春节元旦，永远都在争取时间来练琴。”母亲陈喆坐在客厅里平静地说。

这位眼下供职于上市公司、业余教琴的母亲从不做饭，也不常在家。刘泽锴对她最深刻的印象是小时候坐在琴凳左手边的那个人。

除了学琴这件事，在生活中儿子并没有依赖过陈喆和丈夫。从小学开始，刘泽锴的晚饭就是自己叫外卖解决，同学叫他“吃外卖长大的孩子”。

父母忙于工作，他常常一个人度过整个夜晚。爷爷奶奶来看他，见他一个人吃饭、练琴，心疼得哭。

外公外婆来深圳小住，天天给他做一大桌菜。他连说：“你们来了，有饭吃了！”这句话让外婆难过不已。

他曾高票当选大队长，但由于没时间担任，只能去当文艺委员。最讽刺的是，“音乐”和“体育”，他曾考不及格，因为“一节课没上过”。

初一开学，他求父亲让自己参加军训。父亲同意了，他极为珍惜这个机会，总是在训练时“直直地站着”，还拿到“优秀标兵”。

他喜欢漫画《父与子》，但父亲觉得漫画“毫无意义”，他一再恳求才得到一本。

当被问及喜不喜欢动画片时，他有点儿恼怒，一口回绝这个问题：“不喜欢！幼稚！不要问！”

提到房间里的乐高模型，他又忽然变得紧张起来：“嘘！千万别说出去。别人会觉得，你一个弹钢琴的，怎么还玩乐高呢？”

刘泽锴不知道什么是明信片，也不知道国家领导人是谁。“奥巴马之前的美国总统是谁？”“克林顿吧。”他答。

因为从小学三年级开始，他下午就不到校上课了，所以一度被同学排挤。

“四五年级那会儿，有一阵他看到钢琴就想吐。”同桌小文说，“他有时好好的，忽然就满眼泪水，上课还用圆规划自己，虽然不是那种真的划。”

在小文看来，刘泽锴熬过了那段时间后有了更多的收获，他好了，而钢琴也真正成为他不可分割的一部分。

同学们都说崇拜和羡慕他。但说起这个话题，刘泽锴先是装作听不懂，然后用力揉着眼睛忍住泪水说：“怎么会有人羡慕我？”

在他的脑海里出现过的最疯狂的念头，是“哔一声，整个世界都消失了”。他自认为最邪恶的念头则是，“有人拿着指挥棒一挥，所有人都变得跟我一样”。

他用一段又长又令人费解的话来形容自由：当你的手臂变成“羽”，胸骨变成“长龙骨”，胸肌占身体的30%~40%，骨头变成中空而且很轻时，你就自由了。

“你听懂了吗?”这个男孩的眼睛直直地看过来，“我说的是鸟。”

除非死，我不会不弹钢琴

9岁时，刘泽锴登上了人生中第一场独奏音乐会的舞台，把准备了半年的十几首曲目演奏出来。

演出很成功，不少听众站起来为他鼓掌。那也是他第一次明白“掌声”的意义。

“但金牌不会让我开心，写篇论文也许会吧。”面对喝彩，他如今已经非常淡定，反倒充满热情地背诵了一遍“博士后”的定义，“麻省理工学院，你听说过吗？那是我最想去的地方。”

刘大海查到的数据是，中国有大约5000万名琴童。

“这条路其实很窄，也很危险。”他说，“大多数学琴的孩子最终被淹没在这个数字里。”

为之牺牲的并不仅仅是孩子。他和妻子的收入不算低，但都在本可以休息的时间里带钢琴和乐理课，他们的家只有简单的家具，没有任何奢侈摆设。墙壁是白白的，唯一的一幅装饰画挂在洗手池上面，和音乐、艺术、大师没有半点关系。

在深圳刘泽锴上一堂钢琴课，花费1000多元，而在香港，是3500元——这个家庭的大部分开支被教育支出占据。

在刘泽锴弹琴的圈子里，有不少和他年龄相仿的孩子。埃米是陈喆的朋友，也是一位琴童的母亲。为了让女儿接受最好的钢琴教育，她不惜辞职到美国陪读。而她的丈夫则在国内使劲赚钱，以支付高额的学费和生活费用。

“对刘泽锴来说，埃米的女儿也是‘别人家的孩子’，琴弹得特别好，但最近心理上有些逆反。”陈喆说，“这就很麻烦，一不小心就毁了。所以我们绝对不让自己的孩子放弃文化课。”

刘泽锴所在的南山外国语学校是深圳最好的学校之一。校方了解他的情况，会单独给些特殊的照顾，比如不用早读或不用上素质教育类的课程。

“真正到达顶峰的孩子，一定有天赋。重要的是，如何发掘天赋，不能让他被埋没。”副校长崔学鸿表示，“但不能让他孤立，还要培养他的合作精神。成功很快乐，但失去朋友就会不快乐。”

这位副校长见过不少“天才”，有的在音乐层面甚至展现出比刘泽锴更高的天赋和才能。但他更为在意的，则是那些被逼迫学琴的孩子，他们有的甚至不惜伤害自己，以摆脱钢琴。

刘大海不认为儿子是天才，“即使换一个孩子，只要按照教育他的流程再走一遍，也不会比他差”。

如今儿子即将赴美，夫妇二人没有选择陪读。

“将来就算他放弃钢琴，学他喜欢的理科，我也尊重他。”父亲说。母亲补上一句：“其实他走了，我们也自由了。”

“我没有自己的想法，我理解我爸妈。”刘泽锴对此回应道。

2007 年 10 月 12 日，深圳音乐厅落成后举办了第一场音乐会，郎朗是剪彩和演出嘉宾。

刘大海花了 100 元买了两张最便宜的门票，带儿子坐在离舞台最远的地方观看。

“我没想过有一天我儿子会登上那个舞台，因为那一天和我们当时坐的位置一样，太远了。”刘大海说。

那年，刘泽锴 6 岁，还是 5000 万名琴童之中普通的一个。

7 年后，2014 年 8 月 23 日，刘泽锴在这个“连针掉在地上都能听到的”顶级音乐厅举办个人演奏会，合作的是深圳爱乐乐团。

票卖得一张不剩，座位也几乎坐满，1200 多张票根成了父亲的宝贝。

当时，因为担心，刘大海已经两天两夜吃不下饭了，而陈喆站在后台，紧张得连屏幕也不敢看。

那是一场极为成功的演出，刘泽锴自己也感到很满意。

“除非死，我不会不弹钢琴。”这个小男孩满脸严肃地说，他也期待有一天，自己能只为一个人演奏，那一定是“to my girlfriend”（给我的女朋友）。

说起来，父亲刘大海的梦想是“在老泪纵横中为儿子鼓掌”。但儿子刘泽锴多年来的梦想，仅仅是学会骑自行车。因为需要保护双手，他从没机会学，直到前不久一家电视台来采访，他才赶紧趁机说出了这个愿望。

至于他最想当的科学家，他迅速说：“如果真没机会，那就算了。”

在深圳一个秋天的夜晚，刘泽锴游完泳，顶着湿漉漉的头发，蹬上自行车。他刚学会骑车，动作还有些笨拙。陈喆开着轿车跟在他身后，眼睛一秒也不敢放松。

在经过一个十字路口时，黄灯亮了。就在陈喆不得不停下来的几秒钟内，刘泽锴突然加速踩动脚蹬，消失在母亲的视线中。

秦珍子 / 文

2014 年 11 月 12 日

生命的弓与矢

家庭教育研究者、《好妈妈胜过好老师》的作者尹建莉，翻译了黎巴嫩诗人纪伯伦的一首诗，并将其印在她的新书——《最美的教育最简单》的封面上。在她看来，“这首诗值得每个母亲（也泛指父母双亲）去传诵和牢记”。

你的孩子

你的孩子不属于你，
他们是生命的渴望，
是生命自己的儿女。
经由你生，与你相守，
却有自己独立的轨迹。

给他们爱而不是你的意志，
孩子有自己的见地。
给他一个栖身的家，
不要把他的精神关闭。
他们的灵魂属于明日世界，
你无从闯入，梦中寻访也将被拒。
让自己变得像个孩子，
不要让孩子成为你的复制。
昨天已经过去，

生命向前奔涌，
无法回头，川流不息。

你是生命之弓，孩子是生命之矢。
幸福而谦卑地弯身吧，
把羽箭般的孩子射向远方，
送往无际的未来。
爱——是孩子的飞翔，
也是你强健沉稳的姿态。

“有本事”的家长为何培养出“没出息”的孩子

家庭生活中的“控制”常常在不经意间发生。我还发现，家长的社会化程度越高，这种控制就越容易发生。所以我们会看到一种奇怪的现象：某些父母能力非凡，事业成功，社会地位高，在孩子的教育上也很用心，可他们的孩子却懦弱、笨拙、自卑、消沉，没成为出色父母的“翻版”，却几乎是父母形象的“反面”。

许多人并没有意识到，这背后的深层原因正在于父母的强势。

有位重点大学的教授，当年她从农村考大学进入城市，一直读到博士。老公是她的大学同学，也从农村考上大学，能力非凡，是一家大型企业的总经理。他们有一个儿子，叫晓航，已上大学。

这本来该是一个令人多么羡慕的家庭，但现在一家人却陷入了深深的痛苦中。

儿子晓航虽说是上大学了，可高考成绩并不理想，勉强上了一所很不起眼的学校，这已经让父母深感失望。更糟糕的是，从第一学期开始，他就有几门课考试不及格，到第二学期有更多科目不及格，且开始不去上课，整天打网游，几乎不和同学交往。父母没收了他的电脑，他就到网吧，通宵不回宿舍，学期结束时也不参加考试，以至于学校给他下了最后通牒，如果再这样下去，就要开除。

当收到这位母亲陈述孩子情况的邮件时，我就有强烈的直觉，估计是他们管理孩子的方式出了问题。待她专程来找我咨询时，经过细致了解，我几乎看到了孩子的现状和父母教养方式之间全部的因果关系。

父母在学业上勤奋，在工作上自律，践行了知识改变命运、奋斗改变人生的箴言，于是，他们要把自己的行为模式全部推广到孩子身上，错误也就从这里开始了。

据教授说，从儿子一出生起，她就注意培养孩子良好的生活习惯和吃苦耐劳的精神，认为这是一个男孩成长为男子汉的必备条件。所以从孩子稍懂事起，她就为孩子制定了严格的作息时间和行为规范，如果孩子不听话，妈妈爸爸就会提出批评，生气了也会打孩子。

学前阶段，晓航都表现得非常听话，也很聪明，显得比同龄人出色。上小学后，为了培养孩子良好的学习习惯，教授给孩子制定了详细的作息时间表，规定几点钟到几点钟必须写作业，每天看电视不能超过半个小时，阅读不少于一个小时，几点必须睡觉，考试错误率不许超过百分之几。

开始孩子表现得还不错，每天都能按照家长的规定去做计划中的每件事，成绩也不错，总在班里排前几名。但孩子的自觉性好像一直培养不起来。日复一日，几乎所有的事情都在催促和监督之下才能完成，从早上起床、吃饭到晚上写作业、洗澡直至睡觉，没有一件事不磨蹭。而且随着年龄的增长，儿子变得越来越逆反，似乎凡是父母的主张，他都要抗拒。

比如在选择课外班方面，家长觉得孩子太内向懦弱，为了培养其男子汉气质，给孩子报了跆拳道班；考虑孩子经常无法专注地学习，为锻炼他的专注力，报了围棋班；听说游泳最能强身健体、塑造体形，又给孩子报了游泳班；同时，为培养孩子的艺术气质，又单独请一位老师教孩子吹萨克斯。选择这些课外班，家长都是再三考虑过的，晓航却一个都不接受。

这些不如意的表现，尤其惹得他爸爸生气。

晓航父亲做事雷厉风行，是个系衬衫纽扣都会想出不同的方法以节省时间的人。他在外是出色的总经理，回到家也常常当“总经理”。和孩子有限的相处中，多半是在“检查工作”和“发号施令”，交流方式总是很武断，并常常以自己当年读中小学时的上进和自觉来教训儿子的不自觉不上进。

晓航一直惧怕爸爸，从不主动和爸爸说话，父子间的对话仅限于提问和简单回答，宛如上下级。

我几乎要跺脚叹息，这是一个多么好的转机，可惜又被家长破坏了

不管怎样，晓航在小学阶段的学习成绩还是不错的，能保持在班级前几名，所以初中也进入了一所不错的中学。

家长原以为晓航进入中学后能在学习及生活方面变得主动些，但事实却并非如此。他不但没养成各种好习惯，学习成绩也越来越平庸。在生活习惯和学习习惯的培养上，家长动过很多脑筋，设计过很多奖惩办法，这些方案在制订时也征得过孩子的同意，可到最后都由于孩子的不配合而执行不下去，在孩子和家长的一次次争吵冲突中，不了了之。

当时晓航唯一感兴趣的是电脑游戏，家长规定每天只能玩一小时，事实却是他完全不按事先的规定行事，每天都找借口拖延下机时间，常常需要父母强制关机，为此又没少发生冲突。

为了让孩子摆脱对网游的痴迷，他们建议晓航去参加一些其他活动，父亲还在百忙中抽时间陪他一起去打篮球。这个细节做得比较成功，晓航很快喜欢上了打篮球。他家住在大学校园里，校园里有几处随时开放的篮球场，晓航在球场上新认识了几个同龄朋友，感觉能玩到一起，班里有几个爱打篮球的同学也不时地来找他一起去打球，这让晓航很快对电脑游戏

失去了兴趣。

但随之而来的问题是，晓航又迷恋上了打篮球，陷入玩起来就不管不顾的状态中，除了周末两天要打，寒暑假整个假期，几乎天天要去打。

家长又开始焦虑，觉得他花在球场上的时间太多了。不玩网络游戏后，晓航在学校的成绩排名虽然进步不少，但离理想的名次还差很远，父母认为他如果能再用功一些，名次还会大幅提升，于是又给他规定，不管是平时还是假期，每周只许打一次，每次只许打一个半小时（包括路上的时间）。

孩子每次到球场前都答应按时回家，却总不能兑现承诺，妈妈就会生气地跑到球场，强行把儿子叫回来。这令孩子非常不高兴，说妈妈弄得他没面子，同学们也都玩得不爽，他以后没法和别人玩了。

说到这里，教授沉默了一会儿，语气有些痛悔地说："可能我当时做得有些过分了。孩子在人际交往方面一直表现得胆怯，那本该是一个很好的同伴交往机会，那段时间确实看到他和同学交往得很好，脸上似乎也有了自信，可我没在意这事。后来，大家确实不再找我儿子打球了，我当时心里还暗暗有些高兴，认为马上要上高中了，3 年关键期，少玩点儿也没什么，如果他能在学习方面多用些功，上一所好大学，进了大学再打篮球、交朋友也不晚。"

听到这里，我也几乎要跺脚叹息，这是一个多么好的转机，可惜又被家长破坏了。不过，不需要我再说什么，显然教授已意识到自己的过失。

从教授接下来的陈述中我得知，晓航不打篮球之后，重新陷入了对网游的痴迷，父母强行关电脑，他就玩手机。为了玩手机，他会在卫生间蹲两个小时，经常需要被强行叫出来。高中几年，他几乎全部是在和父母的冲突中走过的，学习成绩每况愈下，高考成绩很不理想，只上了二本线。

报考大学专业时，晓航想学计算机，但父母觉得他学计算机不过是为了满足玩网游的欲望，将来不好找工作。于是硬说服儿子报考了父母上大学时所学的专业，因为父母现在研究的领域和从事的行业就是这个，将来好为他安排工作，妈妈还建议儿子将来报考她自己的硕士和博士。

为这事，他们又和孩子发生了冲突。父母认为选专业是一辈子的大事，关系到将来的生存和发展，所以绝不让步。父亲更是一着急说出这样的话："就你这样子，将来能自己找到工作吗？还不得我帮你的忙！"

最终孩子屈服了，只提出一个条件，不在本地上大学，一定要到外地上大学，这一点父母原本也不同意，后来勉强同意了。

这种控制力主观愿望是好的，客观上却形成了对他人自由意志的剥夺

孩子进入大学后，父母以为接下来只需要为他的工作铺路，却没料到孩子一离开父母的监督，竟然完全失控。现在看来，他的学业基本上是不可能完成的，很难毕业。毕不了业，就找不到工作，将来怎么办呢？

说到这里，这位好强而成功的教授流下了伤心的眼泪，她哽咽着说："小时候家长根本不管我，全凭自觉，可我的孩子呢？我为他付出了那么多心血，他却变成这样。你说，一个人的成长，到底是取决于教育还是他的天性？"

她这样发问，显得有些幼稚，和她刚才流露出的理性及自我反思很不符。也许她潜意识里希望我说出是取决于天性，那样她可能会稍获安慰，失败感会有所减轻。但我知道她心中已有答案了，她已意识到是自己对孩子的教育出了问题，所以，她现在最需要的不是安慰，而是点破和正面强化。所以我在安慰过她后，坦率地对问题进行了进一步的剖析。

我说，天下没有完美的家长，几乎所有的家长都会犯错，你们当然也不例外。家长犯少量的错误是正常的，犯得多了，就是问题。你们对孩子犯了很多错误，所有的错误概括起来，其实都是一个，就是家长太强势，不给孩子自由，也不给他信心。你的孩子降生在一个物质优裕的家庭，却一直戴着精神枷锁成长。

教授脸上现出难以接受的表情，我停止说话，给她茶杯中续上水，沉

默了一会儿，感觉她对我刚才的话在情绪上有所消化了，才继续往下说。

你说你的家长“根本不管”你，也许你认为这是一种不尽职，但从教育的角度看，恰恰是对你的成全。当年你们的家长文化程度不高，在精力或教育意识上的不到位，客观上减少了对你们的控制，为你们的自由成长提供了空间。你们像撒落在原野上的种子，在没有重大外力破坏的情况下，凭借着适当的雨露和阳光——一些良好的教育契机，比如遇到过几个不错的老师，在学习上获得过成就感，或偶尔发现了阅读的乐趣，有较充足的玩耍时间等，你们的潜能得以充分开发。

而一些学历较高或事业很成功的家长，像你和你的先生，作为社会人是十分优秀的，可作为家长就太强势了。在家庭生活中如果你们不能有意识地约束自己的能量，就有可能对身边的人形成超强的控制力。世间万事，过犹不及，虽然这种控制力主观愿望是好的，可在客观上却形成了对他人自由意志的剥夺。

你儿子从小到大，事事都要听命于家长，没有玩耍的自由，没有安排时间的自由，没有发展爱好的自由，没有选择专业的自由。家长几乎安排了他的一切，也不允许他犯错误，甚至不在乎他的面子……

你们以为这就是教育，以为父母为孩子付出了很多，为孩子创造了好条件，其实你儿子一直处在一种半窒息状态中，他的自我管理能力一直没有机会成长，只能慢慢萎缩。上大学前，他是因为有父母的支撑，才能勉强应付学业。高考几乎耗尽了他原本就不多的能量，一旦离开家，远离父母的操纵，又面对不喜欢的专业，他肯定无力管理自己，心理和意志崩溃，陷入半瘫痪状态，出现这种情况其实并不意外。

教授的表情有惊讶，有迷茫，更有痛苦。我知道，我说得越到位，她此时越会心如刀绞。但能看得出，她理解了，只是需要一个适应过程。所以我们沉默着对饮了一杯茶后，我又补充了下面的观点。

现在，“富二代”和“官二代”成了“问题青少年”的代名词，社会习惯于把原因归咎于他们的父母为富不仁或为官不仁，这种归因太简单。我相信绝大多数“富二代”和“官二代”孩子是好的，数一数我们听说的

“问题青少年”，就可以知道他们在群体总量中占的比例极小，只是媒体把他们放到聚光灯下，放大了他们的影响。

去掉偏见，客观地说，很多富人和官员是我们社会的精英，他们绝不会蠢到故意纵容自己的孩子，恰恰相反，他们比常人更期望孩子优秀，更害怕孩子出问题。如果有些人的孩子出问题了，父母的榜样作用是一个原因，更多的可能是孩子被过度管制。父母的能量越大，对儿童自由的剥夺越多，带来的后果就越严重……

我不过是个拿锄头雕刻美玉的农夫，生生把一块璞玉一点点砸成了小石头

教授突然对我说：“你的分析确实有道理，让我想到了我和我弟弟。我们俩的成长经历可能正印证了这一点，我怎么以前就没想到呢？”

下面是教授的讲述：

“小时候，我每天都要帮父母干家务活儿和农活儿，可弟弟被父母宠爱着，什么也不干，我心里不平衡，觉得委屈，内心总是苦闷。我大约 10 岁时，偶然一天，在村里一家人的炕上发现一本书，一下子就被吸引了，以至于忘了回家，结果被妈妈骂了一顿。但那本破旧的书有一种魔力，吸引着我，第二天我抑制不住地尽快做完家务活儿，又跑到那家人那里去读那本书。

“我发现，他家有很多我从没听说过的书，如《三国演义》《红楼梦》等。那家人很好，允许我看，但不允许带走，我就常常跑去坐在人家屋里或院子里看。尽管我一再注意按时回家，却常因看得太入迷而忘了时间，耽误了干活儿，为此也没少挨父母的责骂。责骂声中，我读了几十本中外名著。

“小学毕业时，父母本不想让我再上学，我哭着抗争，一定要上。当时上学没有目标，只是为了逃避繁重的家务活儿。我读初一时，国家恢复高考，这让我看到了希望，开始用功学习。学习对我来说并不是件难事，

我的成绩非常出色，经常是年级第一名，所以到升高中时，父母就没再阻拦，然后我顺利地考上了大学，成为村里第一个大学生，这是父母万万没有想到的。

“弟弟比我小 5 岁，从小显得聪明伶俐，父母原本一心要把他培养成大学生，尤其我考上大学后，他们对弟弟更用心，什么活儿也不让他干，父母的口头禅就是“只要你好好学习，我们累死也心甘情愿”。可弟弟一直不自觉，成绩也不好，最终没考上大学，且脾气暴躁，好逸恶劳，什么也干不了，这让父母大失所望。

“在我父母以及村里人看来，我弟弟天生就没出息，和我在一个家庭长大，父母对他也更用心，他却‘烂泥巴糊不上墙’。现在看来，虽然生活在一个家庭，我和弟弟接受的教育却是不一样的。正是因为父母对弟弟管制太多，在学习上给弟弟压力太大，动不动就因为学习的事情打骂弟弟，弟弟才变得越来越笨，越来越不上进。”

我点点头，感觉她分析得非常好。

教授又叹息说：“我一直以为自己是个认真负责的好家长，却没想到自己教育孩子的水平还不如我的父母。我不过是个拿锄头雕刻美玉的农夫，这 20 年，生生把一块璞玉一点点砸成了小石头。你说我以后该怎么办呢？怎么才能修复我对儿子造成的伤害呢？我儿子还有救吗？”

能想象出这位母亲此时内心有多痛悔。我实话实说：“并不是所有的伤害都可以修复，有些伤害造成的阴影会绵延一生。但这并不意味着这个人就完了，因为绝大多数人都是带着童年时代的某种心理创伤长大的，区别只是轻重不同。人的心理就像人的机体一样，有很强的自我修复能力。先找到真正的病根，消灭致病原因，这就等于治愈了一半；然后再对症下药，情况肯定会有所好转。所以，你首先要树立信心。你孩子的问题是从小受到的管制太多，那么从现在开始，你要把自由还给他，让他慢慢学会为自己做主。眼下你们要解决的主要矛盾是他的学业问题，按你们以前的办法，孩子不想上课不想考试，家长就是劝说和批评，逼迫他必须回到课堂。现在要改变一下，把这个选择权交给孩子吧，他已是成年人了，你要相信他有选择自己生活的权利和能力。你们要做的，就是理解、欣赏孩子和给予建议——请注意，一定仅仅是“建议”，不是披着建议外衣的说服。

翻越最艰难的心路雪山

教授后来一直和我保持着联系，后面的情况大致是这样的：

她回去后，跟孩子谈了一次话，剖析了自己和他父亲这么多年来在教育方面的失误，真诚地表达了父母的痛悔之意，这让孩子很是惊讶，然后不置可否。可能因为父母以前也曾向他道过歉，孩子并不认为这一次道歉和以前有什么不同。

但她接下来的话孩子肯定没想到，她告诉孩子，她现在完全理解他不想去上课和考试的心情，让孩子不要着急，想想自己接下来该怎么办。她给孩子的建议是休学一年，到全国各地，甚至世界各地旅游，同时读些自己想看的书。

孩子同意休学一年，但休学后他并没有像家长期望的那样去阅读或旅游，而是把自己关在卧室，整天昼夜颠倒地上网玩游戏，不洗头发不洗澡，也不出去和任何人交往，甚至不和父母说话。

开始时，这种情况才持续了十多天，教授夫妇就难以忍受，打电话向我求助。我告诉她不要急，孩子的心理从无序走向有序，必然要经历一个混乱期。就像我们的衣柜，如果一开始我们只是满足于表面的整洁，根本不注意什么东西该放在什么位置，胡乱往里塞，到柜门关不上、领带找不到的那天，想要重新整理时，就需要把里面的东西都拿出来，这时，床上、地上堆满了东西，整个家都乱了套，似乎还不如以前呢。但只要怀有信心，合理安排，假以时日，最后总会变得有序。

教授在这半年中经历了无数的心理煎熬，孩子的表现经常令她崩溃，她在极度无助时就会给我打个电话。这个过程，与其说在等待孩子变化，不如说她自己翻越了最艰难的心路雪山。她还要去说服丈夫，让丈夫理解当下任孩子"堕落"的意义，阻止丈夫的破坏性行为。她不仅自己翻雪山，还搀着一个人去翻！我很佩服她自我批判的勇气和自我反思的能力，这个瞬间，我看到了一个学者的理性和智慧。

她不但放弃对孩子的控制，同时给孩子赋权。小到让儿子决定晚上吃什么，周末是去爬山还是睡懒觉，大到她的课题选题哪个更好等，尽可能让孩子在各种事情上都感觉到他自己有想法、有能力、有话语权，让他感觉父母多么需要他。

慢慢地，儿子不再抗拒她，开始和父母有了交流。半年后开始变得有笑容了。教授说，在孩子刚休学的第一个月，她心里其实还是不能真正接受儿子不上学的现实。促使她彻底改变的一件事是，她有一次无意中看到儿子写在电脑中的私密日记，惊出一身冷汗，儿子居然有自杀的打算，开始写死亡倒计时日记。她万万没有想到儿子活得这样痛苦，连生命都打算放弃了，而自己以前却只是简单地在"上进心"问题上和孩子纠缠不休。

联想到现在大学里动不动就有学生跳楼自杀，她开始了真正的反思，什么是教育？什么是给孩子真正的幸福？所以，当孩子休学一年后，还是不想回学校，提出想退学的时候，她对孩子说："妈妈相信你这个决定不是随便做出来的，你肯定是想好了才提出来的。听从你内心的召唤，选择你愿意选择的，这肯定没错。"

她知道儿子当时并没想好退学后去做什么，为了不让儿子焦虑痛苦，她安慰孩子说："你可能眼下没想好下一步去做什么，不着急，人生很长，寻找路径也是生活的一部分，俗话说'车到山前必有路'，跟着感觉走就可以了。"

无疑，妈妈的话给了儿子巨大的安慰和信心。办了退学手续后，她儿子又在家里"堕落"了半年，然后有一天突然对她说，感觉在校园里开个果蔬饮品店应该不错，然后对妈妈讲了他的分析和计划。她没想到儿子把事情讲得头头是道，而且想法已比较成熟。当然，妈妈是全力支持的，和孩子一起研发了几种产品，又租了一个几平方米的小店。

自己是大学教授，儿子是校园里卖饮品的，这在以前是不可想象的。

教授说，如果自己不转变观念，且不说为孩子的前途打算，单是虚荣心也会让她接受不了这样的事实。但现在，她完全能接受这一切。儿子的变化至少让她放心了，也让她看到了他自立的希望。

教授后来陆续写邮件告诉我，他儿子的饮品店因为货真价实，且他儿子对谁都很友善，生意一直很好，还在另一所大学开了分店，雇了小伙计。至于他将来是把生意越做越大当老板，还是一辈子就开小店过小日子，或是再回校园上学，重新开始一种生活，都顺其自然，人生中最重要的是过正常的日子，有幸福感。她相信孩子只要保持正常的心态，总会找到自己的生存之道。

家长不要以自己的有限，来理解和指导一个有着无限可能的孩子

经常有人问我如何培养孩子的想象力。我的答案是：想象力不用培养，不限制就是培养。在教育上，并非家长做得越多越好，有时恰恰相反。尤其在培养孩子想象力方面，我认为“少就是多”是一条黄金法则。

成年人常常受制于经验和常识的束缚，自己如果不是想象力丰富的人，在培养孩子的想象力方面作用其实非常有限。卖菜的小贩可以称出一筐土豆的重量，但他不相信有人能称出地球的重量，他的常识中，称重只有一杆秤。家长不要以自己的有限，来理解和指导一个有着无限可能的孩子。如果你想培养出一个能算出地球重量的人，最好不要早早地把他的思维固定到秤杆上。减少干涉，才能给孩子留下开阔的思考空间。

“教育”并不是单纯的规范和监督，其实，“放纵”也是一种教育，是一种形式消极、意义却积极的教育。在这种“纵容”下，孩子可能损坏一些东西，可能制造一些混乱，甚至可能受点儿小伤，却正是走在受教育的轨道上。

社会需要“规矩”，人们常说“没有规矩，难成方圆”。但是，在儿童

教育中，则是“规矩太多，难成方圆”。

不要急于给孩子立规矩，尤其在他们认识世界的初期。有人说“规矩是用来打破的”，这句话用在儿童教育上再恰当不过。儿童对一切事物都充满好奇，体内的每个细胞都充满探索的欲望，而且，他们不知道行为的边界，所以常常会做出格的事或闯祸。在这样的一个关键期，家长要以正面心态面对孩子的种种“坏行为”，只要不危险，不损害他人利益，都可以放手让孩子去尝试。

一个缺少尝试、不犯错误的童年是恐怖的。由于没有童年探索的铺垫，孩子的认知基础会很薄，在未来的生活中不得不花费更多的力气去辨识世界、适应生活；很有可能一生都活在刻板、无趣和谨小慎微中，甚至是自暴自弃的堕落中。

爱因斯坦说过：“想象力比知识更重要，因为知识是有限的，而想象力概括着世界的一切，推动着进步，并且是知识进化的源泉。”如果家长急于以一种成人世界的思维和标准来限制、规范孩子，很容易压抑孩子的正面激情，使他们的自由意志和创造力停止生长，乃至萎缩；压抑感还容易刺激出负面情绪，让孩子逆反或自我封闭。甚至在有的家庭，孩子把沙发巾弄皱了都会遭到训斥。维护一个表面上纤尘不染、井井有条的家的代价是，孩子失去了自在和放松的生活。20年后，整洁的家中坐着一个规规矩矩，毫无创造力，没有自我调整和选择、判断能力的人——这是你想要的结果吗？

几乎所有人培养孩子的目标都是一致的，但在方法上却大相径庭。有太多的家长或老师表现出行为与目标的分裂，这些分裂表现为：一边赞美创造力，一边刻意培养谨小慎微的人；一边欣赏宽容，一边对孩子苛求挑剔；一边呼吁要尊重孩子，一边执行棍棒或羞辱教育。

近年来国人喜欢探讨的一个话题是，为什么中国本土鲜有获诺贝尔奖的科学家。人们总喜欢把板子打到中国的学校教育上。学校教育固然有其弊端，但如果孩子在家庭生活中处处受限，不能做一点点反常规的事，不能有一点点出格行为，创造力和探索意识被处处压抑，早早萎缩，如何能指望学校培养出爱因斯坦呢？

如果认识不到自由的价值，思维就会懒惰，方法就会简单到只是严加控制，一种控制行不通，仅仅是换一种控制方式。一位网友留言说，他考察 3 年后发现，自由是需要花钱的。当地幼儿园，凡讲纪律的每月 2000 元，凡讲自由的每月 4000 元——这宛如一个笑话，“自由”竟是要花大价钱买的。

卢梭认为，只要把自由的原理应用于儿童，就可源源不断地得出各种教育的法则。给孩子自由确实比管束更难，但理解透了，其实就会变得简单。

在教育中，自由就是空气，看不到摸不着。你可以不去关注它，甚至可以不承认它，但绝不能缺少它。没有自由就没有教育，一个人，首先必须是自由的人，才可能成为一个自觉的人——自由不是信马由缰，自由是一种可以舒展的空间，是一种能够托举的力量，它让孩子有能力去选择，并且有能力抵抗生活中的一切虚假和脆弱。

尹建莉 / 文

2014 年 9 月 12 日

问题孩子还是问题家长

一个身高一米八三、体重二百多斤的高三男生，一个法官的儿子，竟然雇凶杀了亲爸和亲姐。深更半夜，是他亲手打开自家院门，将凶犯领到他爸卧室门口的。姐姐至死还想着要保护他，把他反锁在屋内。审讯时，他竟然能趴在桌上呼呼大睡……

这起命案，让人心里跟地震了一样：这也太有悖人伦、有违常理了，不可思议！

大连市妇联婚姻家庭指导站，最近3年间接待过500多个家庭，为其做心理咨询辅导和家庭指导。雨杉是这个指导站的主任，聊起雇凶杀父这起案子，她也挺有感触。

“虽然这是一个极端案例，但这也是家庭影响的结果。现在，不少家庭亲子关系紧张，已经到了剑拔弩张的地步。”她的另一个观点让我有些意外：“孩子的问题，归根结蒂是家长的问题。”一个孩子出现问题了，并不单纯是这个孩子的事儿，其背后肯定有个问题家庭。

“现在，好些家长在有意或无意中，把自己小时候没满足的需求、没实现的愿望，披着‘爱’的外衣，强加给孩子，让他们替自己达成。这不仅伤害了孩子，还让自己伤痕累累，甚至付出生命的代价。”她说。

不是“女儿杀了母亲”，而是“考生杀了家长”，这娘俩关系变了

黄倩是大连市妇联婚姻家庭指导站的一名志愿者。有一天，一个同

学跑来找她。

“你看报纸没？一个女儿把她妈妈杀了。这小丫头，也太狠了！”同学愤愤不平。

原来，一个上高二的女生考了第二名，知道回家得挨她妈打，就在她妈还没动手时，先去厨房，操了把菜刀把她妈砍死了。报上说，她妈只准她考第一，考第二就打，而且往死里打。

“你是心理咨询师，你给说说这事。”同学说。

黄倩说：“应该把标题改了，不是‘女儿杀了母亲’，而是‘考生杀了家长’。”她又解释说，这娘俩关系变了，如果角色单纯是女儿和母亲，就不会这样，一个是妈妈身上掉下的肉，一个是对自己有养育之恩的妈妈，怎么可能发生杀戮？但家长，是一家之长，有要求，有标准，而且有家庭暴力，女儿则成了规则之下的考生。

同学还是不解地问：“再怎么着，那也是她妈呀！她把你养大，给你吃，给你穿，供你念书，她不希望孩子好吗？”

“但是，当家长执行家法时，被打的孩子是感受不到这些的了。这就好比奴隶，受不了暴力，要以暴制暴，反抗奴隶主。”黄倩说。同学这才点了点头。

送走同学后，这件事还在黄倩脑子里挥之不去。她说自己又想起了童年的经历。

从小，她妈因为工作忙，把她放到姥姥家，后来又有了妹妹，更没空管她。姥姥把她带到6岁就去世了，姥爷接着带。直到14岁那年，她的老姨结婚，舅舅把姥爷接走。

“因为从小没在妈妈身边，我和妈妈一点儿也不亲。小时候，我曾跟别人说过：我只要有姥爷、老姨就行了，没妈也成。”

黄倩也是一个经常考第一的孩子。妈妈要求极严，虽然在生活上把她照顾得无微不至，但是，在她的行为习惯、待人接物、学习等方面就要求得特别严格。

“妈妈对我太严厉，我怕她。虽说从来不打我，但她一个眼神就让我相当紧张了，以至于只要她站在我旁边，我就不会思考。

“好在那时，我有个避风港——与我家隔着一条街的姥爷家。姥爷被接走的第二天，我忘了，依旧往他家走，快走到时才突然想起来。我当时泪如泉涌，感到特别无助。”

黄倩说，高中时她已记不得妈妈对她的好，考大学主要是为妈妈考，其次是想离开这个家。因为压力大，高考考得不好，只上了一所普通的师范学院。再后来在妈妈的安排下工作了，黄倩终于离开了家。

到了“该结婚”的年龄，她因为恐惧婚姻，成了“剩女”。

一次，和单位的同事们一起吃饭，大家聊到结婚的事，黄倩说将来即便结婚，也不要孩子，因为不知道如何给一个孩子幸福。一个男同事听了，一下子站起来，要和她喝一杯，说这想法跟他一样。从那天起，他开始追求黄倩，很执着。到了30岁，黄倩就和他结婚了。为结婚而结婚，可想而知，婚姻失败了。

后来，单位解体，黄倩去了一家私立学校，做行政工作。在那儿她如鱼得水。“这个工作太适合我了，我干得很好。和孩子们在一起时，我找到了童年的自己，很多孩子都有和我一样的成长经历。”

但是，学校里发生的一起恶性事件改变了黄倩后来的人生：一个12岁的男孩，因为妈妈管教太严厉，自缢了。这件事强烈地刺激了黄倩。思考一年后，她选择了辞职，开始学心理学。

这回，黄倩没和父母商量，第一次做了自己的主。听到这个消息后，连一向不管事的父亲也发火了，但黄倩没生他的气。母亲就更不用说了，大怒。

她妈说：“你婚姻失败，还辞了工作，你想咋样？”一直是个乖乖女的黄倩，在外面有什么不顺，包括失败婚姻中的磕磕绊绊，都不和妈妈讲，但这一次，她也怒了。

“这一切都是你造成的！我从小很少和你在一起，在一起时，你就批评我，你总能找出我的毛病，鸡蛋里挑骨头。你让我没安全感，不自信。我的童年很痛苦，我所做的一切都是为了让你满意。我不知怎样给一个孩子幸福，所以我的婚姻注定会失败。我就是为了不让其他的孩子跟我一样才辞职的，去做心理咨询师的，好让父母们知道如何教育孩子。”

第一次被女儿这样冲撞，当妈的蒙了，愣了一下，说：“你好的地方还用说吗？不好的地方，当妈的不说谁说？我要不说你，你能那么优秀吗？”

“这是她第一次这样肯定我。我有些意外，也愣了一下。战争结束了。”

在学习心理学的过程中，黄倩记牢了一句话：童年决定一生。

在心底，那个让她产生不安全感的根，被找到了

还在大学教书的雨杉，一次收学生的作业，看到一个女生画的画：一个女孩背对着大门，往学校里走；不远处，有个卖雪糕的老太太。雨杉了解到女生的身世，她从小是个留守儿童，还没记事的时候，父母就外出打工，她跟着爷爷奶奶长大。

“你看吧，背对着学校，都没给正脸，是对自己不认可嘛。”问她为什么会画卖雪糕的老太太，女孩说，有一天，她买雪糕，老太太打开包装递过来时，她一摸口袋，才发现自己钱不够。她想道歉，不要了，但老太太还是把雪糕送给了她。

“我听了，觉得太可怜了。这就是她得到的爱。”雨杉发现，这个女生特别内向，平时在教室里从来听不到她的动静，跟不存在一样。

“老师，我特别不喜欢过节假日。”女孩告诉雨杉。

“为什么？”

“我不知道该去哪儿。”

“回爷爷奶奶那儿啊。”

“那不是我的家。”

“那就去看你爸妈呗。”

“不爱去，去了也不知跟他们说什么。”

女孩跟父母间联系的纽带，是一张银行卡，时间到了，看看打钱了没

有。从小，她没体验到父爱、母爱，与他们没有建立亲密的亲子关系，对她来说，他们只是名义上的父母、情感世界里的陌生人。

聊起那个弑父的男孩，雨杉认为：他的典型特点是童年时因为父母超生等原因，被东扔一家、西扔一家，不是在爸妈身边长大的，跟家人没有建立情感连接，潜意识里认为他们不是一家人。

“不能被父母、家庭甚至社会接受，会让小孩感觉不到安全和被接纳，更难以体会到父母的爱，跟家人没有正面情感连接。在这个过程中，孩子就很容易积累对别人特别是家人的怨恨。所以，在某种特定情境下，杀人就绝非偶然了。

“一个人形成健全的人格，与家庭特别是母亲的爱有极大的关系。父母的爱会让一个孩子感到安全、温暖，被接纳、被认可，感受到正能量，这是孩子日后在人际关系里建立自信、融洽关系、激发潜能等的最好心理基础。”

但好多父母自己从小就是在不健全的环境中长大的。长大了，也没人教他们如何做个好父母。所以，他们会习惯性地、不由自主地伤害孩子，自己还浑然不觉。

比如说，母亲怀孕时的消极态度（由于某种原因想打掉孩子，妊娠期间遇到某种刺激引起不良的情绪反应等）是孩子日后产生负面情绪、心理问题的深层原因。这种先天不足，需要后天长时期的修复。采访中，雨杉现身说法，讲了自己的心灵成长故事。

小时候，她特别没有自信，敏感多疑，总觉得自己不够可爱，话很少，怕说多了被别人取笑，还特怕自己一个人被扔在家里。从小她听到最多的一句话就是“烦死人了，走哪儿跟哪儿”。

按理说，她不该有安全感缺失的问题，因为她是在家人爱的包围中长大的。后来，学了深度心理学的理论后，她才明白：这种强烈的自我保护意识、自卑感，源自她胚胎时期的“记忆”。

雨杉出生在20世纪的饥荒年代，妈妈几个月没有来例假，以为是饿的。五个多月后有了胎动，才知道又怀上了老四。“前五个月，我是被忽略的。那会儿，我俩哥一姐都吃不饱，经常饿得哇哇哭。我妈知道又怀上了，想过很多办法不想要我，要置我于死地。”

尽管出生后，家人对她很是宠爱，但这成了她不安全感形成的根源。“这导致我不自信，自尊心太强，总想得到别人认可。潜意识里，老害怕自己不够好，妈妈会不要我。这种感受如影随形，伴随我很多年，影响了我的学习、工作、人际关系和亲密关系的建立。”

读书时，她专注力不够，上课经常走神，跟别人沟通时也心不在焉。别人的一个眼神、一句无意的话，都会让她难受半天。到了谈情说爱的年龄，只要有人喜欢自己，她就挺满足了。有了孩子后，又常无缘无故地对孩子发火。

“比如，儿子做错一件小事，我就会歇斯底里，突然就‘嗷’一嗓子，他正玩着，吓得一哆嗦，呆呆地看着我。老公要是回家晚了，哎哟，我那个琢磨啊。别人说不得我一点儿不好。说了，我总会找个机会反击。还是自信心不够，没安全感闹的。”

雨杉本科和硕士阶段都是学心理学专业，现在是辽宁师范大学的教授，常去外地开讲座。大伙一起吃饭时，她总爱给人端茶倒水。别人说她：“你不摆点儿专家、大教授的架子也就算了，你起码也是宾客，张罗啥?”

“我自己也明白，但控制不住。你瞅吧，坐不上一会儿，又起来了。为什么？讨好呗！通过照顾别人来讨好，还不是缺乏安全感闹的！”她说。这种不自信或自卑感，让她从小乖得很，以把活干好来讨得爸妈的认可和表扬。

后来，母亲被诊断出患有癌症，雨杉每天早、中、晚跑三次医院。其实，她妈住院既不用她送饭，也不需要她去护理，但是她必须去，哪怕只在妈妈面前站上十几分钟就走人。

“别人说我妈，你这个老闺女，真孝顺啊！事后反省，其实，我所有的行为都是在满足自己的需要。看上去我是关心妈，其实是离不开妈，怕她真的离开我走了，那样，她就真的不要我了。我去医院就是为看妈一眼，确认她还在那里，我就感到踏实、安全了。”

母亲弥留之际，雨杉特别想对她说的一句话是：“妈妈，我爱你！”但她不善于说这句话，所以，最终也没说出口，因此产生了很大的心结。

有一次，上催眠课时，雨杉顿悟：自己心里真正需要的，不是让妈听到这句话，而是希望妈回应她：孩子，我爱你！“是我心理上需要得到妈妈的认可，这不是我妈的需要，而是我的需要。”

催眠课上，虽然她再也无法听到母亲的声音，但记忆如影像，在她脑子里一一呈现：妈妈在给她梳头，端上热乎乎的饭菜，她躺在妈妈的腿上……她又重新体验到母亲的爱。慢慢地，她的眼角流出泪水。

她在心里说道：“妈妈，即使你不说，我也知道你很爱我。现在，就是在地下，你还在用你的爱，一直陪伴着我。”

在心底，那个让她产生不安全感的根，被找到了。明白了，也就解脱了。清楚了，也就释怀了。“母亲对一个孩子的认可特别重要。她的包容、慈爱和给予的安全感，是一个孩子自信心的源头。”

喜欢和爱不是一回事，那种爱的深刻情感体验，他没尝过，不懂

沈润以前是个妇产科医生，她在临床中发现，好多病人来了，说自己这痛那痛的，可怎么检查也查不出问题。“看表情，又不像是装的，确实难受，气色也不好。人常来，那就聊天呗，聊来聊去，反而把病给治好了。咦——我就纳闷了：怎么说话比吃药还管用？”后来，她转向心理学，退休之后建了自己的工作室，也到家庭指导站做志愿者。

学心理学时，沈润曾读过一个外国老太太写的书——《儿童的利益》。作者早年是个儿科护士，她说 0~3 岁的婴幼儿其实啥都懂，是有记忆的。作者的一个重要主张是：孩子在成长过程中，必须有父母足够的陪伴。

孩子出生时，刚从子宫里脱离，跟母亲的连接不能断。为啥要左侧抱孩子？就是让孩子能听到妈妈的心跳，能有像在子宫里那种母子一体的感觉。这时，是建立亲密的亲子关系的关键期。

“孩子的身体是有记忆的。比如，有的妈妈因为生了女孩，受了很多

气，不知不觉中会把气传递给孩子。当一个母亲生气时，她的乳汁是酸的，孩子尝不到甘甜的滋味，会很难受，但又必须咽下去，否则活不了。”沈润说。

有个奶奶跑到指导站告状，说儿媳妇“不奶孩子”。她家儿媳学历高，看书上说乳头容易滋生细菌，所以从不让孩子直接吮奶，全用吸奶器。儿媳本来奶水很足，挤来挤去，挤出了乳腺炎。

“含着母亲的乳头，听着妈妈的心跳，闻着妈妈的气息，那种心贴心的肌肤之亲、被温暖包裹着的爱抚，很容易让孩子产生安全感，建立起母子间的情感连接。现在的家长光知道喂母乳、进口奶粉好，却不知道给孩子充足的母爱更重要。”

等孩子长到 18 个月以后，才知道吃的大姆指是自己的、妈妈之外还有爸爸，开始看世界了，他与母亲有个渐行渐远的分离过程。

这种分离，是渐进、缓慢的，如果硬性分离，会让孩子产生焦虑。人在发育过程中，假如在不恰当的时候，面临无力承受的特别是与情感有关的问题，心理发育就会受阻，就会形成心结，出现心理问题。

“在孩子心里，最大的恐惧是被遗弃。”沈润强调说。

“你看小孩，玩着玩着，回头一看，妈还在那里，他就会又跑去玩了。要是回头一看妈不在，肯定会哭。有些家长，孩子一哭闹，就吓孩子：再闹，妈妈就不要你了！这话对孩子来说，是个很大的刺激。就好像成年人，两口子一吵架，就喊离婚一个样。”

现在，“姑娘生，姥姥带，爷爷奶奶来欣赏”，隔辈带孩子现象很普遍。“大人们说，姥姥、奶奶也是亲人呵，谁带孩子都一样，还能对孩子不好吗？孩子可不这么认为，他要的是妈。小孩不懂事，他会认为因为自己不可爱，妈妈不要他了。人生一开头，就先把自己否定掉了。”

沈润又解释道，从小跟爷爷奶奶、姥姥姥爷长大的孩子，几乎都有一个共同点——回到父母身边后，始终和爸妈不亲，跟家人不和，情感疏离，对爸妈防御、抗拒。爸爸妈妈的爱，是任何人也代替不了的。

无论是实际的遗弃，还是心理上的疏远，都为幼小心灵的健康成长埋下了定时炸弹。那个弑父弑姐的孩子，从小没有跟父母建立起情感连接，没有被人无条件地呵护过，被丢来丢去的，他认为自己不重要，也认为别人不重要，还以为人生就是这么一回事。虽然事后，他也说后悔，自己挺喜欢老爸和姐姐的，但喜欢和爱不是一回事，那种爱的深刻情感体验，他没尝过，不懂。

“假如没有建立起亲密的亲子关系，父母为孩子所做的一切，他都不会接受，还会造成逆反。”

都为你们活，还能不能为他自己活？做父母的，你是真爱孩子，还是爱你自己？

这天，一个母亲来家庭指导站，说儿子让她受不了。

平时，娘俩关系还行，没啥大的冲突。妈妈事无巨细，对儿子无微不至地照顾。儿子考上了浙江的一所名牌大学，行李收拾妥当后，平时不哼不哈的儿子突然口气强硬地说：“不准到学校送我！只能送到机场。”上飞机前，儿子又对妈说：“不许给我打电话，有事我会给你们打。”

当妈的哪能甘心？还想着查岗、遥控，不停地发短信、上QQ，儿子也不理她。过了一阵子，儿子打了个公用电话，说手机丢了，干脆不联系了。冬天，南方没暖气，妈怕儿子冻着，颠儿颠儿地跑去寄了棉被和羽绒服。但没隔多久，包裹又被原封不动地寄了回来。

“我最受不了的是，我不知道他现在都在干吗！”一直被自己掌控在手心里的儿子，完全失控了，这让这位母亲很失落。雨杉给了她很多指导，母子关系才得以缓和。

沈润刚接了一个个案，妈妈抱怨孩子在家老是关门，啥也不跟她说。“你看，我还是个优秀教师呢，说人家孩子头头是道，回家对自己的孩子就不好使。”

快人快语的沈润也没客气：“医生也一样，自己的刀削不了自己的把。

在家里，孩子要的不是模范教师，要的是妈。他在学校，天天面对老师的叨叨，都已经烦死了。家里还有个老师训这训那，他还喘不喘气，还活不活？都高中生了，你还像对三岁小孩那样，吃也管，拉也管，学习也管，啥都管，他能不烦吗？你得承认，孩子是成年人了，是独立的个体。”

有媒体调查说，现如今，很多家长是通过微博、微信来了解自家孩子的。有五成学生会在网上与父母“躲猫猫”。豆瓣网上有个讨论小组，名字竟然叫“父母皆祸害”。其中的网友多为“80后”，父母最让他们不能忍受的行为有：不鼓励，常打击、贬低、嘲讽子女；常拿人家的孩子来刺激自家孩子；永远把子女看成不懂事的孩子，认为自己总是对的。

“不尊重孩子的感受，这是眼下好多家长的通病。”沈润认为。

“你看很多‘80后’是独生子女，从小到大一路都是学习。考上父母期望的大学，好不容易毕业了，又面临买房、就业、工作等压力。还没喘口气，爹妈又开始催婚、逼婚了。而且，不少‘80后’的爷爷奶奶、姥姥姥爷身体还倍儿棒，坐在家里急吼吼地等着抱重孙。

“都为你们活，还能不能为他自己活？他有时间干他喜欢的事吗？能体验到人生的快乐吗？什么梦想啊，看世界啊，还有那个精力和闲心吗？很多人埋怨‘80后’老气横秋，他们能不老吗？

“做父母的，你是真爱孩子，还是爱你自己？当你让孩子干这干那时，不妨先问问：这是我的需要，还是孩子的需要？”沈润噼里啪啦地说道。

一对“80后”男女来找沈润咨询。男的今年31岁，想跟同来的女孩结婚，但他妈死活瞧不上女孩。第一次去他家，女孩给他妈买了一大包好吃的。一进门，他妈就指着他说：“你真行，这种女人你也要，看她以后怎么败家吧！”

男孩的妈妈是单亲妈妈，自己的情感生活是空白，把儿子既当孩子养，又当老公待。“现在，儿子找了个对象，家里又来了一个女的，等于多了个小三嘛。”

沈润问女孩：“要是跟这个婆婆一起过，你行不行？”

女孩马上回答：“我无法忍受！”

接着，她又问男孩："你是要妈，还是要老婆？"

男孩说俩都要。"我妈太不容易了，我不能不管她。我都这么大了，也该结婚了。"

"那不行，你既不能娶俩媳妇，也不能伺候俩娘。你得想清楚，结婚到底是跟谁过。你跟你妈的问题不解决，日后跟你媳妇也会闹矛盾。"沈润提议，让男孩回家把妈叫过来，一块儿做咨询。

男孩回去，怯怯地请妈。他妈一听就火了："我又没病，去那儿干吗！"

沈润认为，人的成长大致经历了依恋母亲——自我独立——成功分离的过程。这个男孩跟妈还没形成分离，没完成独立，很难与另一个女人建立起有质量的亲密关系。当妈的要明白，虽然自己的人生是不完整的，但也要接受它。儿子有属于他自己的生活，需要建立新的亲密关系，走他的人生之路。你遥遥地看着，当他需要你时，走上前；当他不需要你时，原地待着，过好自己的日子。

"好多家长说自己是牵挂孩子。你牵挂谁，谁就难受。首先，这意味着'我的地位比你高，要呵护你；其次，我不信任你，你啥也做不了。'当一个孩子觉得自己啥都做不好时，他会有自信心吗？他会长大吗？他有动力创造自己的未来吗？"

一旦走出这种起副作用的"牵挂"怪圈，很多问题其实也就解决了。黄倩在分享体验时，这样写道："看着原本不和谐的家庭变得和睦，我心里甭提有多高兴了。重要的是，通过个人成长，我和母亲的关系转变了，我感受到了她对我的爱，虽然那爱伴着伤害，但我仍能体会到她的良苦用心，她的不容易。"

一个人，不管多大年龄，他感到了痛，他想改变，就可以改变

沈润第一次去家庭指导站时，雨杉问她要不要做沙盘游戏。

"啥破玩意儿，哄孩子玩的。"沈润心里说。"但是，我只做了一次，

就有感觉了。咦——挺神奇的，沙盘上呈现出的东西，跟我当时的心理状态挺吻合的。”如今，她已陪伴40多个孩子做过沙盘游戏。

沙盘游戏是目前国际上流行的心理健康教育和心理治疗方法。它营造了一个宽松、受保护的空间，在这里，孩子只要不伤到自己，不伤到老师，不损坏沙具，想干什么都行。在玩的过程中，小孩能把心中的焦虑、愤怒、恐惧等情绪释放出来。

“好多孩子刚做时，沙盘上乱成一锅粥，等做了几次、十几次后，慢慢就秩序井然，自己把自己捋顺了。每个孩子都有他的内在节奏，好多家长根本不懂，不尊重这个小人儿，自己太急迫，一味责骂。家长自己先要慢下来。”

在陪孩子做沙盘游戏时，沈润说自己时常被感动得热泪盈眶。“那些孩子玩着玩着，就玩到你怀里来了，就在你面前蹲着，不走。这些孩子太可怜了，太需要父母的关注和陪伴了。家长要做的，就是无条件地包容、忍耐、理解、尊重。当你给足孩子这一切的时候，他就特别享受。人在成长过程中，最需要的就是爱。否则，孩子就成熟不起来，被卡住了。”

有个来做沙盘游戏的小孩，情绪好两天坏两天。一天，孩子又不对劲了，沈润打电话一问，家里又打起来了，她把孩子爸妈全叫了过来。

孩子爸说：“沈老师，你不光管我孩子，还管我们俩的事，真不好意思。”

沈润对还在怄气的两口子说：“你俩问题不解决，孩子能好起来吗？”

“现在，干啥都要培训、考证，就是当家长不用，生完孩子就上岗。”沈润又接着说，“好多家长，孩子要的他们不给，孩子不要的他们硬给。良好的家庭氛围、融洽的夫妻关系，这是对孩子最好的教育。一天到晚花钱上这个班那个班，没用。”

但是，假如跟来指导站咨询的家长们说，这不是孩子的问题，是你的问题，通常情况下，他们是不会接受的，有人干脆转身就走。

雨杉曾接待过一个特有钱的父亲，他的“富二代”女儿今年17岁，天天不学习，泡夜店、酒吧。打骂已经不起作用，这个富爸说自己快愁死了。

雨杉让他一家人一起来做沙盘游戏。

父亲在沙盘里先放了一个女孩，然后，抓过来一辆车、一条船放在边上，又在女孩身后摆了一栋房子。女孩在沙盘里先放了一个女人，边上又放了个男人，在不远处的房子边上，孤零零地摆了个小人儿。

分享沙盘时，父亲认为女儿沙盘里站在一块儿的男女，是女儿和她男朋友。轮到女孩解释时，她说那俩人是爸爸和妈妈，远处跟房子在一起的，才是她。

接着，做沙盘调整，女孩碰也没碰她爸的沙盘，什么车啊房子啊，她一样都没拿。她只是在自己的沙盘里，把那个小人儿放到爸妈跟前，让妈搂着她，让爸站在她身后。摆到最后，女孩的妈妈忍不住哭起来，父亲也特别感慨："我总想让孩子按照我们的意愿去做，从没想过孩子也有自己的想法。"

雨杉越来越觉得，对"合格家长"的培训，才是当务之急。

"家长通常会来反映孩子的问题，其实，这正是父母自己有问题的一种投射。孩子小，不会表达，但他也是一个独立的个体，会以小孩的方式来反映父母的问题。这正是一种伤害与被伤害的循环。

"好多家长，虽早已为人父母，但他们在心理上还是小男孩、小女孩，并没长大，必须通过学习，把心里那个小孩养大。家长要学会自我觉察，就必须成长。否则，他们既会伤害自己，也会伤害孩子。"

那些曾受到过伤害、现在已经长大的孩子，该咋办？

沈润讲了两个故事。

有个女孩，她的母亲本身心理不健康。小时候，她妈从没把她抱在怀里过，也从没亲过她；长大后，对她不是打就是骂。这让女孩一直活得很痛苦，内心充满了愤怒，还有很多很多的恨。别人不能跟她提"母爱"这个词，一提她就反感。

在她妈去世之前，女孩写了一封很长的信，把憋在心里的话全倒了出来。

"实际上，这是一种自我拯救。"

还有个女人，得了子宫疾病，吃啥药都不见好，还越来越严重，眼瞅着人快不行了。有一高人给她点拨：回家给你妈洗脚，而且要跪下来洗。这个女人一辈子都很抗拒母亲，并为此纠结、痛苦，她哪能干啊？

“如果想活，你就洗！不想活，你就不洗！”

回家后，她硬着头皮给妈洗脚。心里那个恨、那个怨啊，人哪里跪得下？她挣扎着跪下，洗脚。洗过几次后，终于有一天，跪在母亲跟前的她放声大哭。她心中积聚多年的情绪得以宣泄、释放。没了阻断，母女关系顺畅了。过了一段时间，再去医院检查，结果她的病不治自愈。

“真正的治疗，是自愈。”这是沈润行医多年的经验。

“一个人真正接受自己、接受母亲，也就能接受一切，接受学习、工作、人际关系、现实生活，而且什么都很顺；一个人若一辈子抗拒母亲，他的一生都不会顺利。好多人活一辈子，就是为了向父母证明：我是有能力的！可从小到大，到父母闭眼那一刻，孩子也没听到一句认可的话。”

有个男人，在事业获得成功后，专门跑到父亲墓前大哭一场，并把埋藏在心底多年的话全吐了出来，跟父亲“做个了断”。从那天起，他感觉自己是一个真正的男人，开始为他自己而活了。

沈润给出的建议是：一个人，不管多大年龄，只要他感到了痛，想改变，就可以改变。有越来越多的心理治疗方法可以帮到这些人。心理学的价值，就是给你一些渠道，让你发现最真实的自我，知道自己要什么，怎么让自己活得快乐。

“真正的慈悲为怀，首先是对你自己。能完全接纳自己的缺陷、不足、阴暗面，才能更好地接受别人。一个人，能跟自己很好地相处，那跟任何人相处都没有问题。一个能让自己舒坦的人，也会让别人舒坦。人真正的成熟，就在这里。”

董月玲 / 文

2013 年 6 月 19 日

PART FOUR

第四辑

夹缝与选择

破解美国“高考”

一个在国内高考落榜的男孩，却被美国排名第一的哈佛大学录取；北京一个高考理科状元，申请了美国 11 所名校，竟全部被拒录。

有人在网上发了一个名为“中国人民破解了美国的教育体系”的帖子，并转发了去年 5 月 29 日《纽约时报》的一篇报道，文中提到了一个叫马振翼的美籍华人。

10 年前，马振翼在美国加利福尼亚州创办了一家叫“星腾科”的教辅机构，为高中生升大学提供咨询及考试培训服务。2009 年，这家机构进入中国，在北京、深圳等地设立了分支。10 年来，“星腾科”帮助数千华人学生进入了梦寐以求的美国名校。

美国顶尖大学究竟是怎样招生的？与国内只看分数的高考比有什么不同？

春节前，在北京建国门外一栋高层写字楼里，我们采访了深谙美国大学录取之道的马振翼。他笑呵呵地说：“美国各大学都有一套挑选未来优秀人才的系统，而我们就是在不断破解它。”

我看不到他们的灵魂，听不到他们内心的声音

今年 34 岁的马振翼在台湾出生，小学即到美国读书，大学读的是加州大学伯克利分校，毕业后在华尔街干过，还当过高中老师，后来自己创业。他身材高大、健壮，长了个像成龙一样的鼻子，人很健谈，说话语速

极快，少有停顿。“跟大陆学生谈话最令我头痛的是，他们没有自己的想法。”马振翼说，“‘差不多’‘马马虎虎’‘还行吧’，这些孩子回答问题时，大多三言两语，说来说去就那么几句，交谈起来特别费劲。问他们为啥想去美国读书，回答基本上就是：那边教育先进，科技发达，学成后报效祖国；想以后去华尔街当证券分析师；要不就是父母让去的，看别人都去，等等。总之，千篇一律，大同小异，说得很表面化。”

“我看不到他们的灵魂，听不到他们内心的声音。”马振翼说，“面试 100 个学生，有 80 多个不清楚自己真正要什么、想干什么。”

有一天，一个从银川来的男孩，让马振翼眼前一亮。

这个男孩姓杨，他在北京见到马振翼时，已经高中毕业快一年了，没有上大学。他的父亲是一名工程师，家庭收入水平中等。小杨的父母觉得，孩子只要能进美国排名前 30 的大学，他们就很满意了。可聊了没多久，马振翼就在心里说：“这是哈佛要的人才啊！”

小杨长相普通，但给人的印象是很阳光、善于表达。马振翼说：“聊他的经历，让人感觉很有趣、很兴奋。”他是从农村出来的，7 岁以前一直生活在一处沙漠里。所以，在他的童年记忆里，天空常常是黄色的。

跟绝大多数天天备考的高中生不同，小杨花了很多精力忙于一件自己喜欢的事：创办一家 NGO（非政府组织）。他说自己从小在农村长大，知道那些农村孩子需要什么。

“西部农村的学生不仅缺乏物质资源，更缺少精神资源。他们需要资助，我要帮他们，哪怕是很小的帮助。”他曾与同伴募集到 5 万本图书、15 台电脑，分别送给 18 所农村小学。他还跑到大学征招短期支教的老师，去偏远地区的小学教英语、电脑、音乐等。最多时，他召集到 100 多名志愿者。

“我很看不惯地方上一些公益组织的腐败做法。他们把公益当成生意做，以慈善的名义捞钱，践踏人们的爱心。”接着，他讲了不少让马振翼大开眼界的故事。

“你们知道他让我觉得可贵的地方在哪儿吗？”马振翼自问自答，“可贵的是，他看不惯一些公益组织的行为，但他并不只是发发牢骚，而是自己想着去做，去改变，亲手创办了一家NGO。”

在中国，要想注册一家NGO可不是一件容易的事，更别说是一个高中生了。“NGO，明明是不以营利为目的的非政府组织，为什么必须挂靠在某个政府部门底下才能注册?”这是让小杨最纠结、最难办的事。

他告诉马振翼，开始时特别不顺，跑了很多地方，找了许多人，都没办成。最后，是当地一家媒体出面，帮他挂靠在一个县级单位下边，才算注册上。

“小杨办的NGO很有创意，是一家网站，一家整合了当地公益资源的网站。”比如，现在有20名可以支教的志愿者，他就把他们的资料发布到网上，哪家NGO需要，直接联系就可以了，不用到处找人；再比如物资，像电脑、书刊、过冬衣物等，都发布到网上，由大家支配。这个网站实际上就是NGO资源共享的平台。小杨告诉马振翼，网站已小有规模，有200多家NGO成为他们的会员。眼下，他们正在做远程教学，想让偏远地区的学生通过网络享受到优质的教育资源。

小杨的另一段经历也让马振翼很感兴趣。高中毕业后，小杨一个人去了西藏，在牧区与藏民生活了半年。“人生就好像旅行，重要的不是你去了哪里，而是在旅行的过程中，你遇见了什么人，他们给你带来了怎样的快乐。”小杨这么认为。

“你就没有很难过的时候?”马振翼问他。

“没有，我喜欢笑。”

“你是怎么评价自己的?”

“首先，我是一个热情的人。我喜欢新鲜的东西，喜欢挑战，喜欢自由。还有，如果是我认准的事，我会很执着，一定会去做。”

“在你的成长中，有谁给过你好的帮助或建议?”

“我爸爸。他一直告诉我，要学会宽恕和帮助别人。”

马振翼问小杨：“去美国上大学，最想读什么专业?”他回答说：“我常常有一种无力和受困的感觉。如果能去美国上学，最想读的是经济学。我希望能学到好的知识和理论，将来回到家乡，改变那里。”

这番回答让马振翼很满意。“你们问，美国一流大学有什么录取标准，这还真没有一个定论。如果硬要套的话，可以这样说：‘他们要的是将来可以影响世界的人，是具有这种潜力的人。’”

“在这个20岁的年轻人身上，我看到了这种潜力。他很有想法，也很有激情，这就是他身上的亮点。我要做的事情，不是去包装、制作，而是尽可能地发现、发掘。如果是一颗宝石的话，我只需要把上边遮蔽的杂质去掉，让它闪闪发亮。”

换了一口气，马振翼又接着说道，“要想影响世界，先得看你是否影响了周围的环境，看你都做过什么。在美国，高中4年什么都不做，天天关起门来啃书本，肯定不行，一定进不了哈佛。

“试想，一个说自己有领导才能的人，却从来没做过领导；一个说自己勇敢的孩子，却从来没冒过险；一个说自己很有创新精神的学生，却从未尝试过做自己想做的事，那人家怎么能信你呢？

“这个姓杨的小伙子就很棒。看不惯，他就自己去创办一家NGO。虽然很困难，但他始终不放弃，克服重重阻力，最后注册成功，募集到善款，这说明他有克难制胜的勇气和能力。旅途中，他能对一个素昧平生的人拔刀相助，就说明他很勇敢、很有担当嘛！还有，在牧区生活时，他去小学无偿地教书，帮助当地的穷人，这种服务社会的精神，正是一个优秀的人所必备的品质。”

可是，小杨的考试成绩不理想，SAT（相当于国内的高考）分数满分是2400分，他只考了2000分多点儿，申请哈佛能行吗？那可是世界级的竞争啊。据说2011年，哈佛的入学申请人数升至史上之最。

哈佛对小杨的面试地点就在北京。谈话结束时，面试官笑着对他说：“如果你被录取的话，你将是哈佛有史以来录取分数最低的华人学生。”

最终，哈佛大学经济系录取了他，并给了他全额奖学金。

你的梦是什么，你的故事是什么，这些非常重要

一天，有一对母子前来咨询。孩子的母亲兴冲冲地对马振翼说：“我儿子 SAT 考了 2370 分，你一定要让他进哈佛或耶鲁！”但是，马振翼跟她儿子接触后，感觉很无奈。

“No，我做不到！”他告诉孩子的母亲。

“为什么？”她跳起来问，“我儿子的 SAT 分数接近满分。他要进不了哈佛或耶鲁，简直没天理了！”

最后，这个男孩果真既没去成哈佛，也没能进耶鲁。得知北京那位高考理科状元被 11 所美国名校拒录的事，马振翼说他一点儿也不奇怪，觉得很正常。

“在美国，许多高中在全校排名第一、SAT 得满分的学生，照样会被哈佛刷掉。”马振翼介绍道。“星腾科”的 SAT 培训班，年年都能出几个满分学生，相当于国内的“状元”。但他们中的大部分人最后进不了美国排名前 10 的大学。

有媒体报道，普林斯顿大学拒绝了一半以上 SAT 成绩接近满分的申请者。其他美国顶尖大学也都有类似的情况。据马振翼了解，哈佛大学的 SAT 平均录取分数只有 2250 分；2012 年公立大学排名第一的加州大学伯克利分校，SAT 平均录取分数只有 2050~2300 分。“排名越靠前的学校，挑选人才时往往越不看重学业，而更看重素质。”这是马振翼的经验之谈。

“SAT 满分是 2400 分，谁可以告诉我，2300 分的学生一定会比 2250 分的学生在未来的成功率更高？在美国，有人做过一项调查，用学生的 SAT 成绩只能估测出他大学第一学期的成绩，第二学期的成绩就估不出来了。美国的‘高考’都没办法测出一个学生进大学 6 个月后是什么样的，你怎么能指望这个‘高考’可以预测人 10 年、20 年后的样子？！”

“美国的大学不只看分数，不绝对以成绩来录取学生。”马振翼说，“美国的大学录取学生，大致看三大块：一是学习成绩，二是学生自己写

的申请信，三是课外活动。不仅看 SAT 成绩，还要看高中 4 年的平均成绩等。学习成绩必须达到基本要求，但是当成绩过了录取门槛后，分数只能起 30%的作用。

“你要想进入美国一流大学，光是成绩好还不行，分数达标的学生太多了。这些大学到底喜欢什么样的学生？答案很简单：让人印象深刻、多才多艺和拥有特殊课外活动经历的学生。你的梦是什么，你的故事是什么，这些非常重要。”

在一篇写哈佛大学录取部（相当于国内高校的招生办）主任威廉·菲兹西蒙斯的文章里，描述了这样一个有趣的小插曲。

被人称为“哈佛良心”的威廉，在哈佛做录取工作已经超过 40 年，他亲手招进的学生超过 7.3 万名。有一回，他去华盛顿，为那里的高中生和家长做有关大学申请的演讲。

讲毕，一位妈妈把自己的儿子推到威廉面前，兴奋地说着自己的孩子多么积极进取、勤奋好学、成绩优异，多么具有一个真正学者的范儿，威廉只是听着，没有吱声。

等她唠叨完了，威廉，这位身材魁梧、曾跑过 30 多次马拉松的男人，才低下身子，看着面前沉默的小男孩，轻声地问：“你平时喜欢玩什么？”

年轻人最大的课题，就是找到自己，找到自己喜欢什么、要做什么

可是在国内，那些前来咨询、想报考美国大学的学生及其家长，好多想法还是中国式的，还没跳出中国高考模式。

马振翼总结说：“往往，这些学生的英语能力很差，而且，在自由时间里，除了功课，没做过什么有助于录取的事。但他们的爸妈却要求他们入读常春藤盟校。”

即使参加过课外活动，也很单一，大多是学校组织或安排的，像“模

拟联合国”、军训等；要不就是去敬老院做义工，当运动会的志愿者，体现不出学生的个性，也看不出参与者的想法和热情。

“我了解了你的课外活动后，仍不能知道你是一个什么样的人。”马振翼常常无可奈何地对学生说，并教导他们，“年轻人最大的课题，就是找到自己，找到自己喜欢什么、要做什么。做自己喜欢的事，加之不懈地努力和坚持，成功离你就不远了。”

尽管确立了这样的原则，但对于国内多数学生，马振翼一时也找不到太好的办法。“你就是告诉他们，课外活动很重要，他们也不知道如何做。我们真的不得不牵着他们的手，和他们一起做每一件事。”

他反复提醒学生和他们的父母：你的课外活动是否体现出你的个性？你做的事情是否影响或改变了他人和环境？课外活动的参与和表现会透露出学生的人格特质，正是这些特质决定了名校做出是否录取的考量——甚至在你学科成绩并不突出的情况下，也有可能被录取。

马振翼强调，大学考查课外活动，实际考查的是学生的能力。能突出你能力的活动，就是好的活动。假如你参加了 3 种社团，都是普通团员，就不如只参加一个，但是担任了主席职位，这代表你有组织和领导能力。参加各种体育活动也是，要有突出表现才好。美国的高中有各种社团，自己也可以申请组建新的社团，所以，参加了并不说明问题，在里面起了什么作用、组织了哪些活动才重要。

他还列出了一些美国名校比较看重的项目，例如：体育、社团、夏令营、研究性活动，或者参加实习、做义工、旅游、参加比赛，甚至还包括兴趣和爱好，哪怕是逛街买东西、玩电脑游戏和听音乐……

“如果还是不知道自己想做什么，我们会通过咨询和测验，了解学生的内心。你想要什么？想干什么？梦想是什么？找到他的兴趣点后，就引导、鼓励他去尝试。”

但真做起来，并不容易。“我们跟学生沟通时，很多时候得一点点地问，一点点地抠。”马振翼说，他们会问学生诸如此类的问题：令你最高兴的儿时记忆是什么？距离最近一次哭，有多久了？为什么哭呢？

他们是去美国上大学的，跟什么时候哭了、什么时候笑了，有什么关系呢？许多人不解。

“当然有关系了!”马振翼笃定地说，“一所大学要招几千人，他们要了解你是什么样的人，与众不同的地方在哪里。你的喜怒哀乐都能表露你的内心、你的性情。比如说，有个学生讲，他最近一次哭是在6岁，为什么哭，已经记不得了。那么这个学生很可能是一个正面、乐观的人。”这么问的目的，就像是扒开外皮露出瓤，看清一个人的本质。

这招还挺管用。连与学生朝夕相处的父母都不知道的隐私，也让马振翼给刨出来了。有一回，他问一个学生啥时哭过，回答说是几个月前。为啥哭？说是朋友背叛了他。怎么个背叛法？造成了什么伤害？一路追根问底，才发现事情不简单，这个男孩是同性恋。在后来写的大学申请信里，男孩坦陈了一切，反被录取了。

还有一回，马振翼的办公室里来了个“富二代”。“那小子一身的名牌，手里拿个 iPhone。吊儿郎当的样儿，叫坐不坐，问一句答一句，不问不说话。”问为什么想去美国念书，想学啥，他说不知道，是他妈叫他去的。

马振翼耐心地与他对话，慢慢推开其心门，发现了他的心结。

原来，这个男孩在小学三年级的时候，有天放学回家，亲眼看见他妈妈跟一个陌生男人在一块。发现了母亲的婚外情，这事对他冲击很大，但他却从未跟人提及，包括父母，一直憋在心里，留下很深的阴影。随着一天天长大，他变得越来越叛逆。只要是他妈让他做的事，他一定不做或者不好好做，故意对着干。马振翼帮他舒解，引导他。最后，这个男孩说想读心理学。

“很好啊。你有这样的亲身经历，对你读心理学一定会有帮助的。”

马振翼还给一个特别不爱读书的学生做过咨询。聊着聊着，他发现这个男孩很喜欢玩电子游戏，那就聊电子游戏吧。“一谈到这，那家伙滔滔不绝。”哪家公司设计的游戏最棒，玩家们现在都玩哪款游戏，去什么网站玩，如何操作，武器系统怎样，等等。

“你简直就是个专家嘛!”马振翼夸他。

“嘿嘿，还行吧。”

“那你有没有想过，自己开发一款游戏?”

男孩愣了一下，说从没想过。

马振翼鼓动他试试，又说服孩子爸爸给他投了几千块钱。接下来，男孩自己动手写出剧本，又跑到一所艺术院校找大学生帮他绘画。虽然他的游戏没有全部完成，但他成功地把企划案卖给了一家游戏公司，获利两万。整个过程，历时 8 个月。

在这个过程中，男孩学会了如何与人沟通协调，如何跟人谈判，如何组织团队。他要管别人，给人发工资，要做企划，要掌管财务……经过这 8 个月的历练，男孩说自己一下子长大了，有了责任感。后来，他被美国排名 15 的康奈尔大学酒店管理专业录取。

正接受“星腾科”培训的北京女孩小段，是个“90 后”。她现在关注一件身边发生的事：与她同龄的少女未婚怀孕的问题。她利用课余时间搞调查，从小广告上找到给少女堕胎的私人诊所，明察暗访；想方设法接触怀孕女孩，了解她们的身世、经历和想法。后来，小段在自己的学校搞了一场辩论：你如何看待“少女怀孕”这一社会现象。

“我们会有意地让刚进入高中的孩子发掘出自己的社会意识和独立自主的态度。”马振翼强调道。

万一有人撒谎怎么办?伪造自己的课外活动，没做过的事，就说做过了，那些远在美国的录取官怎么可能发现?马振翼曾问过一个哈佛的面试官类似的问题。

“这个简单啊。”对方告诉他一个小窍门：多问细节。

“比如，一个学生讲他发明了某种东西，你可以问他：使用何种工具，哪里出产的，什么牌子，性能如何，等等。”哈佛在北京面试一个学生的时间，通常为 40~100 分钟。如果根本没做过的事，一个高中生是经不住那些久经沙场、经验老到的面试官追问的，总会露出破绽。

申请者的人生故事，那么真实、动人，你无法伪造

在美国，到了申请大学的最后阶段，学生能下功夫的，只有自己写的申请信了。其他都木已成舟，只有这个，可以努力写得更好。

像哈佛，每年的申请者有 2~3 万人，录取的只有 2000 多人。面对成千上万封申请信，一所名校的录取官读一封信的时间很有限。能否让他们在你的信上多停留一分钟，能否给他们留下深刻的、超越刻板分数的印象，关乎申请者的命运。

“关键就是要写出个性、写出彩儿。要一下子吸引住录取官，要在不长的篇幅里，强烈地呈现出你的形象和人生理念。”马振翼强调说。

深圳女孩小陆，申请了哥伦比亚大学。日思夜想后，她等来的却是一纸拒录信。读过这封令人沮丧的信后，小陆有些慌了：自己品学兼优，做了不少课外活动，咋还被拒绝了？哪儿出了问题？她去深圳的“星腾科”求助，希望能找到答案。

看过她的申请资料后，留学顾问觉得问题就出在申请信上。在信中，小陆着重描述了她打羽毛球的事。围绕如何重写申请信，她与留学顾问进行了一场头脑风暴式的讨论。最后确定重写的内容，是她曾与台湾高中生共同组织的一场两岸对话会。这回，小陆申请成功，她如愿地被宾夕法尼亚大学录取。

“你的故事不一定很离奇，但一定要让人感动，要与众不同。”这是马振翼坚持的标准。“星腾科”培训班里有个华裔女孩，父母是开餐馆的，没什么文化，家族中也没有人上过大学。她自己很少参加课外活动，课余时间都在餐馆里帮父母的忙。她的大学申请信就写她在餐馆里干活、在家照顾弟弟的事，写得很生动、很具体。结果，那种积极向上的人生态度打动了哈佛录取官。

有记者曾问哈佛大学录取部主任威廉，在年复一年的录取工作中，什么最令他难以忘怀？他毫不迟疑地回答：“阅读申请者的人生故事。这些故

事是那么真实、动人，你无法伪造。

“在这里，你每年能看到两万多个申请者的真实生活。他们的高中、他们的家乡、他们的祖国、他们喜欢做的事情。还有，这些人在生活中克服困难后所取得的成就。任何一个做这份工作的人，都是个幸运儿。因为你有机会看到未来。从这些学生身上我看到了，未来的样子真不错。”

每年春季大学录取过后，在北美华人报纸、网站上，都会出现不少相关文章。那些刚刚结束激烈竞争的人，撰文谈体会、晒心得。

有篇文章，专门讲了一个学生如何通过申请信打动录取官的事。

这个男孩高三时，挑头建起网上论坛，主要用于同学内部交换信息、讨论作业。但好的愿望却演变出坏的结果。因参与者渐众，论坛失控，内容五花八门，有人甚至把一些旧考试题和答案也贴上来。令他们喜出望外的是，期末化学考试的考卷与论坛曾贴过的一模一样。

很快，网站被人告发，校方如临大敌。在美国，作弊是很严重的事。作为网管，男孩的成绩单里不仅多了个刺眼的F（不及格），人还差点被学校开除。

本来，这个男生成绩很好，在全年级500人中排名第一；课外活动也很积极，连续3个暑假做水上救生员，进常春藤盟校十拿九稳。但突然卷入这样一场风波，他连上普通大学都悬。人生路上第一次遇到挫折，男孩非常沮丧。有段时间，他甚至觉得自己的人生完蛋了。

他的大学申请信，写的就是自己犯下的这个错误。原本是一件不光彩的经历，却让他写得非常积极、正面。信中写道：

> 在这几个月里，我学到了很多，不是学微积分或莎士比亚，而是学习人生中最重要的东西：责任、荣誉、正直和诚实。
>
> 我很庆幸这么重大的事件发生在我人生的早期，这让我有一生的时间来吸取教训，完善自己。我成熟了许多，并成为一个更有责任感的人。我认识到，责任和正直是人生中非常宝贵的品质。在我年轻时遭遇这样的事，总比我长大后遇到并使我一生的努力付之东

流要好很多。

这件事后，我的人生眼界变得宽广了。我不再将视野局限于不惜任何代价都要上大学这一点上。从此，我人生的眼光变得更长远，对事物重要性的看法也改变了。

高考就是你的梦吗？可除了分数外，还能看到什么？

“假如我在台湾读高中，可能就废了。”马振翼这么讲他自己。

他在台湾读小学那会儿，教师是可以体罚学生的。不好好念书，老师可以用藤条抽学生的手掌。“错一个字，打一下。错了300个，就打300下。我没有一周是不被打的。”至今，最让马振翼耿耿于怀的是，一个男老师骂过他：“你是我教过的最笨的学生！”这让他很没有自信心。

到美国上学后，也没多少起色，还是老样子，玩、混，就是不念书。上初中时，他已转了7所学校。直到上高二，遇到一个教数学的白人女老师。

“她对我特别有耐心，像妈妈一样关心我。在她的课上，我常受到夸奖。我喜欢上了数学，每次考试都考满分，每天作业都做。”后来，她又把马振翼介绍给一个教高年级数学的老师。很快，马振翼学完高中数学，又修完了大学一、二年级的数学和物理，并顺利通过考试。

申请大学时，马振翼除了数学和物理，其他科目的成绩都很差。既然这个学生能用一年时间学了好几年的数学课程，肯定不笨，有天分。于是他被加州大学伯克利分校录取，双攻物理和数学。

“是那个女老师改变了我，她给了我自信心。否则，我现在可能还是混。”马振翼当高中老师时，也教数学。他教书的地方是黑人居住区，犯罪率高，50%的学生毕不了业。

“一个好老师一定要启发学生，激发他的潜力。如果半年里能有一个学生被我启发了，对数学产生兴趣，那我就成功了。”有个黑人学生，起初很恨马振翼，给他写死亡威胁信。因为他吸大麻时，被马振翼逮到。半年后，这个学生又写了封道歉信。等马振翼离开这所学校时，这个学生哭了。

“人在年轻时学到的课本知识，可能会被忘掉。但一个启发、一次感动、一个梦想，可能会影响你一辈子。”

什么样的教育，才是好的教育？

从自己读书、教书的经历中，马振翼悟出的结论是：教育的重点，就是启发人！

这些年，马振翼在中美两地接触过的学生不下几万。聊到两地学生的差异，他的回答是：最大的不同，就是中国学生没有梦想。

美国的教育，在孩子很小时就教他发现自我，鼓励他敢想、敢做。它的文化也一再告诉人们：只要你想到、做到，充分努力了，那你一定会得到！

中国的教育，没有给人理解梦想的空间。

“难道高考就是你的梦吗？可除了分数外，关于你是谁，你要什么，你想做什么，你的梦是什么，这些能看到吗？没有梦想，你会成为一个真正的人吗？没有梦想，中国能出乔布斯吗？”

《纽约时报》那篇报道说，“星腾科”去年在美国的营收有700万美元。至于在中国有多少，马振翼苦笑道：“我来3年了，还没挣到钱。”但很快，他又乐了。

“假如每年我都能发掘出一两个像银川男孩那样的学生，也值了！”

他的想法是：当这些年轻人站在人生的拐弯处、梦想的路口前，自己能在他们身后，用力地推上一把。

董月玲　李斐然／文

2012年2月1日

不知身在何处

假如你是当爹妈的，并不特别富有，挣钱也挺辛苦，但每年还要硬掏出二三十万元，供孩子到美国念大学。突然有一天，你从网上看到一些照片，正是你家孩子在美国那边，整日生活在中国人的小圈子里打打麻将之类的生活照，你会做何反应？

今年4月，门户网站“网易”发了一组摄影报道，内容是正在美国俄亥俄大学（以下简称“俄大”）读本科的中国留学生的日常生活。

拍照片的是一个美国女孩，叫黛西·霍尔多夫，是在俄大念视觉传播专业的研究生。黛西说，自己只是想拍出一个美国学生眼里中国留学生平日生活的样子。

“我想传达出这样一个感觉：他们从父母那里感受到了压力，因为父母为了让他们来留学花了大笔钱，并希望他们能顺利毕业。他们被期待着将来回到中国，能有一个大好前途。但眼下，他们却要被迫学习鼓励追求自我的异国文化，并因此被弄得支离破碎。”

黛西拍的照片在中国发表后，反响之剧让她难以理解。网易的原文跟帖有数千条，多达7万名网友参与其中。而美国那边，俄大里的华人学生社区更是炸了窝。有些曾跟黛西关系密切甚至热情地教她打麻将的中国朋友，现在跟她闹掰了、翻脸了。

“他们对我发火，冲着我大叫。因为他们的父母看到照片后非常生气！”黛西感到郁闷。

这些中国学生，不远万里跑到一个美国小镇上，究竟为了什么？

黛西从小生活在美国旧金山湾区，本科也是在当地读的。旧金山是一个种族多元化的地方，人的面孔五颜六色。在她的印象里，那里的人30%是亚裔，而其中又以华人居多。

“每天，我推开家门走出去，都能看到一张张中国人的脸。”黛西说。

俄大在美国中北部的一个小镇子上，此地以白人为主，街上很少能看到亚洲人。可是，令黛西惊讶的是，当她第一次走进俄大时，发现校园里竟然到处都能看到中国学生。

“怎么回事？这所大学为什么会有这么多中国人？”她好奇地跟周围人打听。别人说，以前不这样，中国学生很少，是最近几年突然多起来的。

6年间，俄大的中国本科生数量差不多激增了35倍，2004年只有17人，而2010年则多达603人。现在，在俄大就读的外国留学生中，81%来自中国。

黛西又进一步了解到，从2007年开始，俄大对中国学生进行扩招，并与中国的留学中介机构加强了合作。学校留学生录取部的一位高级助理告诉她，自打与中国的中介机构联手后，“这些机构协助学校做宣传、搞录取，帮助学生完成申请手续，中国学生增长了70%”。

对这些如雨后春笋般冒出来的中国同学，美国学生跟他们接触甚少，了解不多。许多人对中国人的印象，主要来自那些校园里十分抢眼的富人。前些时候，该校杂志上发表了一篇文章，讲的是一个有钱的中国留学生的故事，说他如何开着昂贵的跑车，天天泡酒吧，跟美国人打得火热。后来他因为驾车出了事，不得不退学。

“这是不对的！”黛西认为，这个学生的事只是一个极端个案，“这篇很有煽动性的文章，让美国人对中国学生产生了一种偏见，或者说是刻板印象。”

黛西读大学时，曾修过3个学期的汉语。2008年至2010年，她到过中国，在上海、昆明、广州住了一阵子。在她看来，大多数中国人并不是那么有钱，也不是那种活法。她想知道，来俄大读本科的中国学生，大多数人的日常生活状态是什么样子。

“我来这所大学，是因为这里有我很想读的专业。我特别想知道，这些中国学生不远万里跑到美国一个小镇上，究竟是为了什么。他们多是在北京、上海、广州这样的大城市长大的孩子，能喜欢待在这么小的地方吗？来之前，他们知道这个地方、了解这所学校吗？有过什么期待吗？”

纪实摄影是黛西的专业所长，她想给中国学生拍片，采访报道他们在美国大学里的真实生活，以纠正部分美国人的偏见。黛西从2011年春天开始，花了两个多月的时间集中拍摄。拍摄结束后，她跟这些中国留学生保持着联系，夏天在中国旅行时，还跟其中一个学生的家人见面吃饭。

在校园里，每遇见一个中国学生，黛西都会主动上前打招呼，告诉人家，自己是个记者，也在这所学校读书，打算拍有关中国留学生的专题照片，作品会刊登在学校摄影项目的网站上，“希望能跟你聊聊”。

有一天，黛西去学校的暗房洗照片，碰见一对中国学生。女生正忙着冲照片，男生站在一旁等待。她凑过去跟男生搭讪，问人家叫啥名字，又说起自己拍照片的事。“我希望采访你，你乐意吗？”不知道是因为害羞，还是压根儿就没听懂她讲的英语，在昏暗的灯光下，那个男生只是拘束地站着，过了好久才给出回复。

就这样，黛西在暗房里结交上了泡泡和她的男友安迪。泡泡是该校中国同学联谊会的召集人，负责组织聚会，像新年联欢会什么的。熟悉后，黛西发现安迪在中国人的圈子里，完全是一个自信、聪明和善于交际的人。这对恋人在校内的中国学生社团里都很活跃。

“那个时候，差不多每隔一天，我就会去找泡泡和安迪。大概一周4天，我都泡在中国人堆里。只要他们让我跟着一起去的地方，我都会去。泡泡和安迪是我最熟悉、最要好的中国朋友，他们带我进入了中国学生的圈子。”

他们就像生活在中国和美国这两个世界的夹缝中间

“在我心中，美国的城市都像纽约和洛杉矶那样繁华，而当我来到俄亥俄，发现完全不一样。”泡泡这样告诉黛西。

还有不少人跟她说，来了以后才知道，俄亥俄大学跟俄亥俄州立大学是两回事儿。俄亥俄州立大学位于州府所在地，在全美排名 50 位左右，是所名校；而俄亥俄大学不仅排在百名以外，还是在这么小的一个镇子上。

至于来美国前有什么期待，黛西采访到的大部分中国学生的回答是：没什么期待，也不知道该有什么期待。但他们却清楚地知道自己不期待什么，那就是不希望在美国的校园里，遇见这么多中国同学。虽说人在美国，但自己跟老乡待的时间，比跟美国人待的时间还长；说的汉语，比说的英语还多；明明是在美国上大学，但一块上课的几乎全是中国人。

只有一个女孩告诉黛西自己有过热切的期待。女孩的英文名叫克莱拉，来自中国西北部，为获得申请和签证方面的帮助，她家付了 2.5 万元人民币的中介费。黛西见着克莱拉时，她刚到俄大不足一个月。那天，她正和几个女孩子一起看迪士尼电影。

克莱拉曾期盼自己能有一位美国室友，但不知道什么原因，她的美国室友一直没有出现。宿舍里，只住着克莱拉一个人，每天下课回来，她都要面对一张空空的床板。

中国学生向黛西抱怨，说被有些“没良心的”中介忽悠了。

有些中介告诉他们，到美国后，只需要学习 3 个月的语言，就可以上专业课了。但到了俄大后，因为英语水平低，尤其是听力和口语太差，几乎所有的中国学生都需要读英语强化班（OPIE），它相当于正式开始专业学习前的预备课程。

学校根据学生首次托福考试的成绩，将他们分为 7 个等级，分别安排到对应等级的语言班上课。“这意味着，在真正开始大学学习前，他们不得不先在这个语言班里下点功夫。可能是一年，也可能是两年、三年，才能通过这个强化班的重重关卡，不少英语‘困难户’就此诞生。”黛西介绍说。

虽然学的是英语培训之类的基础课，但交的却是等价于大学本科的学费，每学期 6.5 万元人民币。而且强化班的课程并不能为他们赢得学分，在这里一年读下来，一个学分都换不到。

“一方面是因为中介提供了误导性的信息，另一方面是因为学校降低了录取标准。”黛西这么分析道。

英语强化班占用了许多教室。比如，在篮球馆的地下室，一扇玻璃门上用胶带粘了一张纸，上面用大字印着“OPIE”。

“弯曲幽暗的走廊，串起了一排教室，教授们在这些教室里对学生进行期中测评。一间又一间教室里，学生们一个个垂头丧气地坐在那里，和教授争论着，竭力为自己争取通过这一级语言班以进入下一级的资格。然后，他们再穿过这洞穴般的走廊，走回到位于校园另一侧的宿舍。”黛西描述道。

黛西发现，在一个班里，坐着 12 人，清一色的中国学生。教师特意要求他们隔开坐，以防止上课时说英语以外的语言。教室墙上挂着脏兮兮的黑板、地图以及五颜六色的语法提示。在学生的作业本上，其中有一题这样问：“美国年轻人去酒吧的一个主要目的是什么？”下边用工整的笔迹答道：“找到一个女孩，坠入爱河。”

在这种英语班上课的学生，每天在图书馆、宿舍和教室之间周旋着。“他们花大把时间完成无数个小时的在线听力练习，编排那些情节琐碎且跟自己的现实生活毫无瓜葛的短剧，来阐释美国文化。其中一个短剧，讲的是老公买了玫瑰花，讨好怒气冲冲的老婆；另一个，是讲一家人如何欢度暑假。”

因为中国学生喜欢待在一起，加上语言障碍，他们真正接触美国生活的渠道可谓少之又少。虽然人在美国，却仍是在通过教材了解美国文化。

“他们在强化班上课，就像生活在中国和美国这两个世界的夹缝中间。”黛西试着总结说。

泡泡还好，她的口语不错，通过语言考试后已正式开始专业学习。尽管身边有了很多美国同学，但她依然觉得交流困难，“有些美式笑话，我根本听不懂，就只能跟着笑”。

俄大的校园很漂亮，是标准的美国大学校园。中国学生初来乍到时都挺兴奋的。但是，当他们在英语强化班待上一年半载后，普遍产生了一种挫败感。

“我想在真正的大学课堂里学习，过上更地道的美式校园生活。但我只是看着美国学生走过路过，在食堂一起吃饭，我无法体验到那种生活。”克莱拉说。

“天天学着一模一样的东西，看不到希望和尽头。”一个在英语强化班待了一年半、5 次托福考试均告失败的男生说。

黛西感觉，他们好像被这门课给卡住了。

他们聚在一起，抽中国烟，说汉语，聊英语课、聊作业、聊家乡

在采访英语强化班负责人时，黛西第一次听说了“中国城”。

“他告诉我，中国学生最集中的一个地方，是‘中国城’，他们同住在那一幢楼里。当时我吓了一跳，完全不能相信，因为我觉得这事太奇怪了。你知道，如果我到国外读书，我可不想跟一帮美国人住在一起。这样做，对很多事情都没好处。比如，你没办法接触语言，我的报道里有一句引语，就是说‘这不是学习语言最理想的状态’。”

她决定一个人去“中国城”亲眼看一看。

“中国城”的正式名称叫作斯科特楼，它实际上是俄大的一栋留学生宿舍楼，因为住的中国学生太多而被人称为“中国城”。虽然现在中国学生已被分散到了其他宿舍楼，但去年，这里共住了 215 名学生，其中 180 名是中国人。

“中国城”的入口是一座红砖砌成的拱廊，上头挂着灯笼。顺着这个拱廊走进去，就到了一座露天的院子。院子里有片草坪，还种着樱桃树，中央由 4 只木制长凳围成了一个圈。

这栋宿舍楼环绕着院子，十分雅致，一共有 4 层。第 1 层是教室，上面 3 层是学生宿舍。夜晚，从一排排白色的窗框里，射出温暖的金色灯光，整栋建筑，像一个镂空的立方体。走廊里，可以看到一扇扇门上用汉字做的装饰。

黛西一个人在楼道里晃，碰上了宿舍管理员。在交谈中，她得知，当天晚上，这里要举办专为中国留学生准备的迪士尼主题派对。

为了丰富中国留学生的社交生活，不让他们长时间待在宿舍里，中国学生学者联谊会精心组织了很多活动，有迪士尼卡通主题电影晚会，也有在当地年轻人里很流行的化装舞会。

在一次化装舞会开始前，宿舍管理员打扮成白雪公主的样子，挨个敲宿舍门，邀请中国学生参加派对舞会。

舞会上，黑白金三色的气球，用胶带粘在墙上，以打破原本严肃单调的建筑风格。“女士们穿着修长的露肩礼服和缀满水钻的细高跟鞋，在脏兮兮的灰色地毯上蹒跚挪步。男士们则穿着不合体的西装，从裤腿可以看出明显大一号。戴了个灰色领结的安迪正和泡泡吵架。克莱拉没来，宅在屋子里。”黛西回忆她当时看到的场景。

舞会办得似乎并不是很成功。“红黄相间的灯光，映照着面具下害羞的脸。多数中国学生只是待在圆形舞厅边上的阴影里，三五成群，打趣闲聊，随着音乐的律动，微微弯一下膝盖。各种甜腻的亚洲风格流行曲循环播放了一夜。”

黛西的许多照片都是在“中国城”里拍摄的。她还在英文报道里，绘声绘色地描述了在“中国城”看到的一个个场景。

每到日暮时分，“中国城”楼顶上就会点亮射灯，刹那间，这个散落着烟头的院子，沐浴在蓝色的光线之中。

一些人聚在院子中央的小广场上，一起抽烟。他们说的都是汉语，在聊英语课、聊作业、聊家乡。黛西凑过去跟他们说汉语。“他们对我很感兴趣，觉得我很有意思，觉得一个试图说汉语的美国人很好玩。”

比尔和6个朋友一起坐在长凳上，抽着中国烟，讲着各种荤素段子。他们都抱怨在这里的生活太无聊。比尔已经来了5个月，几乎没有美国朋友，只和中国人交往。课余，他要么在聚会厅里玩游戏，要么在体育中心打篮球。他的英语口语很差，想到自己上强化班的漫漫长路，心情黯淡。当时，他在考虑夏天回中国，突击准备托福考试。

克莱拉合上笔记本电脑，走出宿舍。室内，那张属于美国室友的床，依旧空着。她沿着走廊，走过一扇扇紧闭的门，到了聚会厅。她和两个新来的同学用中文聊天，看过了迪士尼动画片《大力士》，用蜡笔在迪士尼主题的涂色本上画了一会儿画后，克莱拉便又回到空荡荡的房间。

另一间屋里，一群中国学生正在用电饭锅煮面条。面条里只放了葱和酱油，煮熟后他们用筷子吃。因为宿舍内禁止做饭，所以他们用塑料袋罩住烟雾探测器，以防触发警报被抓。

黛西在报道中评价道：“这里几乎处处弥散着彻头彻尾、坚不可摧的中国‘特色’。”

这种“特色”可不只是食物。凌晨2点，在“中国城”3层的学生休息室，4个18岁的学生正在打麻将。摸牌出牌之间，这些年轻的中国女孩互相逗趣、闲谈。

“我和了！”一个叼着香烟的女孩喊道。随后，她推倒面前的14张牌，向大家展示。4人开始洗牌，“哗哗”声代表着新一轮牌局的开始。

删除麻将照片，快点儿删除麻将照片！

英文图文报道完成后，黛西将这些作品发到学校网站，刊登在一个叫作“我们的梦想是不同的”的摄影项目里。她特意给照片里拍到的中国学生发了信息，并告知了英文报道链接。可黛西没得到什么反馈和回应，“只有其中很少的人，见面被我问起的时候跟我说：嘿，照片不错，看着挺酷的”。

今年春天，网易的编辑跟黛西联系，说想发她拍的图片。黛西给他们传了 40 幅。后来上传的照片，是由编辑选定的。黛西还在期待中国编辑通知她中文报道发布的时间，却一直没等来。报道在中国已经发表了，她还不知道。

第一个告诉她这个消息的是打来电话的泡泡。那时候是晚上九十点钟，黛西在自己房间里，正准备泡一杯热茶。“她第一句话就问我：‘黛西，你是不是把你的照片发给了一个中国的网站?’我回答她：‘对啊!’然后，她在电话里拉着长音，缓慢地说：‘好——吧——’”

泡泡打电话的主要目的是警告。她告诉黛西，现在有些中国学生很不开心，他们想要跟你聊一聊。黛西说：“好啊，你可以把我的电话给他们，我很愿意跟任何一个想找我的人聊一聊这件事。”

放下电话后，黛西开始上网搜索这篇报道。紧接着，她接到了一个又一个电话，一直到第二天凌晨 4 点钟。“那天晚上，我差不多接了 50 多个电话。有些是同一个人翻来覆去地打给我。他们显得很烦躁，很气愤。虽然我已经累趴下了，第二天还要上课，但我还是想跟他们解释清楚，我觉得需要一个沟通的过程。”

有个男生给黛西打来电话，上来就问：“你家在哪里？地址是什么？我现在要去你住的地方找你!”黛西回答说：“不，今天太晚了，如果你想见我，我明天可以去找你。”

讲了半天，男生还是很气愤，他对黛西叫道：“你等着，我会去告你，让你坐牢!”

“我感觉，他们把这件事看得过于严重、夸张了，说了很多偏激的话。他们说这件事毁坏了俄大的声誉，他们的文凭现在一文不值了，以后会找不到工作。”黛西说。

整件事情中，最让她感到难受的部分是关于安迪。

安迪也打来了电话，他也很不高兴，因为他的爸妈看了照片后非常生气。黛西跟安迪见面时，他正好接到父母的电话。“电话的主要内容是要求安迪找我，要我把报道撤下来。”

几乎每一个给黛西打电话的人，都要求她把照片撤下来，把整套新闻图片都撤下来，但是黛西拒绝了。“我跟每一个人解释原因，告诉他们，我觉得这件事情非常重要，我很想发表这个报道。”

直到现在，黛西依旧困惑：为什么有那么多人跟她提及打麻将的那幅照片？大家为什么对这张照片那么反感？“每个人都在说，麻将照片，麻将照片，麻将照片。每个人都跟我吵：删除麻将照片，快点儿删除麻将照片！”

在照片里打麻将的女孩，也给黛西打来电话。第一天打了6回，第二天又打了4回。“她说我根本没有权利使用这张照片，这是她的照片。她叫我把照片从网上全部撤下来。我直接跟她说：没门儿！”

黛西发现，在图片版权观念上，他们之间是有差异的。“在这里，如果我给某人拍了照片，这张照片是属于我的，属于摄影师的。但是，在他们的概念里，似乎照片应该属于被拍的人。”

于是，很多人又打电话给泡泡，因为知道她跟黛西的关系最好。“我觉得泡泡承受了很大的压力，大家都要她来说服我删除照片，最后我就同意了。”

事后，黛西却感到后悔。

“我觉得这是一个错误，我不应该删除这张照片。因为，此后每个人都希望我把他们的照片删除，我不应该妥协。而且在一组照片中，删除一张也不会改变主题，但当时我妥协了。”

他们在渐渐改变，变得独立起来，想为自己而活

现在，让黛西郁闷的是，她从没料到这件事会变成这样的局面。本来她以为，还会像上次英文报道发表一样，报道在中国发表后，那些中国学生会对她说：不错不错，照片挺好看的。但事实上，大部分人表现得很沮丧。

最初几天，黛西接的电话最多，她的手机通讯录里，新加了好多中国

留学生的号码。“后来，电话一天比一天少，他们似乎慢慢冷静下来了。”

那个麻将女孩打过多次电话后，渐渐也不打了。“我觉得已经跟她把事情讲清楚了，最后她对我说：谢谢你跟我交流。”

她在跟中国学生通话时，试图解释的一点是：我为什么觉得这件事非常有意义，这件事可能带来的好处是什么。“但我当时的感觉是，当一个人很生气的时候，他就想发泄，想把一些话说出来。所以，很多时候，我只能静静地听他们说。”

让中国学生不满的是，他们觉得编辑选用的照片多是“负面”的。可在黛西看来，像看视频电影、跟朋友聚在一起做饭、一块玩玩游戏之类的事情，算不上是负面的。“如果我上了视频网站，我的父母不会不高兴啊。”她还说，虽然自己很投入地学习中国文化，还在中国生活过，但中国人的好多想法仍让她琢磨不透，难以理解。

“可能是文化差异吧。”她这么归结道。

在她眼里，这些中国学生已经算是很爱学习的了。“俄大的学生，出了名的爱玩，以开狂野派对著称。学生的交际场所，主要是在酒吧。跟那些天天泡吧的美国学生比，这里的中国学生好很多。他们很少出门，很少喝酒，聚会时，无非打打小牌、玩玩游戏、煮煮面条而已。可他们的父母还会那么生气。”

“他们打麻将，也不是没日没夜地玩，只是在周末才打，而且也不赌钱。”黛西像是在替这些中国学生辩白：他们才十八九岁，突然间，被抛到完全陌生的异国他乡，人很难适应，会令他们“文化休克”，倍感孤独。他们想家，想念家里好吃的东西。他们中的大部分人在国内并不打麻将，但是他们现在需要这些“中国的东西”，他们聚在一起，玩中国游戏，上中国网站，做家乡饭吃，会令他们心里好受一些。

“一些中国学生，在这里每天就是学习，没有其他想法。但我们不同，我们有很多未来的计划。”黛西说，从小父母就鼓励她做一个独立的人，自己做事，自己承担。

18 岁上大学时，她最大的期待是自己的大学生活能与众不同，希望自己尽快长大，更加独立。19岁时，她独自坐上长途大巴，游遍美国南部。大三时，她去了智利的圣地亚哥，学拉美政治和西班牙语。后来去中国，旅行前她一个中国人都不认识。

刚上大学时，黛西也不知道自己喜欢什么、将来要做什么。她先是读社会学，又选修了哲学、英语、政治等许多门课“做实验”，看看自己到底对什么有兴趣。直到上了大三，她才发现自己热爱新闻，喜欢与人聊天，想知道别人的故事。于是，她决定从事新闻摄影。

在昆明，黛西住在郊外一个小区里，周围都是中国人。她每天骑着自行车四处溜达，给街上遇到的人拍照。去大理和香格里拉旅行时，她感觉自己像是被时光穿梭机送到了另一个时代。在广州，她待了6个月，在黑人社区生活、拍片。她有两部作品在今年的美国大学生摄影年赛中获奖。

“4年大学，我最大的收获，就是找到了自己的热情所在。”她说。

对那些正在俄大上本科的中国同学，黛西更多的是寄予同情。

“到了美国，他们或多或少都会改变。一方面，他们受到来自中国、来自家庭的压力和期待，被迫接受家长所做的种种安排；另一方面，他们人到了这里，处在美国大学自由开放的环境下，可以做任何想做的事。他们在渐渐改变，有了想做自己的愿望，变得独立起来，想为自己而活。”

黛西表示，她不满意网易编辑为她的报道所起的标题——“失落的留学梦”。

“那不是我要表达的主题。我的英文报道的题目叫‘Not Here or There’（既不在这里，也不在那里）。我想表达的，是一种被困在两种不同文化之间的感觉。”

“我为他们拍照片时，关系曾是那么亲近。但是现在，我觉得要给他们一些时间，让这场风暴慢慢过去。”黛西说。

董月玲　李斐然／文

2012年6月27日

“斯坦福鸭子”拨动中国式焦虑

中国妈妈黎铭试图弄清一个问题：留学生在异国他乡的真实生活是怎样的呢？

那是一年前，在拥有几千名成员的“南外家长QQ群”里，家长们都在分享同一种不安：他们的子女都毕业于南京外国语学校这所名牌中学，每年少说也有两三百人浩浩荡荡地奔英赴美留学，所有人都想知道，孩子在国外究竟过得怎么样。

黎铭的儿子正在美国念高中。毫无意外地，这位“家长中的活动家”揽下了这份“工作”。此后，她用了180天的时间，走访了24所名校，接触了130多位留学欧美的中国学生，看到了一个“完全不同的留学世界”。

这是一个完全不同的年代：与容闳从耶鲁大学毕业、成为第一位留美中国学生的1854年不同，也与中国改革开放之后向美国派出首批52名留学生的1978年不同。

在全球的校园里，中国面孔已不再是少数派。中国在过去几年取代印度，成为美国国际学生的最大生源国，占了大约三分之一。中国与全球化智库研究编写的《中国留学发展报告（2015）》显示，21世纪的头15年，中国留学人员年均增长率接近22%。

与最早的留美中国学生“弱国子民”的心态迥异，作为首位在哈佛大学毕业典礼上演讲的中国学生，28岁的何江，在前不久引人瞩目的演讲中，强调了“作为国际社会一员的责任感”，表示哈佛教会自己“勇于立志改变世界”。

像黎铭这样的家长亲身参与的一个改变是，越来越多中国家庭放弃国内教育，将孩子送到国外去读中学或本科。2015 年，在美的中国学生中有 41% 是本科生，39.6% 是研究生——在研究生占绝对多数的十年前，这是不可想象的。

美国助理国务卿埃文·瑞安说：“越来越多的中国中产阶层关心子女的教育。中国人希望在 21 世纪具有竞争力。”

现在，黎铭试图通过实地走访，来了解中国孩子的生活。她发现：“每个留学生和他们在大洋彼岸的父母，都有着自己的不适和焦虑。”

美国学生圈总在说离自己很遥远的政治和文体活动，她只能回到中国学生圈，可那里天天说排名论成绩，让人“喘不过气来”

回国后，黎铭将自己记录的近百个孩子的故事集结成《听说》一书，希望分享给那些为留学做准备的家庭。在她的寻访对象中，有人靠自己的努力“挣回了学费和尊严”；也有人努力融入当地环境，却以失败告终，不得不再回到“中国人的圈子”；甚至有人因留学得了抑郁症。

她看到，计算成绩的 GPA（Grade Point Average，即平均成绩点数）像是留学生头上的“紧箍”，而他们的生存状态，就像起源于斯坦福大学那个著名的说法，“斯坦福鸭子综合征”——表面悠闲，鸭掌却在水下划得飞快。

焦虑，是黎铭见到宋希玥时，最直观的感受。

这个在斯沃斯莫尔学院就读的姑娘直言不讳地说，自己不喜欢这所全美顶尖的文理学院，更不喜欢自己的状态，“感觉就像是加强版的中国高考生，每天除了学习、学习，还是学习；话题除了拿 A、拿 A，还是拿 A”。

为了毕业后能留在美国，让留学“有价值”，这个姑娘选择了自己并不喜欢的经济学专业，每天埋头和数学课、经济课做“斗争”。“再坚持一下，或许就海阔天空了。”

她已经失去了自己的圈子。刚来美国时，她曾努力和美国同学交朋友，可新鲜感一过，美国学生圈总在谈论离自己很遥远的政治和文体活动，她却感到学业压力很大，只能慢慢告别了美剧、俱乐部，重新回到中国学生圈。可那里像极了国内的家长群，天天说排名论成绩，让人“喘不过气来”。

在另一所名校卡内基梅隆大学，一个中国留学生谈起这个话题时却笑了。他问黎铭，自己所在的计算机学院作业这么多、压力这么大，为什么自杀率却很低呢？

“因为都在赶作业，没空自杀。”男生冷冷地自问自答。

在换掉了 40 双袜子，把一件外套整整穿了一个月后，黎铭终于发现，这不是个例，而是许许多多中国留学生正在经历的事实。

一名在斯坦福大学就读的女孩告诉她，身边太多人跟着学校潮流“为了创业而创业”，再加上课多时间紧，真正坐下来搞清楚自己想要什么，太难了；帝国理工学院的王阳为此得了抑郁症，因为学业压力太大，又找不着自己的方向，这个无锡男孩被迫休学一年。

焦虑面前，隔着大洋的父母和孩子之间的矛盾，也如活火山般频频爆发。一位中国妈妈因为某天没联系上在康奈尔大学就读的女儿，越洋电话一个接着一个地打。到最后，女儿的老师、同学都被“骚扰”了一整天，女孩无奈，她只是不想被父母逼得太紧。

哈佛大学教育学院的一个中国男孩，有一肚子委屈，他称自己现在活得压抑，都是因为在国内被家长管得太严，到了国外就再也找不到方向了。

“你爸爸妈妈辛辛苦苦把你送出国，你头一个想法却是指责他们。你为什么不站在父母的角度想想？”黎铭忍不住问。

男孩没有回答她。

那场不欢而散的谈话后，黎铭忍不住去想，自己走访的多是顶尖名校，“在好学校的孩子尚且有如此大的压力，在那些差一点儿学校的中国留学生会是怎样的状态？”

她后来了解到一个更加难以置信的“留学世界”：中国学生聚在一起打麻将、购物、旅游，或是参加一场又一场的聚会。前不久因群殴同伴闹上美国法庭的几名中国留学生，清一色来自一所较差的私立高中。

中国男生小吴高考后来到爱荷华大学，在那个亚裔稀少的校园里，他的同学称呼他“chink”，这是英文中一个富有种族歧视色彩的侮辱性用语，对象是华人及至东亚人。同学用马克笔把小吴宿舍的猫眼堵上，用安全套套住门把手。

听着小吴风平浪静的讲述，黎铭心疼得紧。

这些日常工作在法庭、新闻发布会、谈判桌前的家长，将问题细化到孩子买了哪些课外书、回家后每个小时都干吗

继续聊下去，黎铭才知道，小吴的留学充满了“随随便便的色彩”。儿子高考失利后，父母找了家留学中介随随便便就给孩子选了学校。他们的算盘也打得很响：孩子在中国没考好，出国“镀层金”，回来后就能一飞冲天。

可直到抵达爱荷华，这个男孩才发现，那所排名较靠后、地理位置偏远的大学，并不能提供他想要的“留学生活”。

之后的种种经历，他却不敢告诉父母。在一年几十万元人民币的开支面前，小吴决定“报喜不报忧”。

这种“表面的和平”维系了两年，直到小吴“忍无可忍请求转学”。

事实上，黎铭发现很多中国父母喜欢把留学“神化”，以为孩子出去立马就能“幡然醒悟”，或是镀一层金。她受邀到许多城市与家长交流，不少三线城市的父母直截了当地问她：“我把孩子送出去了，回来一年能挣几十万元？”

更多的父母则会围住她，要求加微信，“以便交流”。巡讲超过十几个城市，从一线到三线，黎铭的手机里多了几十个群和成百上千个微信好

友，微信提示音从早响到晚，那是焦虑的父母在寻求建议。

杭州的家长问她："我没有美国身份，对孩子申请会不会有影响?"无锡的家长更疑惑："孩子这么小就送出去，会不会价值观缺失啊?"成都的家长也有自己的困惑："国际班这么多，该挑哪个呢?"合肥的家长则直愣愣地问留学的性价比怎么样。

这让黎铭想起了几年前"南外家长群"的热闹。2012年，一群"孩子都考上南外初中部"的家长建立了那个QQ群。

这些日常工作在法庭、新闻发布会、谈判桌前的家长，将问题细化到孩子买了哪些课外书、回家后每个小时都干吗、上了哪些补习班，以及用过的卷子能不能共享。

"'要宽松、要沟通'这些话都听得太多了，交流就要具体。"黎铭说。后来，这批孩子顺利从"神一般的南外"毕业，群的名声也出来了，成员一下从500人冲到1000人，很快又变成2000人。扩群需要付费，身为群主的黎铭原本不想再扩，但她表达自己的想法之后，不到三分钟，就有人给她的账号里充值几百元。最后一次扩群，1000个名额是按比例分给南外各年级各班级的。

那时，群友曾在48小时内为一个罹患白血病的孩子，筹集了20多万元。群里还配备了专门的记录员。群规约定，孩子上学的时间"不聊闲话，只讨论学习"。

当年的毛头孩子慢慢长大了，但群里依旧热闹。父母的话题从学习变成了出国、工作、结婚，桩桩件件不得闲，"还在为孩子操心"。

前不久，加拿大一所中学派人到中国交流。招生主任在台上问，中国家长对学校最大的需求是什么，希望他们培养出怎样的学生。台下一位中国妈妈抢下话筒，用流利的英语提问："你能把我们的孩子送到常春藤吗?"

黎铭看着台上不停皱眉摇头的加拿大人，"尴尬到不行"。

和留学生家长沟通多了，黎铭也慢慢发现，许多中国家长看重排名和资源，期待孩子"一飞冲天"，却忽视了留学的根本意义。

“留学不是商品，不能讲投入产出比。说到底，留学不过只是换个地方学习而已，家长不该给它赋予那么多意义。”她说，“与其花钱把孩子培养成会说、会听却不会读、不会写的‘美国式’文盲，还不如在国内好好想清楚该不该留学、去哪儿留学以及学什么。”

但反思终究不是主流的声音。《中国留学发展报告（2015）》指出，2015年的调查显示，与2012年相比，在国内读完高中课程再出国读大学的学生比例从61%下降到44%，出国读高中的学生比例则从17%上升到了27%，“低龄留学升温趋势十分明显”。

作为伯明翰大学人文学科博士生，小许也一直在关注“盲目留学”这一现象。在他看来，很多中国留学生出国，并不是真正为了国外的学术环境和交流平台，更多的是“为了一纸洋文凭”。

“中外教育各有优劣，如果你没认清自己的情况就为了‘外国’两个字而出国，这样的行为和钱钟书先生当年写的，方鸿渐花30美元买了个‘克莱登大学’博士文凭，回国却备受礼遇的情况有什么区别?”

他忍不住对《中国青年报》记者说:“我们对待留学、对待洋文凭的态度依旧没有改变。”

一些中国人甚至在追求“假洋文凭”，最近的一个例子是，美国国土安全部在过去两年间钓鱼执法，设立了一所野鸡大学——北新泽西大学，以引诱不法中介上门，并由此连查22所黑中介。经查证，涉案的上千名学生主要来自中国和印度。

美国官方一再强调，涉案学生在申请到这所大学后并没有上课，这意味着他们对这所大学的性质“心知肚明”。

黎铭也只能看着，许许多多的家长“还没搞清楚为啥留学”，就急急忙忙地“像当年的偷渡客一般”，一个带着一个，把自己的儿女和辛辛苦苦攒下的积蓄送出了国。

这个勤奋的妈妈在儿子出国前，请了国外的教授教写作，手把手替儿子选了学校，却换来孩子“伯克利的老师不会讲课”的抱怨

很多时候，黎铭自己也说不清，中国父母的操心对身在国外的孩子，究竟是好是坏。

前些日子，加州大学伯克利分校的一位中国学生毕业后，其母亲对孩子的教育进行了反思：自己干涉太多，留学前的学业和申请准备都做得“相当不错”，可孩子出去之后的学习“完全处于一种失控的状态”。

这个勤奋的妈妈在儿子出国前，请了国外的教授教写作，手把手替儿子选了学校，却换来孩子“伯克利的老师不会讲课”的抱怨、丢掉萨克斯的整整四年和只有两只猫陪伴的大学生活。

直到那时，后知后觉的她才想起来，当时国外教授给儿子开了长长的书单，可儿子“思维很幼稚”，对文学作品中人物的理解只限于好人和坏人，“根本看不懂”。她意识到了自己的问题：只知道让儿子疯狂“刷分”，却忽视了其对价值观的了解，以至于出国后无所适从。

“很多在中国成长的父母，对美国教育一无所知，却对孩子的生活横加干涉。”黎铭举了个例子，一名中国妈妈远渡重洋，去看望在美国念高中的儿子，却意外发现周日早上8点，“全校的人都在睡觉，甚至包括宿舍门前的狗”。

愤怒的中国妈妈写了投诉邮件，噼里啪啦敲击键盘急切地表示，“如果你们缺少资源，我可以安排中国的老师为孩子们线上授课”。

学校的老师很快回复她：“谢谢你对学校的关心。但我们有自己的教学安排，周日应该是孩子休息和参加社会活动的时间，不该被课程填充。”

这件事促使黎铭自我反思。最初联系不上儿子时，她也“焦虑得不行”，可后来，她决定接受逐渐美国化的儿子的安排——天大的事都发邮件。

她在走访中遇到一个中国女生陈佳，对方选择从一所著名的文理学院转学到刚成立不久的密涅瓦大学，这让她感到吃惊。

“你们学校没有毕业生，没有知名度，你毕业后工作怎么办？”

“你在这里已经一学期了，能力有提高吗？”

“你有什么资格说自己是学校的建造者，而不是实验的小白鼠？”

中国妈妈黎铭的疑问一个接一个地砸在了陈佳身上，咖啡桌对面的陈佳却一直在笑，“你的问题我都能理解，我也很乐意回答，好让更多人了解密涅瓦”。

那场交流至今让黎铭印象深刻，她第一次那么强烈地感受到了“两代人、两种教育观下人们不同的追求和选择”。

为了更全面地了解留学生的生活，黎铭安排摄影师偷偷潜入了一场美国学生的聚会。凌晨 4 点，警车把吐得不省人事的摄影师送了回来，他的身上沾满了酒渍、酱汁、泥土以及辨不出种类的呕吐物。

第二天，回过神的摄影师告诉她：“那里男男女女随便抱……就一直喝酒……喝到后面也不管了，对着人的脸就吐。”

那一刻，黎铭突然想起了“南外家长群”里的一个故事。

一个南外母亲在送独生女出国之前，意外地教起了女儿喝酒，还专程带女儿去丽江，白天闲逛晚上泡吧，为的是“学会如何识别男性的勾搭，拒绝一夜情”。

群里为此爆发了激烈的争执，有人认为这母亲的教育方式“太过了”，可那位母亲态度一直很坚决，“这些都是美国文化的一部分，可以拒绝但不能忽视，要理性面对”。

“现在想想，她也算未雨绸缪。”黎铭笑了。

她寻访时，正值读高中的儿子放春假，她带上儿子从东海岸一路飞驰到西海岸。儿子搞了个排行榜，上面写着他最喜欢的几个寻访对象。黎铭拿来一看，发现在儿子的榜单上，名列前茅的没一个和自己喜欢的重合。

儿子最欣赏一个不喜欢刷 SAT，导致错过斯坦福的男生。那男孩在一所普通大学里忙着设计 APP，采访间隙还带着黎铭母子一起游玩。其实那会儿正值他两场考试之间，黎铭疑惑，便问那男生：“不复习真的好吗？”

男生笑着回答：“这学校不咋顶尖，我的能力远远超出他们的要求了，所以正尝试创业……”

儿子榜单的第二名是一名休学创业的美籍华人。第三名则是在遭受种族歧视两年后勇敢向学校发声，并最终靠自身努力成功转学还挣够学费的小吴。

这一点让黎铭始料未及。“这是典型的美国式价值观，充满了小人物逆袭的味道。”这位年轻的妈妈看着自己列出的榜单，一水儿的哈佛、耶鲁、普林斯顿，再看看正和小吴聊得很开心的儿子，长叹了一口气。

这一代的父母压力很大啊，一把年纪了还要天天学什么“互联网 +”，绞尽脑汁给儿女盘算一条顺畅的路

“好学生”究竟是什么样的呢？黎铭猜都不用猜，就知道大多数中国父母的答案：高 GPA、好文书、被名校录取。以前，群里的父母总议论的一个“好学生”最后没被哈佛录取，大家不禁传出一片叹息：“唉，她啊，申请得不好。”

可普林斯顿大学的一位招生官却给了黎铭完全不同的答案。招生官很严肃地问黎铭：“为什么中国学生面试时男生都说自己做竞赛，女生都说自己玩辩论？”“为什么面试时，中国学生都说自己喜欢莎士比亚和英国文学，却从没人对中国传统文化感兴趣？”

这些问题，黎铭一个也回答不了。

她只知道，为了“录取”和“文凭”，一些家长和学生“什么都能做”。中国的父母太重视 GPA、文书了，为了留学，打造了一个又一个标准的“中国好学生”。可是，这些孩子却并没有接受国外的教育观，也适应不了国外的价值观，最后都成了国外评价体系里“没意思，不好玩”的学生。

华盛顿大学招生官表示，根据《中国留学发展报告（2015）》，在申请美国高校的中国学生中，有多达十分之一的申请者可能使用了包括假

论文和假高中成绩单等虚假材料。有16所大学近千名中国学生曾使用过MyMaster论文代写公司代写学术论文或代考在线测试。

“中国留学市场中存在相应的作弊需求。中国家长和学生盲目追求高分和名校，往往不会意识到制造假申请资料或作弊的严重性。不少学校的老师为了让学生们考上好学校，以便提升母校的形象以及教师的荣誉感，也加入造假行列，帮助学生修改最终的成绩单。”这份报告称。

黎铭回国后和各地的家长交流，听说一名学生家长招聘了一名英国归来的博士，结果却发现，让这名博士写的报告都是抄的，“连别的公司的名称都没去掉”。

“这样的留学有什么意义呢?”黎铭叹气，可她又不忍心苛责这一拨一拨把儿女送往海外的家长。有家长向她诉苦，这一代的父母压力很大啊，一把年纪了还要天天学什么“互联网+”，绞尽脑汁给儿女盘算一条顺畅的路。

“这些家长大多已是中产了，可他们却比谁都焦虑。”黎铭无比理解这些父母，成都的一些父母甚至还自发统计了儿女留学后回来的情况，他们总结“有20%的人留学是失败的”。

就连黎铭自己也曾经是其中一员。“年轻时比工作收入，后来比谁嫁得好，现在比谁的孩子有出息。”儿子小时候特别喜欢画画，但在黎铭眼里，这是“没意义的事情”。

她曾没收儿子所有的画具，并“威胁”他不准再画。可每天下班回家，她总会看到沙发、墙壁上都是被涂画过的痕迹。

不忍心和儿子彻底闹翻，她选择“睁一只眼，闭一只眼”。

几年后，儿子赴美读高中，她抽空去探望，却发现儿子的画作入选了全美多个画展，同行的人不住夸赞，黎铭再也忍不住，一个人跑到儿子学校的操场，哭得稀里哗啦。

“我的焦虑、我的功利，差点儿毁了我儿子的爱好。”她眼眶泛红。

可更多的孩子，没有这样的好运。

那位帝国理工学院的学生王阳，因抑郁症回国休学了一年。当黎铭再次和他在英国相遇时，他已“阳光满满”，这让黎铭很欣慰。

王阳的经历被黎铭写进书里后，回国工作的他“感受到了来自社会满满的恶意”，他不愿再接受任何采访，只偷偷告诉黎铭，“所有人都说，我出去留了趟学还留出了抑郁症，太丢人了”。

这次去美国，黎铭才听说，庞大的中国留学生群体甚至养活了一个新产业——专替中国留学生联系实习和介绍工作的生意。

她在寻访中碰到的一个男生，声称留学的性价比太低了，自己学校的知名度不高，也不好找工作，不过，回国当留学顾问还不错，毕竟，“这个行业人傻钱多速来”。

“你只在这所学校上过学，又不了解别的学校，怎么当留学顾问呢?”黎铭忍不住问。

男生耸耸肩，没有回答。

袁贻辰 / 文

2016 年 6 月 1 日

带领孩子走向知识

这是个颇为特殊的学校——“博尔达”教育培训基地，坐落在北京西海南沿 48 号。

“博尔达”来源于英文 BED——Big Education（大教育）的简写——的音译，致力于中学生学习能力的培养。“基地”收费不菲，学生每周只到这里上半天课，“基地”对家长承诺学生成绩一定会有提高。

在采访中，我心里充满了疑问：这种学校能够信赖吗？仅课外辅导能否达到宣称的效果？以成绩为考核标准，会不会只是考试技能培训？它所倡导的教育方式与正规学校差别太大了，会不会互相抵消？

但我在这里看到了理想和激情，看到了信任和爱，看到了一批年轻的教育理想主义者，以及他们对传统教育的批判和新鲜、活泼的教育实践。

最终让我下定决心完成这篇报道的，是我接触过的学生、家长和老师都肯定地说：即使我的所有疑问确实存在，这所学校的做法仍是值得报道和共同讨论的。

我们的教育究竟出现了什么问题？这个国家的下一代都会是什么样的？

我到“基地”去听的第一次课是高一年级的物理和化学。

教室里，学生们正围着一张大圆桌，老师站在桌前。物理老师只有 25 岁，是某知名高校的物理系研究生。他不带讲义，不翻课本，口若悬河，从原子弹、导弹，讲到伊拉克战争，时不时还会蹦出几个英文单词和天文学术语……

教室里寂静无声。突然，老师说了一句："我这些都是胡说，聪明人都听不懂。谁最聪明？"没人应声。该教师又说："听不懂的都是天才，我希望咱们这里有个天才，谁是？"学生们"哄"地笑起来。

化学老师进来了，抽抽鼻子说："哎呀，这屋里的氧气浓度肯定不到21%，快开窗子透透气。"学生们嘻嘻哈哈地争着去开窗。他们给这位化学老师的讲课方法起名为"说书"式，觉得上完一节课，就像看完一个小品。

老师"说书"的第一个内容是一道化学题，看谁做得最快。一个学生没用一分钟就做完了。"哎呀，咱班咋有这么聪明的学生呢！"老师感叹，"你用的是什么方法，教教我！"

学生阐述完了，他紧接着又问："真是个好办法。那为啥这种方法书本上没有？是不是编教材的人都特笨？"

学生们面面相觑。

"那这种方法有什么道理？为什么这么做又准又快但老师不教？"看着一张张茫然的小脸儿，老师停顿了一会儿才说："因为无论做什么事，我们都应该先从最难、最基本的方法做起，虽然那种方法可能很慢、很复杂，却最能够反映你理解题目的思路，而且这种基本的方法，肯定只有一种。一旦你真正理解了题目的本质，你就可以推导出很多种快速解题的方法。这道题按照基本的方法，应该是……"

老师开始在黑板上列化学方程式，计算化学量……他最后说："容易的谁不会呀！难的算法也会，那才叫能耐呢！"

这些老师用基地校长皇甫军伟的话说，个个都是"活宝"。

"我选老师的标准是——他们在教育方面和我有共识，他们喜欢孩子，热爱教育。他们或者语言特别有趣，或者为人很'狂'，或者知识渊博……如果有学生反映哪个老师的课不好听，我立刻就让他走人。"

皇甫今年31岁，8年前毕业于东北师范大学教育心理学专业。4年前，他接触的一个因沉迷电子游戏而荒废学业的高中生，竟然连"able"

（有能力的）这样常见的英文单词都不知道，这使他感到惊讶和惶恐：我们的教育究竟出现了什么问题？这个国家的下一代都会是什么样的？

在帮助这个孩子寻找学习乐趣的同时，他接触了更多的“坏”学生。他发现：并不是孩子不好，而是老师和学校出了问题，“因为游戏打得好的孩子，有学习以外的兴趣爱好的孩子，都是非常聪明的孩子”。

“要帮助他们！”这个黑瘦、高个子的人下定决心。

皇甫军伟辞掉了在教育部的铁饭碗，“下海”了。3年多来，他的“基地”由一间只有几件破桌椅的地下室，发展到“地上”教室，再发展到一幢小教学楼；由他一个人充当全面手，发展到有七八个志同道合的专职教师；由几个学生，渐渐发展到上百个。家长们每个星期都主动打电话到“基地”来了解孩子的学习状况。每逢星期五下午，许多学生自发地聚到皇甫军伟的小办公室里，争着让他考试，让他留作业。

他说，他用实际行动证明了：没有教不好的学生，只有教不好的老师。

如果家长对孩子的教育没有正确的观点，我们无论怎样努力都没有用

S，朝阳区某重点学校初三男生。瘦瘦的，很黑的大眼睛，看上去十分聪明。我见到他时，他心情不好，因为在刚刚结束的期中考试中，他没取得预想的好成绩。“我本来是下决心要拿第一的。”

据他妈妈说，S的成绩以往在班里排二十几名。有一次，她在一张报纸上看到了“基地”的广告，便去打听。只在电话里听皇甫老师说了几句，她就“心动了”，可皇甫老师还有要求，要让S来面试。

“几乎每个学生我都要面试。”皇甫军伟说，“但其实不是面试孩子，是面试家长。”

“为什么？”

“我们只是课外培训学校，一周只上半天课。如果家长对孩子的教育没

有正确的观点，或者不能接受我们的方法，我们无论怎样努力都没有用。”

“怎么面试呢？”

“就是看，观察。”皇甫军伟自信地说，“我是学心理学的。从一进门开始，从孩子的反应，家长的反应，眼神，说话的态度，基本上就可以判断出来，父母是怎样的父母，孩子的问题在什么地方。”

我问 S：“觉得‘基地’的老师怎么样？”

“好！”回答简单而果断。

“什么地方好？”

他挠挠头，想了半天，说：“说不出来，反正比学校里的老师好。比如皇甫老师，那次面试后他让我做书上的题，我偷懒了，只做了一半。其实一看就能看出来，可皇甫老师看完后说：‘做得挺好的，挺认真的。’我当时心里特别不好受。”

“为什么？”

“我觉得对不起他呗！他那么信任我，我还偷懒。”

“那学校的老师不信任你吗？”

“学校的老师……不怎么理我。”

“在学校你最喜欢上哪门课，最喜欢哪个老师？”

“我喜欢上音乐课，体育课也可以。老师嘛，没什么喜欢的老师，音乐老师还行。”

“‘基地’的老师呢？”

“‘基地’的老师我都喜欢。他们上课特别好玩，特别逗。老师还跟我们一起打篮球。”

“在学校没有老师跟你们玩吗？”

“我们学校的老师都是老太太了！”他惊呼，“要我说，40 岁以上的老师都该退休，他们跟我们根本没有共同语言，他们说话我一点儿都不爱听。”

“你们学校是重点校，应该有不错的老师。”我很吃惊。

“那我也不喜欢，”S 有些“武断”地总结道，“‘基地’也不是每个老师讲得都好，可我就是喜欢去那儿，真的。在那儿上课不累，觉得学的东西特别多。”

“你以前只排二十几名，怎么那么肯定期中考试能排第一？”

“因为我开学以来月考都排第一呀！”S骄傲地说，“唉，我可能有点儿骄傲了，没想到这次考试题有点儿难。皇甫老师说，我这次要能考第一，就免我的学费。”

“我们辅导当然要收费，但不是为了收费才去辅导。”皇甫军伟说，“我们的老师每天都要解答学生的问题，手机上每天都会收到满满的学生短信。‘基地’也有下岗职工的子女，还有被父母、学校基本放弃的学生，只要他们愿意来，愿意学好，免费我也收。”

Z是我在“基地”多次见到的高二男生，每个周末他都是在这里度过的。“在家没意思，我就喜欢到这儿来。”

在他的眼镜盒里，我看到了一张破烂的小纸条，密密麻麻地写满了英文单词。“这是我给自己定的任务，每天背10个，自己背，自己检查。”他很得意，“你不信？那你考考我吧。”

我开始考他，果然差不多都能记下来。

“我来‘基地’有两年了。”他说，“真是，到了这儿，我才知道应该怎么学习，才开始热爱学习，我现在每天想的就是怎么把成绩弄上去。”

“那你以前……”

他有些不好意思：“你看过那些成天在大街上混的吗？我就那样！不上课，不学习，不做作业，打游戏。”他挠挠头，又有些无奈地摇头说：“可是我的基础太差了，要想赶上别人还得再多努力才行。”

这真有些神了。“为什么到了这儿你就开始爱学习了？”

“因为我觉得学习有意思了呗！”他不解地看着我，“你不觉得吗？我发现我也能学好，就是以前太不用心，浪费了那么多时间。”

另一个学生W，到“基地”前已经拒绝学习，连老师发的作业都要撕。我在这里却看见他主动给同学讲解化学题，主动向皇甫军伟汇报本星期的学习成果。“我现在比我们学校的老师讲题讲得好。”他呵呵笑，“可我提出的问题，老师都解答不了。”

W 的父亲是国家机关的工作人员，他说自己亲眼见证了 W 的转变：从原来非常抵触学校、每天打游戏、“8 门主课 7 门不及格”的差生，变成了主动带着问题去上课，自己能合理安排时间的快乐的孩子。“他现在也玩游戏，每天吃完饭玩半个小时，然后就去看书。”

这位父亲也是对教育颇有研究的专业人士，他这样总结儿子转变的原因：“他觉得在学习上可以获得更大的乐趣，当然，还有成就感。我觉得这是他在‘基地’最大的收获。”

W 的成绩已上升到全年级四五名，不再是“基地”的常规学生了，但他仍然每周都来。“这儿有学习氛围，我每次来都觉得能多学点儿学校没有的东西。”

老师应该是带着学生走向知识，而不是带着知识走向学生

到底是什么让孩子们发生了这样的转变？仅仅是“好玩”“乐趣”？“基地”的各科老师似乎都各有一套办法。

教理科的宋艳玲对课堂的要求是：安静。“不是要求大家不说话，而是要每个人都在认真听，要能看到每个人都在思考。”她解释，“那是进入了一种境界。你能看到他们的眼睛都在发光，他们听懂了，而且在想。”

“可是怎么能让他们认真听课，并且开始思考呢？”

“那当然要靠老师引导。”宋老师说。上化学课，她会从每种元素的故事讲起。“比如磷。它的燃点非常低，因此在夏天的夜晚，它会自燃，这就是俗话说的‘鬼火’。我就先从鬼故事讲起。”她得意地问我：“传统学校让讲鬼故事吗？不让。可孩子们对这些神秘力量都非常感兴趣，这种好奇和探索欲望是科学最基本的起源。故事讲完了，他‘入境’了，好，我们开始讲理论知识。”

英语老师赵志成的要求则简单得多：动，说，每个人都要张口。“现在学生的英语问题在哪里？”他一拍大腿，“用汉语思维理解英语。可能一

句话里的每个单词他都认识，但放在一起就是看不懂，说不出来。”

赵志成要求每个同学都买一本英英字典，让他们习惯用英语解释每个单词，上课时比赛，看谁说得好，说得准。这种锻炼不但可以帮他们温习以前学过的单词，还能让他们了解句子结构，练习介词，同时能训练学生在语境中理解单词的意思，又练习了口语。”他说这是“一举多得”。

赵老师从来不让学生背课文。因为他们不喜欢！因为课文里的东西他们都用不上。”他找的东西都是孩子们能用上的。比如，现在的学生都有手机，手机的英文单词是什么？它的起源是什么？比如，每次教他们一句英文格言，写英文作文用得上，和别人说话用得上，“还有吹牛也用得上”。他笑着说，“孩子都喜欢显得比别人水平高，想让别人刮目相看。”

他最得意的一招是讲笑话。每次选个笑话，他讲，学生听，如果最后有一人听不懂，没乐，他请客吃饭。“你别笑，我真的请过！”这样一来，大家都饶有兴趣地努力听。“他没听懂，也许就是因为一个单词，可是最后他肯定牢牢记住了这个单词。”

皇甫军伟说，他要求基地的老师都要尽自己的最大努力使课堂生动、有趣、创新、有意义。

“比如讲数学的函数，我会先从这个符号 f 讲起，它是什么意思，为什么用这个字母作为函数符号……

“比如讲方程式，我会先从撒谎讲起。任何人撒谎都是在列方程，他要尽一切努力让等号两边相等，否则就变成了不等式。但当 x 被求出来后，谎言注定会被戳穿……”

“老师应该是带着学生走向知识，而不是带着知识走向学生。”皇甫军伟强调说，“讲知识，哪个人都能讲。一上课就是讲一二三个知识点，再做例题，再留作业，这很容易。但我们要让学生自己主动找书看，找题做，提出问题，再解决问题，能教出这样的学生的老师才是成功的老师。”

“基地”的老师虽然每周只上一两次课，但他们说每天都很累。因为要不断地看书，看报，找资料，力争让每次课都不一样。“这是个挑战。”这些 30 岁左右的年轻人不约而同地说，“但我们喜欢挑战、新鲜和不同，这是“基地”吸引孩子的原因，也是吸引我们的地方。”

“如果你知道很多他不了解的事，对他了解的事也有让他惊喜的看法，他就会喜欢你。”

但是，这样的课在传统学校里就不能进行吗？

“我可以肯定地说，不行。”宋艳玲老师到“基地”之前，先后在公立、私立学校做过5年教师。她说，如果没有碰到皇甫军伟，她就改行了。

“在传统学校我也是很好的老师呀！”5年的传统教师生涯中，她在当地都是数一数二的，然而她并不快乐。

“你不能有创新。所有的上课内容、板书，教案里都要有，教案要上交；你的讲课进度教学大纲里都规定好了，不能快，也不能慢。其实中学里的知识就那么多，多余的时间干什么？题海！”她无奈地笑，“这种生活，对学生、对老师都没有乐趣可言。”

“那在这里呢？”

“在这里我从不按教材的章节讲。所有的框框都可以打破。我们追求的不是传授知识，是锻炼他们掌握知识、运用知识的能力，是提高他们自我学习的能力，甚至是学科之间融会贯通的能力。”

宋老师说，她到“基地”后才发现，很多课本上的东西，她自己都没弄清楚。比如，$5+(-4)=1$，因此就说1是5和-4的代数和，于是就有学生问“为什么是代数和”；再比如，氧和硫的化学反应中，硫是还原剂，氧是氧化剂，有学生问“为什么叫氧化剂、还原剂”。这些都是她以前从没考虑过的问题。“我仔细研究后才发现，一个概念、一个名词，对于学好一个学科有多么大的作用。”

“可在传统学校里，解决这些也不难呀？”我不解。

宋老师笑着摇头：“我不得不说，学校里有些教师并不热爱自己的职业，因此没办法用心研究。”这让我太惊讶了。她接着说：“实话告诉你，我到‘基地’来以前，也不热爱这个职业。”

“你可以想一想，一些报考师范院校的人都是为了什么？”她反问我，“是因为热爱教育吗？这些人从小到大在学校里受到的熏陶又是什么呢？

他们的品格都怎么样呢?”

宋老师给我讲了一个故事：一个在“基地”上课的男孩子说过这样的事，一次在学校上课时，他的钢笔不出水，就向地上甩了两下，不巧甩到了刚走过的老师的毛衣上。这位老师火冒三丈，立刻让家长到学校，要求赔她毛衣。

“这样的老师，孩子会愿意上她的课吗？她又能教出怎样的学生来?”

皇甫军伟听了这件事，立即说：“这位老师做得不对，我们相信你是无心的，代替她向你道歉，要是你家不介意，毛衣的钱我们替你赔。”那个男孩当时眼圈儿红红的，不知说什么好。

“在我接触的孩子中，无论学习好不好，99％都不喜欢学校里的老师。”宋老师说。

以宋老师的经验，在传统学校里，一个班四五十个学生，老师们上完课就走了，每个学生是怎样的性格，他们都在想什么，几乎没人清楚。“不了解他们，怎么做到对症下药？没有交流，怎么能让他们信任你，和你一起探讨知识?”

“可是，‘基地’的学生和老师一星期只见一次面，就能做到相互了解吗?”

“我们努力做到这样。”宋老师回答，“孩子们喜欢英雄式的人、有个性的人、有本事的人、对他们好的人、正直诚实的人。如果你知道很多他不了解的事，对他了解的事也有让他惊喜的看法，他就会喜欢你，甚至崇拜你。教师是需要人格魅力的职业。”

这里几乎所有老师都义务为学生补过课，没有一位老师直接或间接地批评过学生，他们说自己用得最多的方法是：鼓励，欣赏，关注和信任。

赵老师的总结直接而生动：“我能感觉出他们佩服我，他们也能感觉出我对他们好。这时候他们自己就会觉得：不好好学，对不起老师。”

“这就是教育与教学的区别。”宋老师说，“教育，重在育；教学，重在教。可以说，是这点发现让我重新热爱上这个职业，因为‘育人’的乐趣和意义远远大于‘教人’。”

一旦这种习惯建立起来，无须告诉他们需要学什么

许多家长说，“基地”的广告最吸引人的是“提高学习成绩”这一句。

“这是没办法的事，谁让家长都有这种功利心理呢?”皇甫军伟说。他话锋一转，“可是，考试得高分的人就是低能的吗？能上北大清华的学生能力都不行吗?”

皇甫军伟将中学生在学习上存在的问题总结了几条：不会听课，不会看书，不会记笔记，不会安排时间，不会融会贯通。“僵化的知识，遇上综合能力考试，傻了。”

“我们这里怎么办?”他举例说，让学生自己用一句话总结每节课最本质的内容，字数越少越好，然后是每一章，再是整本书。

“总结出来后，往那里一摆，整本书的内容一目了然：为什么把这些内容放在一些，它们之间有什么内在联系，解决这章的问题需要哪些其他章节知识的支撑，这些知识又对以后的学习有什么作用……”他激动地一拍桌子，“书不就是这样越读越薄吗？如果每一门课，学生最后都能依靠自己完成这个工作，他会很容易发现一道题是什么意思，考的是什么，那学习不就是很容易的事吗?”

“可是，必须承认，不是人人都能做到这样。”我说。

“对。所以我们给每个学生留的作业都是不同的。”为了使老师更好地了解每个学生的能力，“基地”的班级人数最多不超过 15 人，在新的教学设想里，还增加了 3 人、5 人的小班，以适应不同层次的学生。

“可这样是否跟新东方一样只培训考试技能?”我问。

“不，绝对不会。”皇甫军伟坚定地说，“所有教学内容背后都隐含着思想、能力的训练，如果一个孩子化合价学得不好，证明他的计算能力有问题，我们也许要从他的数学方面着手；而如果一个孩子函数——培养掌握规律的能力——掌握得不好，可能是分析和判断能力不好，我们甚至要从读题、语文方面的训练着手。”

皇甫军伟创造了一个词，叫“立体化学习”，就是让学生们在每个学科的知识点以及各个学科之间，自己搭建出一个互相联系的“结构”，甚至让学习的过程都“立体”起来。“一旦这种习惯建立起来，无须告诉他们需要学什么，他们自己就知道该学什么，该练什么。”

面对我对“分数标准”的质疑，“基地”的老师几乎都认为“这并不矛盾”：高分未必高能，但高能一定会有高分。从这个角度说，他们都有信心应对“考试成绩”这个衡量工具。

“基地”每位老师的专业背景也十分有趣：赵志平虽然是教英语的，可他大学本科学的是汽车工程；一位教物理的老师，高中时就是地区历史竞赛的第一名；宋艳玲教理科，但从师范学院毕业五年后，她又主动学习了大学中文系的课程，开始继续英语学习……

“我不要求他们是师范学校毕业的专业老师。”皇甫军伟说，“我甚至希望他们是从事其他职业、在社会上闯荡过一段时间、有自己独立见解的人。这样的人能到这里来搞教育，更说明他热爱这个职业，也更有创新精神。”

“立体的教育当然必须有立体的老师。”他补充道。

即使最终仍有人上不了大学，但至少不会是社会败类

皇甫军伟毫不讳言，他们有过失败的例子：一些父母错误的教育观念使得帮助孩子的努力成为泡影；在复杂的社会环境中，一些孩子势利、虚荣、急功近利，他们也无可奈何；学校教育和升学的残酷，彻底摧毁了一些孩子的自信……

在回答“现在中学生面对的最大问题是什么”时，老师们给出的回答竟都是：孤独。

一个十几岁的孩子，很早就起床去上学，一天七八节课，加起来只有不到 1 个小时的课间休息，课上是老师严肃的面孔，课下是同学自顾自地苦学，回到家听到最多的话也是“快去写作业”“考试多少分”，没有人和

他们玩、聊天，没有人想知道他们对待生活的看法和对未来的憧憬……

由此带来的后果是：学习没有目标，开始打游戏，撒谎，失去进取心，对待周围的人缺乏起码的宽容和友爱，对自己和生活没有责任感……

第一次到“基地”上课的学生，大多数都会问：“老师，这个考不考哇？不考就别讲了。”老师们无奈地笑：“这哪儿是在学习呀，都是在应付家长和考试。”

“其实我们什么也改变不了。”皇甫军伟说，“但我们首先可以做到尊重孩子，对他们宽容，让他们感受到爱和关注。老师首先应该是有丰富情感的人，情感才是知识的载体。”

W 给我讲了他印象深刻的一件事。一个刚到基地的男孩子，永远不和别人说话。皇甫军伟知道这个男孩喜欢猫，就把自己的猫送给他。这下可有共同话题了，俩人一见面就聊这只猫，久而久之，男孩开朗了很多，上课积极提问，下课和同学一起聊天，“你不叫他打住，他都刹不住车”。

S 也说，他很喜欢皇甫老师，因为第一次面试，皇甫军伟不仅说出了他的缺点，还说出了他的优点，表扬他聪明，这让他觉得在老师眼里他真的很不错。

“谁不喜欢表扬啊？大人也喜欢听表扬不是?”宋老师说，“有时候，一个温暖的眼神，友好地拍一下肩膀，都会起到意想不到的作用。如果有心，这并不难。”

在“基地”上课的学生，每人每周都会领到一本“学习能力培养手册”，每天一则格言、一个关于成功的小故事，要求大家写下自己的读后体会，列出当天的学习计划，写出遇到的疑难问题，周末由老师讲评。

我看到的一本是关于信心与毅力的。在这周的讲评里，几乎所有学生都得到了表扬。一个孩子写道：“无论在什么时候，信心都是困难的克星，在困难面前说一声‘我不怕你’，它就会抱头鼠窜。”另一个孩子说：“在遇见困难的时候，不能总是第一个想到放弃，也许这之后会有意想不到的发现，就像彩虹只会出现在雨后一样。”还有一个孩子说：“人要学会在危机中挽救自己，振作起来，不要一蹶不振，变成一个‘懦夫’。”老师把学生的心得抄到黑板上，让大家讨论谁总结得好，体会得深。

“这不是作业，但是如果完成了就会得到表扬，学生们就会主动去看。时间长了，这些格言和故事都会培养他们健康向上的心智。”皇甫军伟强调教育“要有耐心”，“一点一滴都是进步，即使最终仍有人上不了大学，但至少不会是社会败类”。

在“基地”的一本内部教师手册上，我看到这样几段话：

> 真正能改变他们学习态度和成绩的，不仅仅是老师的知识和方法，还有对心智的关爱……情感是知识的载体，这能唤醒他们的心灵，激发他们的潜能，彰显他们的个性，感召他们的灵魂。
>
> 基础教育要带给学生的是：完整的精神生活（个人与世界的丰富关系）；终身学习的愿望、兴趣和能力；独立、有尊严地面对世界的品质与能力（质疑与独立思考）；有效的自我表达、收集和处理信息的能力；服膺真理与崇尚智慧的品质；宽容与尊重个人价值的品质；快乐生活的品质。

几年来，“基地”不断得到发展和壮大。“不错，我们收费，但任课老师的收入都不高。这样做是为了进一步发展和完善，为了向我们理想的教育更进一步。”

在刚刚装修好的新教学楼里，每门学科的教室都刷了不同的颜色：理科是静静的淡蓝色；文科是活泼的粉色；三人班、五人班是黄色，那是梦想的颜色；图书室是浅绿色，那是播种和收获希望的田野。

谈起即将拥有新教室时，孩子们都兴奋不已。“他们眼看着‘基地’一步步发展，也觉得是一种激励。”皇甫军伟感叹，“‘基地’本身就是很好的例子，有理想，有信心，努力奋斗，就有收获。”

江菲 / 文

2004 年 1 月 14 日

120 平方米的教育试验田

清华大学本科毕业、加州大学洛杉矶分校博士毕业、麦肯锡全球董事合伙人、世界经济论坛 2016 年“全球青年领袖”之一、4 年抱 3 娃……38 岁的李一诺一步一个脚印，踩得结结实实。但在 1 年前，给孩子找学校这件“小事”，轻而易举地绊倒了这个“人生赢家”。

在人口超过 2000 万、拥有成百上千所小学的北京城，这位母亲没找到合适的学校。她和丈夫于是决定：自己办学校。

她把这段经历写进了微信公号文章《你也为孩子上学发愁吗?》，短短一天，就发酵成了一篇“10 万 + ”的爆款文章。她收到了近千封邮件，来自天南海北的中国家长给她鼓劲儿，“预约”这所学校开到自家门口时的席位。

邮件里很多家长表达了对教育的焦虑。一位家长说：“我的目标，就是希望我的孩子身心健康。这个目标简单吗？好像挺简单的，这个目标难吗？真的挺难的。”

“我们希望培养的是一些内心充盈的孩子。”李一诺说，打破“成功就是上名校、挣大钱”的论调，教育的真正目的是认知自我、认识世界。而孩子真正需要做到的，其实是“学习知识，掌握方法，了解世界；知道自己是谁，能做什么，并发挥自己最大的潜力”。

2016 年 9 月，31 个孩子和 6 名老师走进了这所名为“一土”的学校。通过和北京市第八十中学的合作，在总面积 120 平方米的 3 间教室里，他们开始了一场教育创新试验。

他们说，这不是叛逆“公办学校”“国际学校”的第三条路线，而是探索出一条汲取“公办学校”“国际学校”优点，去芜存菁的适合孩子的路。

李一诺认为，公立学校完全不缺乏有创新、有思考的教育者。甚至，她说自己以“无知者无畏”的精神闯进教育圈后，最大的惊喜就来自这一群“体制内”的教育先锋。也是因为这群人，这场实践才得以成行。

他选了啥不重要，他选择的这个行为才重要

和任何一所顶着“高大上”、升学率极高、接轨国际头衔的学校相比，“一土”都显得太小、太“挤”了。

北京市第八十中学枣营校区一楼，40 平方米的教室里只塞下了 4 张白色多边形方桌，墙壁被花花绿绿的纸张铺得满满当当，上面有孩子的画作、手工制品，也有记录孩子每日心情的纸板和老师五花八门的教具，沿着墙转个身都可能碰着它们。

空间越来越不够用了，孩子“画”出来的甲骨文把教室外的走廊也“攻占”了。但老师每天从这里走过，却丝毫不会感到拥挤和麻烦。那些歪歪扭扭的字迹，在他们眼里更像是耐心等待后孩子回馈的礼物。

小豆包安安喜欢不按笔画随心所欲地画甲骨文，对把字装进田字格这个行为有些抵触。

“他不想写怎么办?”安安的语文老师问自己。此前，她在一所公立小学任教多年，对回答这个问题拥有绝对的自信。诱导、和家长沟通、讲道理……不管怎样，总是有一堆办法的。

但来到“一土”后，她决定收起以前的“窍门”。在“一土”学校自办的 APP 上，她和家长分享了这段孩子成长的“小插曲”，并留言:“那怎么办呢? 别急，再等等呗。”

数学老师陈老师也在等待。这个海外留学归来的姑娘，原本兴致勃勃地给孩子设计了一个有关杂货铺的项目，试图让孩子理解数字和图形的关系。可五六岁的孩子对她的杂货铺并不“感冒”。

怎么办？要是硬着头皮继续讲下去，似乎和当年照本宣科的老师没什么两样。这个20多岁的老师决定，观察和等待。

然后，机会来了。

孩子画甲骨文的纸用得飞快，教室纸张很快供不应求，几个老师围在一起，讨论后决定可借此建立新的项目。于是上课时，陈老师开始问孩子："纸张不够怎么办呢？"

"用了一面的还可以用另一面。""我家里还有好多不用的废纸，我可以拿来给大家用。"孩子们围在一起发表各自的观点。

陈老师和孩子约定，可以拿10克废纸来换1个"一土币"。"一土币"是教室里唯一的流通货币，小组凑够足够数量后，就可以用它来买豆子，并请老师打成豆浆。第二天，她把秤砣带进了教室，教孩子认识重量单位。然后再由孩子自主管理用废纸换"一土币"的制度，让其持续。

一个有趣的小市场诞生了，但买卖的不是陈老师此前盘算的百货，而是她完全没想过的废纸。

"我们为什么要认识数字、图形、重量？因为这些东西和我们的生活息息相关。"她说，数学课重要的不是算题和得出答案，而是真正利用数学来处理生活中的问题。

而伴随我们成长的数学课，常常只有数字，缺乏人文关照。一位数学老师按照教材让学生数猫，一个小女孩突然很伤感地讲："老师，我的猫死了。"

但此时，作为一个"合格的""对课堂有掌控"的老师，他只是轻描淡写地接上一句，"那我们看下一道题"。

当了母亲后，李一诺开始反思，为什么45分钟的课一定要细化精确到每一分每一秒，仿佛不按照这个标准去授课，出点什么"意外"，孩子就会少得到知识。

有北京妈妈记录了送孩子去培训机构上学的经历：在经历了如同"双十一"的火爆秒抢后，孩子没能抢到课，然后，她不得不托关系找人，一通折腾，才终于把孩子送了进去。

等到孩子真正去上课时，这个毕业于国内知名大学的硕士妈妈惊呆了：课上的每一分每一秒都是干货，“全是白花花的银子”。可老师的眼神很冰冷，像机器人一样准确，全程和孩子没有互动，“一次也没有”。

一名在教育培训公司工作的员工曾偷偷找到李一诺，她重重地写下留言：“很多课外培优体系教给你的标准套路都是关注目标，投其所好，并不关注人性成长和内心关怀的情感设计。”“课外培训过于追求结果，忽略了孩子的成长过程。”“标准化课程加好的运营，就是印钞机。”

最后一条留言是：“我自己带着也难受。”

李一诺和她团队的共识是，个性化教育不是放任自由的教育，而是尊重每一个孩子的自然成长规律，顺应他们的兴趣，激发孩子内心的驱动力，让孩子自我选择。

所以，一拨拨来访者总会在这里看到，戏剧课、戏曲课上，调皮的男孩子一个人在拨弄椅子，教室后排安静看书的老师、台前上课的老师都仿佛“不在意”。

“为什么不管管呢？”

校长郭小月笑了：“为什么要管呢？”她一遍遍跟人解释，要给孩子发现自己兴趣的时间。何况选修课 6 周一轮换。孩子需要不断尝试，学习对自己的选择负责。

有家长不理解，“孩子选了什么课，我们都没参与”，孩子这么小哪里知道哪个课适合自己，这种选择还是该家长来做。

“他选了啥不重要。不断选择中就会明白该如何选择。所以，他选择的这个行为才重要。”郭小月笑着说。

慢点儿，别急！

安安的语文老师曾有 20 多年公办学校教学经验，可对她来说，让孩子选择以及等待，一度都是最奢侈的事情。

在她曾经的班级里，有一个对“画字”非常有天赋的一年级小姑娘，看着课上自己展示的甲骨文“眼睛都会放光”，记字形也特准。可孩子对在田字格里按笔画写字充满抗拒。

当时，她做了一个至今仍让她后悔的决定。她想尽了办法哄着小女孩写字，看着拿笔都不太稳当的小姑娘抖着手在田字格里一笔一画地写着，她“特别难受”。孩子的妈妈给她打来电话说，全家在放学后集体出动，爸爸、妈妈、姥姥、姥爷挨个上阵辅导孩子写字。

“写不完的时候，她晚上睡觉都是哭着的，再也不笑了。”孩子的妈妈感叹。

多年来，这名语文老师也曾旁观家长在朋友圈里用《小学三年级还不会奥数可不行了！》《进不了海淀名校的后果竟然是……》这类耸人听闻的文章刷屏，然后拐弯抹角神神秘秘地讨论，某某学校是不是又点招（一种选择性招生政策）了。

她很想跟火急火燎的家长说一声：“慢点儿，别急！”可很多时候，家长没时间“等待”。她习惯了高年级学生的家长时不时跟她请假：“我们孩子要冲刺，所以给他报了校外的小班，以后下午的课就不上了。”

李一诺和很多家长都深深感受到，整个社会仿佛都在批量制造这种教育焦虑感。

有人指出，所谓“教育产业”，更像是某些人的生意经。“教育产业目前最大的驱动力是家长的焦虑。想在其中赚钱，就得制造焦虑感，然后给被焦虑感裹挟的家长提供服务。再继续制造焦虑感，如此循环就够了。”

在这个越来越大的蛋糕里，一些私立学校的“成功模式”都是“找几个老师，买一套课程，请几个所谓的教育专家，一包装就成名校了”。

学生家长王蕾是李一诺的好友，也是一本知名国际教育刊物的主编。这几年她注意到，来分蛋糕的人越来越杂，“房地产生意这几年不景气，干脆也来开学校吧，那个来钱”。

这些五花八门的民办国际学校，尽管质量“差得惊人”，可学校办起校展，依然热闹得不行。

在一次国际学校主办的活动上，一对年轻父母跑来向她咨询孩子择校的事宜。她噼里啪啦分析了一通，一问对方才知道，孩子刚 1 岁。

“一土”学校几乎每一个家长，都曾经有过被这种焦虑感裹挟的经历。一个学生家长在孩子上幼儿园时曾旁听了一节英文公开课。课后，一水儿的硕士博士毕业的高知家长跑去跟学校投诉，说英语老师水平太差，“不换的话就转学”。

“只是幼儿园啊，至于吗？”她叹气。

学生辛迪的妈妈手机每天都会收到垃圾电话和短信，清一色都来自培训机构。她想周末带辛迪去奥森公园观鸟，打电话问了一圈，周围小朋友都去上补习班了。

“疯玩两个小时难道真就比上两小时补习班差吗？”辛迪妈妈苦笑，“我不相信这么多家长都不明白这个道理，到底还是大人给补习班附加了太多东西。”

你永远不知道未来什么样，那时孩子的核心能力一定是做卷子拿高分吗？

半诱导半强迫地让“画字”小女孩开始写字后，成果显而易见：小女孩足够聪明，很快赶上了进度，考试也拿了高分。

但安安的语文老师注意到，孩子似乎对汉字、对甲骨文，甚至对语文课都失去了兴趣。“那个孩子的眼里已经没有光了，她不喜欢汉字了。”

这件事她一直无法释怀。

前些天，不爱写字的安安终于改变了。几乎整整一个月的时间，她都抽时间陪在安安身边，孩子手部肌肉一点点发育，对于写出漂亮汉字也越来越有劲头。当安安把一个个书写工整的汉字摆到老师面前时，当了 20 多年老师的她唏嘘不已。

辛迪在公立小学读了一年，因为不开心，妈妈最终决定把女儿转到

“一土”来上学。

这个年轻的妈妈到现在都还记得女儿一次又一次地提问：“妈妈，为什么不可以出去玩？为什么要让我们罚站？”

“妈妈，你能跟老师说一下，英语课让我自己玩吗？老师教的内容我都会了，我保证乖乖的，不闹。”

“妈妈，老师为什么要那样批评某某，为什么不能跟他好好说？”

每一次她都只能跟女儿讲：“宝贝，对不起。”下一句她实在说不出口：“这就是大环境。”

“很多家长都对当下的教育体系不满意，但无奈以一个家庭挑战体系门槛太高了。”李一诺说，“家长只能在力所能及的范围内消解这些对孩子的负面影响。”

她理解中国父母的焦虑，在美求学工作多年的她毫不避讳地说，美国人面对子女教育问题同样焦虑。可中国家长焦虑之下，还要逼迫孩子接受自己铺设的道路，接受所谓“正确”的价值观和体系，让她觉得，其实“中国父母被市井智慧绑架了”。

“你永远不会知道孩子未来面临什么，就像我们的祖辈完全想象不到我们会有电脑、微信这些东西。时代永远是在发展进步的，那时孩子的核心能力一定是做卷子拿高分吗？”她语速飞快地说，“我们能确定的，只有教给孩子勇敢面对挫折、学会正确判断以及终身保有学习的兴趣。”

在她眼里，这么多年过去了，很多中国人对孩子的评价标准依然没有变化，“小时候胖，上好学校，工作了挣大钱”，就是这三套。事实上，李一诺并不否认教育实用主义，但她认为这应该只是必要非充分条件，更不该是终极目的。“你活一辈子，只是为了找份工作挣钱吗？”

前几年她还在担任麦肯锡全球董事合伙人时，面试过很多所谓“别人家的孩子”，一水儿的国内名校出身，成绩优秀，经历按部就班顺顺当当，简历挑不出一丁点儿毛病。

可她往往很少录用这些学生。李一诺说，她看到的是这些学生因为有户口、专业对口、薪水高来应聘，却发现不了他们对这份工作有什么真正热爱之处。

还有一些来自国际名校的学生，也让李一诺看着揪心。这些孩子从国内的国际学校起步，一路走得也很顺利稳当，可她觉得那些孩子“像在夹缝中求生存”。他们从小接受西方教育，对中国传统文化没什么认知，等到十多岁远渡重洋，才发现自己的身份认同问题。

“在国内像个外国人，在国外是‘不了解中国的中国人’。”王蕾见过很多这样的孩子。大学课堂请学生介绍家乡，或许才是他们第一次认真了解北京。

“你能说这些孩子不优秀吗?”她反问道，“他们只有一点不同，在未来需要做选择的时候，他们会趋于保守迷茫，放弃那些‘不可能’的尝试。可未来能改变这个社会的，往往是那些内心充盈、敢想敢做的孩子。”

被李一诺挑中加入“一土”的陈老师还记得，当初自己在大学时常常有许多学弟学妹来问她：“学姐，我不知道自己该干什么，也不知道自己喜欢什么，好迷茫。”她每一次都哭笑不得。

李一诺想给“一土”的孩子自己找寻答案的机会。她花大力气请来香港的编剧、中央戏曲学院的教授和清华大学的长江学者教授，为孩子设计各类选修课和学习项目。她试图打破实用主义教育的笼罩，“不想让孩子一把年纪了才去思考我是谁、我能干什么这些基础问题”。

她想要找到志同道合的家长和老师。孩子入学面试时，“一土”的工作人员陪着孩子玩乐高，真正的“面试”在另一边，郭小月会跟每一个前来面试的家长讲述学校的办学理念，并且强调“第一年很困难，什么都不确定”。

不出意外地，有家长上来第一句就问：“你们这儿有学籍吗?”也有家长看了半天跑去问陪孩子玩的老师：“我孩子有什么问题吗?”

可是，她也听到了很多家长掷地有声的回答。

“我自己也是创业的，我知道创业的艰辛。我们来，其实是把自己看作与你们在一起的共同创业者。遇到问题就一起面对，我相信这对我们的孩子也是成长机会。”

“我不同意我们的孩子是小白鼠的说法，他们自己也是这场教育创新的参与者。”

“哈哈，我是想好了才来的，如果要问问题，我可以问很多，但我什么都不问。因为我能问的问题，相信你们也都在考虑。我能给的就是信任。”

拒绝做“蜡炬成灰泪始干”“苦兮兮”“只讲奉献”“在学生面前必须‘高大上’、永远正确”的老师

在遇到“一土”以前，安安的语文老师也没想过，自己会这么干脆地扔掉20多年的教龄。

她又重新找回了做老师最开心的状态。没有40分钟的课时限制，不需要走形式，她能尝试让孩子真正通过文字去理解中国文化。

“一土”学校主张老师应该卸下伪装，不再掩饰自己的情绪，重新做回一个人，爱己及人，并且要坚决拒绝做“蜡炬成灰泪始干”“苦兮兮”“只讲奉献”“在学生面前必须‘高大上’、永远正确”的老师。

语文老师可以和孩子一起查甲骨文字典，勇敢地说出：“对，老师也不知道，所以我们要不断学习，一起解决问题。”

任何一门课的老师都可以表达自己的情绪，比如“亲爱的孩子们，说真的，我很紧张”。

李一诺说，她不喜欢社会对老师妖魔化或者“伟光正”（伟大、光明、正确三词的缩写）化地打标签行为。作为一个职业，而且是一个复杂性非常高的职业，老师也应该收获职业满足感和职业发展的成长空间，这才是教育的可持续发展之道。

她清楚地知道，其实学生是能辨识出老师是否戴了面具的。比如，儿时上公开课，一群学生陪着老师“演戏”，“说真话的孩子成了不合群和不乖的代表”。

李一诺也反对社会上妖魔化公办学校。“一土”学校的语文和数学

教材分别来自北师大版和人教版。尽管社会上对体制多有诟病，但体制里却一样有支持革新的人，有大批优秀的老师。清华大学附属小学副校长傅雪松曾在一次会上说："有这么一群人，工资不高，自由度不大，每天高强度地工作，承受着来自社会、家长的巨大压力，但仍然心怀教育理想，在有限的空间里争取做到最好。这群人，就是我们公立学校的老师。"

事实上，"一土"能在短短170天内成功建校，正是得到了许多来自体制内的支持。比如，北京第八十中学的领导在"一土"学校基本还是一个理想的时候，就决定支持办学。这"需要的不仅是眼光，还有承担风险的勇气"。

还有许多公立学校的管理者都派出自己学校的核心人员帮助"一土"建校，甚至分享了许多经验，这让李一诺非常感动。

在傅雪松眼中，公立学校一直针对教什么的问题在进行不断地深化探索，她也希望大家能看到其中的努力。而国际教育的课程终究是舶来品，李一诺带着3个孩子回国创办学校，就是"看到了其中的局限，并期待国内学校有所改进"。

"我不得不说，作为中国人，根植于中国很重要，将优秀资源分配到基础教育也很重要。"她说。

李一诺觉得，能够和一群体制内的创新者同行，做这样一场社会创新的探索和实践，自己并不孤独。

"其实每个国家都有对教育的诟病，中国有，美国、英国一样有。上次我们在硅谷做教育论坛，一个美国名校的校长开口第一句话就是：'美国教育正在一场大危机中。'很多家长盲目把孩子送出国，反而忽视了教育的本质。所以教育不要盲目焦虑，要抓本质问题，孩子的自主性、方法论，加上体验和眼光，才是孩子长久发展的动力。"北京市朝阳区教工委副书记刘丽彬曾在一次活动中表示。

李一诺说，自己被这句话打动了，这其实也是"一土"学校的初心，"听到这些话从教育官员的口中说出来，给人很多力量"。

也有一些老师在反思，曾经的教育“出了什么问题”。一个老师说，其实公立学校有许多心怀教育理想的老师，可一旦被焦虑感裹挟，就会发生变化。比如，因为家长的焦虑和对教育的不同理解，老师要花大量的时间来与他们沟通甚至扯皮。

这个老师想在学校搞一场足球赛，由五六年级的孩子给二三年级的孩子当裁判，对双方都是好事儿。可提议遭到其他老师的反对，有人认为，“要搞就要搞得专业”。比如应该请专业级裁判，要让家长来做啦啦队，弄出竞争的气氛，然后“让人看到照片都觉得热闹”。两三年过去了，这场足球赛还是没有办成。

学校为所有的“一土”老师请了麦肯锡的专家来做培训课程，教的不是什么前沿的理论知识，而是最“简单”的：如何有效沟通，面对矛盾、家长指责，老师该怎么处理。

有“一土”的老师跟她说，自己上了好多年师范大学，学习了各种课程知识，却没想到真正走上讲台，首先需要面对的挑战，是家长的指责和批评。

参考麦肯锡打造职业经理人的思路，“一土”为每位老师规划了职业发展路径，密密麻麻写满了每个人各个阶段的目标和规划。

而在角色扮演的环节里，新入职的年轻老师常常被问得满脸通红，“你为啥给我孩子吃带黑斑的香蕉?”“孩子被挠了，学校到底怎么解决?赔多少?”

陈老师说自己每天都很开心，还收获颇丰。“老师一起备课、一起反思，还对接大量外部的资源，学到很多。”这个姑娘曾经参与支教项目，坚定地以为“自己不会再当老师了”。

“当初认为老师这一职业最大的问题，就是没有职业成长空间和合理的报酬。”她说，如今这两点都做到了。

她最终食言，回到了三尺讲台。

那个就是你们，你们是泥土

开学前30天，“一土”上线磁场APP，建立终生学习者社区，设计者是李一诺的丈夫申华章。

“教育不是先来改变孩子，而是家长和老师的自我成长和改变。”校长郭小月说，教育是一个社区行为，通过社区的形式让家校互动，分享新理念、内容、思考，一起为孩子打造最好的成长空间。

这个空间也是王蕾最为珍视的地方。在她眼中，孩子就是社区的未来。她认为给儿子找学校的过程，说得更明白点，其实是为一家人寻找一个共同成长的“社区”。

儿子的教材她看，学校的项目活动她也积极参与，周末用学校发的小册子带着孩子一起玩。她一直觉得，家长为孩子选择了学校，不意味着从此就把孩子交给学校了，家长就可以愉快地减负了。相反，这只是一个“开始”。

这所年轻学校的管理者一点儿也不担心老师和学生流失，“因为这里的土壤，不是在教你第几分钟要抖什么段子，也不是告诉你做什么题能拿到牛校Offer（录取通知）”。

有参观者质疑这所学校“是不是中产阶级的自娱自乐”？她也拿学校和社区每天发生的故事回应。在郭小月看来，互联网时代为教育公平提供了可能。

李一诺期待，把学校的软件、体系、课件，用来做城市打工子弟学校和农村学校的有规模的培训，在促进教育公平方面做一些推动。

“这不仅是说说好听的，有了教师培训、发展体系和互联网，这都是完全可行的。”她认为，可以通过教师来推广“一土”的资源和理念，从而改变教育最核心的部分。“好的教育不完全靠硬件投入，而是理念，是教师和孩子之间的关系和互动。”

她喜欢用冰山来打这个比方。创新的课堂是她眼中的冰山一角，但冰山之下，还包括可规模化的学校体系和重构教育的生态系统。她期待，通过学校这个平台，让各个曾经被壁垒分割的资源都能够投入基础教育，或许会触发革新。

郭小月还来不及想得那么远，她眼里装满了“一土”开学几十天来孩子的点点滴滴。

一次田野学习，孩子亲手把种子种下。突然，一个小女孩指着黑黢黢的泥土说：“小月校长，那个就是你们，你们是泥土。”

她还没来得及诧异，小女孩就兴奋地讲起来：“我们是小种子。我们这些小种子都爱你。”

说着，孩子用小树枝在埋下种子的那片土地上写下歪歪扭扭的英文：“I love you”（我爱你）。

一旁，那个讨厌被比作蜡烛、不想“烧尽”死掉的郭小月，哭了。

（文中安安为化名）

袁贻辰 / 文

2016 年 11 月 2 日